浙江省新型重点专业智库杭州国际城市学研究中心
浙江省城市治理研究中心成果

浙江智库
ZHEJIANG
THINK TANK

王国平　总主编

两宋与都市化

——第六届"两宋论坛"研究成果报告集

杭州国际城市学研究中心（杭州研究院）
杭州南宋文化研究院　　编

浙江大学出版社

杭州全书编辑委员会

《杭州全书》总序

　　城市是有生命的。每座城市，都有自己的成长史，有自己的个性和记忆。人类历史上，出现过不计其数的城市，大大小小，各具姿态。其中许多名城盛极一时之辉煌，但随着世易时移，渐入衰微，不复当年雄姿；有的甚至早已结束生命，只留下一片废墟供后人凭吊。但有些名城，长盛不衰，犹如千年古树，在古老的根系与树干上，生长的是一轮又一轮茂盛的枝叶和花果，绽放着恒久的美丽。杭州，无疑就是这样一座保持恒久美丽古韵的文化名城。

　　这是一座古老而常新的城市。杭州有 8000 年文化史、5000 年文明史。在几千年历史长河中，杭州文化始终延绵不绝，光芒四射。8000 年前，跨湖桥人凭着一叶小木舟、一双勤劳手，创造了辉煌的"跨湖桥文化"，浙江文明史因此上推了 1000 年；5000 年前，良渚人在"美丽洲"繁衍生息，耕耘治玉，修建了"中华第一城"，创造了灿烂的"良渚文化"，被誉为"东方文明的曙光"。而隋开皇年间置杭州、依凤凰山建造州城，为杭州的繁荣奠定了基础。此后，从唐代"灯火家家市，笙歌处处楼"的东南名郡，吴越国时期"富庶盛于东南"的国都，北宋时即被誉为"上有天堂，下有苏杭"的"东南第一州"，南宋时全国的政治、经济、科教、文化中心，元代时意大利旅行家马可·波罗眼中的"世界上最美丽华贵之天城"，明代产品"备极精工"的全国纺织业中心，清代接待康熙皇帝、乾隆皇帝几度"南巡"的旅游胜地、人文渊薮，民国时期文化名人的集中诞生地，直到新中国成立后的湖山新貌，尤其是近年来为世人称羡不已的"最具幸福感城市"——杭州，不管在哪个历史阶段，都让世人感受到分量和魅力。

这是一座勾留人心的风景之城。"淡妆浓抹总相宜"的"西湖天下景"，"壮观天下无"的钱江潮，"至今千里赖通波"的京杭大运河（杭州段），蕴含着"梵、隐、俗、闲、野"的西溪烟水，三秋桂子，十里荷花，杭州的一山一水、一草一木，都美不胜收，令人惊艳。今天的杭州，相继获得西湖成功申遗，"中国最佳旅游城市""东方休闲之都""国际花园城市"等一顶顶"桂冠"，正成为世人向往的"人间天堂""品质之城"。

这是一座积淀深厚的人文之城。8000年来，杭州"代有才人出"，文化名人灿若繁星，让每一段杭州历史都不缺少光华，而且辉映了整个华夏文明的星空；星罗棋布的文物古迹，为杭州文化添彩，也为中华文明增重。今天的杭州，文化春风扑面而来，经济"硬实力"与文化"软实力"相得益彰，文化事业与文化产业齐头并进，传统文化与现代文明完美融合。杭州不仅是"投资者的天堂"，更是"文化人的天堂"。

杭州，有太多的故事值得叙说，有太多的人物值得追忆，有太多的思考需要沉淀，有太多的梦想需要延续。面对这样一座历久弥新的城市，我们有传承文化基因、保护文化遗产、弘扬人文精神、探索发展路径的责任。今天，我们组织开展杭州学研究，其目的和意义也在于此。

杭州学是研究、发掘、整理和保护杭州传统文化和本土特色文化的综合性学科，包括西湖学、西溪学、运河（河道）学、钱塘江学、良渚学、湘湖（白马湖）学等重点分支学科。开展杭州学研究必须坚持"八个结合"：一是坚持规划、建设、管理、经营、研究相结合，研究先行；二是坚持理事会、研究院、研究会、博物馆、出版社、全书、专业相结合，形成"1+6"的研究框架；三是坚持城市学、西湖学、西溪学、运河（河道）学、钱塘江学、良渚学、湘湖（白马湖）学在内的杭州学相结合，形成"1+1+6"的研究格局；四是坚持全书、丛书、文献集成、研究报告、通史、辞典相结合，形成"1+5"的研究体系；五是坚持党政、企业、专家、媒体、市民相结合，形成"五位一体"的研究主体；六是坚持打好杭州牌、浙江牌、中华牌、国际牌相结合，形成"四牌共打"的运作方式；七是坚持权威性、学术性、普及性相结合，形成"专家叫好、百姓叫座"的研究效果；八是坚持有章办事、有人办事、有钱办事、有房办事相结合，形成良好的研究保障体系。

《杭州全书》是杭州学研究成果的载体，包括丛书、文献集成、研究报告、通史、辞典五大组成部分。定位各有侧重：丛书定位为通俗读物，突出"俗"字，做到有特色、有卖点、有市场；文献集成定位为史料集，突出"全"字，做到应收尽收；研究报告定位为论文集，突出"专"字，围绕重大工程实施、通史编纂、世界遗产申报等收集相关论文；通史定位为史书，突出"信"字，体现系统性、学术性、规律性、权威性；辞典定位为工具书，突出"简"字，做到简明扼要、准确权威、便于查询。我们希望通过编纂出版《杭州全书》，全方位、多角度地展示杭州的前世今生，发挥其"存史、释义、资政、育人"作用；希望人们能从《杭州全书》中各取所需，追寻、印证、借鉴、取资，让杭州不仅拥有辉煌的过去、璀璨的今天，还将拥有更加美好的明天！

是为序。

2012 年 10 月

《南宋全书》序

王国平

2007年12月22日，举世瞩目的我国南宋商船"南海一号"在广东阳江海域打捞出水。根据探测情况估计，整船金、银、铜、铁、瓷器等文物可能达到6万~8万件，据说皆为稀世珍宝。迄今为止，除了中国，全世界都未曾发现过如此巨大的千年古船。"南海一号"的发现，在世界航海史上堪称一大奇迹，也填补与复原了南宋海上"丝绸之路"历史的一些空白。[1] 不少专家认为"南海一号"的价值和影响力将不亚于西安秦始皇兵马俑。这艘沉船虽然出现在广东海域，但反映了整个南宋经济、文化的繁荣，标志着南宋社会的开放，也表明当时南宋引领着世界经济的发展。作为南宋政治、经济、文化、科技中心的都城临安（浙江杭州），则是南宋社会繁华与开放的代表。从某种意义上讲，没有以临安为代表的南宋的繁荣与开放，就不

---

[1] 见《"南海一号"成功出水》一文，载《人民日报》2007年12月23日。

会有今日"南海一号"的发现；而"南海一号"的发现，也为我们重新审视与评价南宋，带来了最好的注解、最硬的实证。

提起南宋，往往众说纷纭，莫衷一是。长期以来，不少人把"山外青山楼外楼，西湖歌舞几时休？暖风熏得游人醉，直把杭州作汴州"[1]这首曾写在临安城一家旅店墙上的诗，当作当时南宋王朝的真实写照。虽然近现代已有海内外学者开始重新认识南宋，但相当一部分人仍认为南宋军事上妥协投降、苟且偷安，政治上腐败成风、奸相专权，经济上积贫积弱、民不聊生，生活上纸醉金迷、纵情声色，总之，把南宋王朝视为一个只图享受、不思进取的偏安小朝廷。导致这种历史误解的原因，在很大程度上是出于人们对患有"恐金病"的宋高宗和权相秦桧一伙倒行逆施的义愤，这是可以理解的。但是，我们决不能坐在历史的成见之上人云亦云。只要我们以对历史负责、对时代负责、对未来负责的精神和科学求实的态度，以科学发展观为指导，对南宋进行全面、深入、系统的研究，将南宋放到当时的历史发展阶段中，放到中国社会发展的历史长河中，放到整个世界的文明进程中考察，就不难发现南宋在经济政治、思想文化、科学技术、国计民生等方面所取得的成就，就不难发现南宋对中华文明产生的巨大影响，以

---

[1]（南宋）林升：《题临安邸》，转引自田汝成：《西湖游览志余》卷二《帝王都会》，上海古籍出版社1980年版，第14页。

此对南宋做出科学、客观、公正的评价，"还原一个真实的南宋"。

宋钦宗靖康元年（1126）闰十一月，金军攻陷北宋京城开封。次年三月，金军俘徽、钦二帝北去，北宋灭亡。同年五月，宋徽宗第九子、钦宗之弟赵构，在应天府（河南商丘）即位，是为高宗，改元建炎，重建赵宋王朝。建炎三年（1129）二月，高宗来到杭州，改州治为行宫，七月升杭州为临安府。此时起，杭州实际上已成为南宋的都城。绍兴八年（1138），南宋宣布临安府为"行在所"，正式定都临安。自建炎元年（1127）赵构重建宋室，至祥兴二年（1279）帝昺蹈海灭亡，历时153年，史称"南宋"。

我们认为，研究与评价南宋，不应当仅仅以王朝政权的强弱为依据，而应当坚持"以人为本"理念，以人们生存与生活状态的改善作为社会进步的根本标准。许多人评价南宋，往往把南宋朝廷作为对象，我们认为所谓"南宋"，不仅仅是一个历史王朝的称谓，而主要是指一个特定的历史阶段和历史时期。在马克思主义看来，历史的进步是社会发展和人的发展相统一的过程，"人们的社会历史始终只是他们的个体发展的历史"，[1] 未来理想社会"以每个人的全面而自由的发展为基本原则"。[2] 人是社会发展的主体，人的自由与全面发展是社会进步的最高目标。这就要

[1]《马克思恩格斯选集》第4卷，人民出版社1995年版，第321页。

[2]《马克思恩格斯选集》第23卷，人民出版社1995年版，第649页。

坚持"以人为本"的科学发展观，将人的生存与全面发展作为评价一个历史阶段的根本依据。南宋时期，虽说尚处在中国封建社会的中期，人的自由与发展受到封建集权思想与皇权统治的严重束缚，但南宋与宋代以前漫长的封建历史时期相比，这一时期出现的对人的生存与生活的关注度以及南宋人的生活质量和创造活力达到的高度都是前所未有的。

研究与评价南宋，不应当仅仅以军事力量的大小作为评价依据，而应当还以其社会经济、文化整体状况与发展水平的高低作为重要依据。我们评判一个朝代，不仅要考察其军事力量的大小，更要看其在经济、文化、科技、社会等各方面取得的成就。两宋立国 320 年，虽不及汉唐、明清国土辽阔，却以在封建社会中无可比拟的繁荣和社会发展的高度，跻身于中国古代最辉煌的历史时期之列。无论文化教育的普及、文学艺术的繁荣、学术思想的活跃、科学技术的进步，还是社会生活的丰富多彩，南宋都达到了前所未有的程度，在当时世界上也都处于领先地位。著名史学家邓广铭认为"宋代的文化，在中国封建社会历史时期之内，截至明清之际西学东渐的时期为止，可以说，已经达到了登峰造极的高度"。[1]

研究与评价南宋，不能仅仅以某些研究的成果或所谓

---

[1] 邓广铭：《宋代文化的高度发展与宋王朝的文化政策》，《历史研究》 1990 年第 1 期。

的"历史定论"为依据，而应当以其在人类文明进步中扮演的角色，以及对后世的影响作为重要标准。宋朝是中国封建社会里国祚最长的朝代，也是封建文化发展最为辉煌的时期。南宋虽然国土面积只有北宋的 3/5 左右，却维持了长达 153 年（1127—1279）的统治。南宋不但对中国境内同时代的少数民族政权和周边国家产生了积极影响，而且对后世中华文化产生了巨大影响。正如近代著名思想家严复认为："中国所以成于今日现象者，为善为恶，姑不具论，而为宋人所造就，什八九可断言也。"[1] 近代史学大师陈寅恪先生也曾经指出："华夏民族之文化，历数千载之演进，造极于赵宋之世。"[2] 因此，我们既要看到南宋王朝负面的影响，更要充分肯定南宋的历史地位与历史影响，只有这样，才能"还原一个真实的南宋"。

一、在政治上，不但要看到南宋王朝外患深重、苟且偷安的一面，更要看到爱国志士精忠报国、南宋政权注重内治的一面

南宋时期民族矛盾异常尖锐，外患严重之至，前期受到北方金朝的军事讹诈和骚扰掠夺，后期又受到蒙元的野

---

[1] 严复：《严几道与熊纯如书札节钞》，江苏古籍出版社 1999 年影印本，载《学衡》第 13 期。

[2]《陈寅恪先生文集》第 2 卷，上海古籍出版社 1980 年版，第 245 页。

蛮侵略。这些矛盾长期威胁着南宋政权的生存与发展。在此情形下，南宋初期朝廷中以宋高宗为首的主和派，积极议和，向女真贵族纳贡称臣。南宋王朝确实存在消极抗战、苟且偷安的一面，但也要承认南宋王朝大多君王始终怀有收复中原的愿望。南宋将杭州作为"行在所"，视作"临安"而非"长安"，也表现了南宋统治集团不忘收复中原的意愿。我们更应该看到南宋153年中，涌现了以岳飞、文天祥两位彪炳青史的"民族英雄"为代表的一大批爱国将领和数百名爱国仁人志士。这是中国古代任何一个朝代都难以比拟的。

同时，南宋政权也十分注重内治，在加强中央集权制度，推行"崇尚文治"政策，倡导科举不分门第等方面均有重大建树。其主要表现在以下几方面。

1. 从军事斗争上看，南宋是造就爱国志士、民族英雄的时代

南宋王朝长期处于外族入侵的严重威胁，为此南宋军民进行了100多年艰苦卓绝的抵抗斗争，涌现了无数气壮山河、可歌可泣的爱国事迹和民族英雄。因而，南宋是面对强敌、英勇抗争的时代。众所周知，金朝是中国历史上继匈奴、突厥、契丹以后一个十分强大的少数民族政权，并非昔日汉唐时期的匈奴、突厥与之后明清时期的蒙古可比。金军先后灭亡了辽朝和北宋，南侵之势简直锐不可当，但南宋军民浴血奋战，虽屡经挫折，终于抵挡住了南侵金

军一次又一次的进攻，使南宋在外患深重的困境中站稳了脚跟。在持久的宋金战争中，南宋的军事力量不但没有削弱，反而逐渐壮大起来。南宋后期的蒙元军队则更为强大，竟然以 20 年左右的时间横扫欧亚大陆，使全世界都谈"蒙"色变。南宋的军事力量尽管相对弱小，又面对当时世界上最为强大的蒙元军队，但广大军民同仇敌忾，顽强抵抗了整整 45 年之久，这不能不说是世界抗击蒙元战争史上的一个奇迹。[1]

南宋是呼唤英雄、造就英雄的时代。在旷日持久的宋金战争中，造就了以宗泽、韩世忠、岳飞、刘锜、吴玠吴璘兄弟为代表的一批南宋爱国将领。特别是民族英雄岳飞率领的岳家军，更使金军闻风丧胆。在南宋抗击蒙元的悲壮战争中，前有孟珙、王坚等杰出爱国将领，后有文天祥、谢枋得、陆秀夫、张世杰等抗元英雄。其中民族英雄文天祥领导的抗元斗争，更是可歌可泣，彪炳史册。

南宋是激发爱国热忱、孕育仁人志士的时代。仅《宋史·忠义列传》就收录有爱国志士 277 人，其中大部分是南宋人。[2]南宋初期，宗泽力主抗金，并屡败金兵，因不能收复北宋失地而死不瞑目，临终时连呼 3 次"过河"；洪皓出使金朝，被流放冷山，历尽艰辛，终不屈服，被比作

---

[1] 参见何忠礼《论南宋定都杭州对当地经济文化的重大影响》，载《杭州研究》2007 年第 2 期。

[2] 俞兆鹏：《南宋人才之盛及其原因》，载《杭州日报》2005 年 11 月 14 日。

宋代的苏武；陆游"死去元知万事空，但悲不见九州同"的诗句，表达了他渴望祖国统一的遗愿；辛弃疾的词则抒发了盼望祖国统一和反对主和误国的激情。因此，我们认为，南宋不但是造就民族英雄的时代，也是孕育爱国政治家、军事家、文学家和思想家的沃土。

2. 从政治制度上看，南宋是宋代继续加强中央集权、"干强枝弱"的时期

宋朝在建国之初，鉴于前朝藩镇割据、皇权削弱的经验教训，通过采取"强干弱枝"政策，不断加强中央集权统治。这一政策在南宋时得到了进一步强化。北宋王朝在中央权力上，实行军政、民政、财政"三权分立"，削弱宰相的权力与地位；在地方权力上，中央派遣知州、知县等地方官，将原节度使兼领的"支郡"收归中央直接管辖；在官僚机构上，实行官（官品）、职（头衔）、差遣（实权）三者分离制度；在财权上，设置转运使掌管各路财赋，将原藩镇把持的地方财权收归中央；在司法权上，设置县尉一职，将方镇节度使掌握的地方司法权收归中央；在军权上，实行禁军"三衙分掌"，使握兵权与调兵权分离、兵与将分离，将各州军权牢牢地控制在中央手里，从而加强了中央对政权、财权、军权等方面的全面控制。南宋继承了北宋加强中央集权的这一系列措施，为维护国家内部统一、社会稳定和经济发展提供了良好的国内环境。尽管多次出现权相政治，但皇权仍旧稳定如故。

3. 从用人制度上看，南宋是所谓"皇帝与士大夫共治天下"的时代

两宋统治集团始终崇尚文治，尊重知识分子，重用文臣，提倡教育和养士，优待知识分子。与秦代"焚书坑儒"、汉代"罢黜百家"、明清"文字狱"相比，两宋时期可谓封建社会思想文化环境最为宽松的时期，客观上对经济、社会、文化发展起到了积极的促进作用。[1]

推行"崇尚文治"政策。宋王朝对文人士大夫采取了较为宽松宽容的态度，"欲以文化成天下"，对士大夫待之以礼、"不得杀士大夫及上书言事人"，[2] 确立了"兴文教，抑武事"[3]的"崇文抑武"大政方针。两宋政权将"右文"定为国策。在这种政治氛围下，知识分子的思想十分活跃，参政议政的热情空前高涨，在一定程度上出现了"皇帝与士大夫共治天下"的局面，从而有力地推动了宋代思想、学术、文化的大发展。正由于两宋重用文士、优待文士，不杀文臣，因而南宋时常有正直大臣敢于上疏直谏，甚至批评朝政乃至皇帝的缺点，这与隋唐、明清时期动辄诛杀士大夫的政治状况大不相同。

---

[1] 参见郭学信《试论两宋文化发展的历史特色》，载《江西社会科学》2003年第5期。

[2] 陶宗仪：《说郭》卷三九上，台湾"商务印书馆"影印文渊阁《四库全书》1986年版。

[3] 李焘：《续资治通鉴长编》卷一八，"太平兴国二年正月丙寅"条，中华书局2004年版，第392页。

采取"寒门入仕"政策。为了吸收不同阶层的知识分子参加政权，两宋对选才用人的科举制度进行了改革，消除了魏晋以来士族门阀造成的影响。两宋科举取士几乎面向社会各个阶层，再加上科举取士的名额不断增加，在社会各阶层中形成了"学而优则仕"之风。南宋时期，取士更不受出身门第的限制，只要不是重刑罪犯，即使工商、杂类、僧道、农民，甚至是杀猪宰牛的屠户，都可以应试授官。南宋的科举登第者多数为平民，如在宝祐四年（1256）登科的601名进士中，平民出身者就占了70%。[1]

二、在经济上，不但要看到南宋连年岁贡不断、赋税沉重的状况，更要看到整个南宋生产发展、经济繁荣的一面

人们历来有一种误解，认为南宋从立国之日起，就存在着从北宋带来的"积贫积弱"老毛病。确实，南宋王朝由于长期处于前金后蒙的威胁之下，迫使其不得不以加强皇权统治作为核心利益，在对外关系上，以牺牲本国的经济利益为代价，采取称臣、割地、赔款等手段来换取王朝政权的安定。正因为庞大的兵力和连年向金朝贡，加重了南宋王朝财政负担和民众经济负担，也一定程度上影响了

---

[1] 俞兆鹏：《南宋人才之盛及其原因》，载《杭州日报》2005年11月14日。

南宋的经济发展。但在另一方面，我们更应当看到，南宋时期，由于北方人口的大量南下，给南宋的经济发展带来了充足的劳动力、先进的生产技术和丰富的生产经验，再加上统治者出台一些积极措施，南宋在农业、手工业、商业、外贸等方面都取得了突出成就。南宋经济繁荣主要体现在：

1. 从农业生产看，南宋出现了古代中国南粮北调的新格局

由于南宋政府十分注重兴修水利，并采取鼓励垦荒的措施，加上北方人口大量南移和广大农民辛勤劳动，促进了流民复业和荒地开垦。人稠地少的两浙等平原地带，垦辟了众多的水田、圩田、梯田。曾经"几无人迹"的淮南地区也出现了"田野加辟""阡陌相望"的繁荣景象。南宋时期，农作物单位面积产量比唐代提高了两三倍，总体发展水平大大超过了唐代，有学者甚至将宋代农作物单位面积产量的大幅提高称为"农业革命"。[1]"苏湖熟，天下足"的谚语就出现在南宋。[2] 元初，江浙行省虽然只是元代 10 个行省中的一个，岁粮收入却占了全国的 37.10%，[3] 江浙地区成了中国农业最为发达的地区，并出现了中国南粮北调

---

[1] 张邦炜：《瞻前顾后看宋代》，载《河北学刊》2006 年第 5 期。

[2] （宋）范成大：《吴郡志》卷五〇《杂志》，《宋元方志丛刊》本，中华书局 1990 年版。

[3] （元）脱脱：《元史》卷九三《食货一·税粮》，中华书局 2005 年版，第 2361 页。

的新格局。

2. 从手工业生产看，南宋达到了中国古代手工业发展的新高峰

南宋时期，随着北方手工业者大批南下和先进生产技术传入，南方的手工业生产迈上了一个新台阶。一是纺织业规模和技术都大大超过了同时代的金朝，南方自此成了中国丝织业最发达的地区。二是瓷器制造业中心从北方移至江南地区。景德镇生产的青白瓷造型优美，有"饶玉"之称；临安官窑所造青瓷极其精美，为此杭州现在官窑原址建立了官窑博物馆，将这些精美的青瓷展现给世人；龙泉青瓷达到了烧制技术的新高峰，并大量出口。三是造船业空前发展。漕船、商船、游船、渔船，数量庞大，打造奇巧，富有创造性；海船采用的多根桅杆，为前代所无；战船种类众多，功用齐全，在抗金和抗蒙元的战争中发挥了重要作用。

3. 从商业发展看，南宋开创了古代中国商品经济发展的新时代

虽然宋代主导性的经济仍然是自然经济，但由于两宋时期冲破了历朝统治者奉行的"重农抑商"观念的束缚，确立了"农商并重"的国策，采取了惠商、恤商政策措施，使社会各阶层纷纷从事商业经营，商品经济呈现划时代的发展变化，进入一个新的历史发展阶段。一是四通八达的商业网络。随着商品贸易发展，出现了临安、建康（江苏

南京）、成都等全国性的著名商业大都市，当时临安已达
16 万户，人口最多时有 150 万—160 万人，[1] 同时，还出
现了 50 多个 10 万户以上的商业大城市，并涌现出一大批
草市、墟市等定期集市和商业集镇，形成了"中心城市—
市镇集市—边境贸易—海外市场"的通达商业网络。[2] 二
是"市坊合一"的商业格局。两宋时期由于城市商业繁荣，
冲破了长期以来作为商业贸易区的"市"与作为居民住宅
区的"坊"分离的封闭式市坊制度，出现了住宅与店肆混
合的"市坊合一"商业格局，街坊商家店铺林立，酒肆茶
楼面街而立。从《梦粱录》和《武林旧事》的记载来看，
南宋临安城内商业繁荣，甚至出现了夜市刚刚结束，早市
又告兴起的繁荣景象。三是规模庞大的商品交易。南宋商
品的交易量虽难考证，但从商税收入可窥见一斑。淳熙年
间（1174—1189）全国正赋收入 6530 万缗，占全国总收入
30% 以上。据此推测，南宋商品交易额在 20000 万缗以上。

---

[1] 杨宽先生在《中国古代都城制度史》一书中认为，南宋末年咸淳
　　年间，临安府所属九县，按户籍，主客户共三十九万一千多户，
　　一百二十四万多口；附郭的钱塘、仁和两县主客户共十八万六千多
　　户，四十三万二千多口，占全府人口的三分之一。宋朝的"口"是
　　男丁数，每户平均以五人计，约九十多万人。所驻屯的军队及其家
　　属，估计有二十万人以上，总人口当在一百二十万人左右，包括城
　　外郊区十万人和乡村十万人。

[2] 陈杰林：《南宋商业发展：特点与成因》，载《安庆师范学院学报》
　　2003 年第 4 期。

可见商品交易量之巨大。[1]南宋商税加专卖收益超过农业
税的收入，改变了宋以前历代王朝农业税赋占主要地位的
局面。

4. 从海外贸易看，南宋开辟了古代中国东西方交流的
新纪元

两宋期间，由于陆上"丝绸之路"隔断，东南方向海
路成为海上对外贸易的唯一通道，海外贸易成为中外经济
文化交流的主要通道。南宋海外贸易繁荣表现在：一是对
外贸易港口众多。广州、泉州、临安、明州（浙江宁波）
等大型海港相继兴起，与外洋通商的港口已近20个，还兴
起了一大批港口城镇，形成了北起淮南、东海，中经杭州
湾和福、漳、泉金三角，南到广州湾和琼州海峡的南宋万
余里海岸线上全面开放的新格局。这种盛况不仅唐代未见，
就是明清亦未能再现。[2]二是贸易范围大为扩展。宋前，与
我国通商的海外国家和地区约20个，主要集中在中南半岛
和印尼群岛，而与南宋有外贸关系的国家和地区增至60个
以上，范围从南洋（今南海）、西洋（今印度洋）直至波斯
湾、地中海和东非海岸。三是出口商品附加值高。宋代不
但外贸范围扩大、出口商品数量增加，而且进口商品以原
材料与初级制品为主，而出口商品则以手工业制成品为主，

[1] 陈杰林：《南宋商业发展：特点与成因》，载《安庆师范学院学报》
2003 年第 4 期。
[2] 葛金芳：《南宋：走向开放型市场的重大转折》，载《杭州研究》
2007 年第 2 期。

附加值高。用附加值高的制成品交换附加值低的初级产品，表明宋代外向型经济在发展程度上高于其外贸伙伴。[1]

三、在文化上，不但要看到封闭保守、颓废安逸的一面，更要看到南宋"百家争鸣、百花齐放"的繁荣局面

由于以宋高宗为首的妥协派大多患有"恐金病"，加之南宋要想收复北方失地在军事上和经济上确实存在着许多困难，收复中原失地的战争，也几度受到挫折，因此在南宋统治集团中，往往笼罩着悲观失望、颓废偷安的情绪。一些皇亲贵族，只要不是兵荒马乱，就热衷于享受山水之乐和口腹之欲，出现了软弱不争、贪图享受、胸无大志、意志消沉的"颓唐之风"。反映在一些文人士大夫的文化生活中，就是"一勺西湖水。渡江来、百年歌舞，百年醋醉"的华丽浮靡之风。但是，这并不能掩盖两宋文化的历史地位与影响。宋代是中国古代文化最为光辉灿烂的时期之一。近代的中国文化，其实皆脱胎于两宋文化。著名史学家邓广铭认为："宋代文化发展所能达到的高度，在从十世纪后半期到十三世纪中叶这一历史时期内，是居于全世界的领

---

[1] 葛金芳：《南宋：走向开放型市场的重大转折》，载《杭州研究》2007 年第 2 期。

先地位的。"[1]日本学者则将宋代称为"东方的文艺复兴时代"。[2]著名华裔学者刘子健认为:"此后中国近八百年来的文化,是以南宋文化为模式,以江浙一带为重点,形成了更加富有中国气派、中国风格的文化。"[3]

1. 南宋是古代中国学术思想的巅峰时期

王国维指出:"宋代学术,方面最多,进步亦最着","近世学术多发端于宋人"。宋学作为宋型文化的精神内核,是中国古代学术思想的巅峰。宋学流派纷呈,各臻其妙,大师迭出,群星璀璨,使南宋的思想文化呈现一派勃勃生机和前所未有的活跃局面。

理学思想形成。两宋统治者以文治国、以名利劝学的政策,对当时的思想、学术及教育产生了重要影响,最明显的一个结果是新儒学——理学思想诞生。南宋是儒学各派互争雄长的时期,各学派互相论辩、互相补充,共同构筑起中国儒学发展史上一个新的阶段。作为程朱理学集大成者的朱熹,是继孔孟以来最杰出的儒家学者。理学思想倡导国家至上、百姓至上的精神,与孟子的"君轻民贵"思想是一脉相承的。同时,两宋还倡导在儒家思想主导下的"儒佛道三教同设并行",就是在"尊孔崇儒"的同时,

[1] 邓广铭:《国际宋史研讨会开幕词》,载《国际宋史研讨论文选集》,河北大学出版社1992年版,第1页。
[2] [日]宫崎市定:《宫崎市定论文选集》下册,商务印书馆1963年版。
[3] 刘子健:《代序——略论南宋的重要性》,载黄宽重主编《南宋史研究集》,台湾新文丰出版公司1985年版。

对佛、道两教也持尊奉的态度。理学各家出入佛老；佛门也在学理上融合儒道；道教则从佛教中汲取养分，将其融入自身的养生思想，并吸纳佛教"因果轮回"思想与儒家"纲常伦理"学说。普通百姓"读儒书、拜佛祖、做斋醮"更是习以为常。两宋"三教合流"的文化策略迎合了时代需要，使宋代儒生不同于以往之"终信一家、死守一经"，从而使得南宋在思想、文化领域均有重大突破与重大建树。

思想学术界学派林立。学派林立是南宋学术思想发展的突出表现，也是当时学术界新流派勃兴的标志。在儒学复兴的思潮激荡下，尤其是在鼓励直言、自由议论的政策下，先后形成了以朱熹为代表的道学，以陆九渊为代表的心学，以叶适为代表的永嘉事功之学，以吕祖谦、陈亮为代表的永康之学等主要学派，开创了浙东学派的先河。南宋时期学派间互争雄长和欣欣向荣的景象，维持了近百年之久，形成了继春秋战国之后中国历史上第二次"百家争鸣"的盛况，为推动南宋经济文化发展起到了积极作用。尤其是浙东事功学派极力推崇义利统一，强调"商藉农而立，农赖商而行"，认为只有农商并重，才能富民强国，实现国家中兴统一的目的。功利主义思想反映了当时人们希望发展南宋经济和收复北方失地的强烈愿望。

2. 南宋是古代中国文学艺术的鼎盛时期

近代国学大师王国维认为"天水一朝人智之活动与文

化之多方面，前之汉唐、后之元明皆所不逮也"。[1]南宋文学艺术繁荣的主要表现，一是宋词兴盛。宋代创造性地发展了"词"这一富有时代特征的文学形式。词的繁荣起始于北宋，鼎盛于南宋。南宋词不仅在内容上有所开拓，而且艺术上更趋于成熟。辛弃疾是南宋最伟大的爱国词人，豪放词派的最高代表，也是南宋词坛第一人，与北宋词人苏东坡一样，同为宋词成就最杰出的代表。李清照是婉约词派的代表人物，形成了别具一格的"易安体"，对后世影响很大。陆游既是著名的爱国诗人，也是南宋词坛的巨匠。他的词充满了奔放激昂的爱国主义感情，与辛弃疾一起把宋词推向了艺术高峰。二是宋诗繁荣。宋诗在唐诗之后另辟蹊径，开拓了宋诗新境界，其影响直到清末民初。宋诗完全有资格在中国诗史上与唐诗双峰并峙，两水并流。三是话本兴起。南宋话本小说出现，在中国文学史上是一件极有意义的大事，标志着中国小说的发展已进入一个新阶段。宋代话本为中国小说的发展注入了新鲜活力，迎来了明清小说的繁荣局面。南宋还出现了以《沧浪诗话》为代表的具有现代审美特征的开创性的文学理论著作。四是南戏的出现。南宋初年，出现了具有很强的现实性和感染力的"戏文"，统称"南戏"。南宋戏文是元代杂剧的先驱，它的出现标志着中国古代戏曲艺术的成熟，为我国戏剧发

---

[1] 王国维：《静庵文集续编·宋代之金石学》，载《王国维遗书》第5册，上海古籍出版社1983年版。

展奠定了雄厚基础。[1]五是绘画的高峰。宋代是中国绘画史上的鼎盛时期，标志我国中古时期绘画高峰的出现。有研究者认为"吾国画法，至宋而始全"。[2]宋代画家多达千人左右，以李唐、刘松年、马远、夏圭等人为代表的南宋著名画家，他们的作品在画坛至今仍享有崇高地位。此外，南宋的多位皇帝和后妃也都是绘画高手。南宋绘画题材多样，山水、人物、花鸟画等并盛于世，尤以山水画最为突出，对后世影响极大。南宋画家称西湖景色最奇者有十，这就是著名的"西湖十景"的由来。宋代工艺美术造型、装饰与总体效果堪称中国工艺史上的典范，为明清工艺美术争相效仿的对象。此外，南宋的书法、雕塑、音乐、歌舞等艺术门类也都有长足的发展。

3. 南宋是古代中国文化教育的兴盛时期

宋代统治者大力倡导学校教育，将"崇经办学"作为立国之本，使宋代的教育体制较之汉唐更加完备和发达。南宋官私学盛，彻底打破了长期以来士族地主垄断教育的局面，使文化教育下移，教育更加大众化，适应了平民百姓对文化教育的需求，推动了文化大普及，提高了全社会的文化素质，促进了南宋社会文化事业进步和发展。在科举考试推动下，南宋的中央官学、地方官学、书院和私塾村校并存，各

---

[1] 参见何忠礼、徐吉军《南宋史稿》，杭州大学出版社1999年版，第657页。

[2] 潘天寿：《中国绘画史》，上海人民美术出版社1983年版，第158页。

类学校都获得了蓬勃的发展。南宋各州县普遍设立了公立学校，其规模、条件、办学水平，较之北宋有了更大发展。由于理学家的竭力提倡和科举考试的需要，南宋地方书院得到了大发展。宋代共有书院397所，其中南宋占310所。[1]南宋私塾村校遍及全国各地，学校教育由城镇延伸到乡村，南宋教育达到前所未有的普及程度。

4. 南宋是古代中国史学的繁荣时期

南宋以"尊重和提倡"的形式，鼓励知识分子重视历史，研究历史，"思考历代治乱之迹"。陈寅恪先生指出："中国史学莫盛于宋。"[2]南宋史学家袁枢的《通鉴纪事本末》，创立了以重大历史事件为主体，分别立目，完整记载历史事件的纪事本末体；朱熹的《资治通鉴纲目》创立了纲目体；朱熹的《伊洛渊源录》则开启了记述学术宗派史的学案体之先河。南宋在历史上第一次提出了"经世致用"的修史思想。南宋史学家不仅重视当代史的研究，而且力主把历史与现实结合起来，从历史上寻找兴衰之源，以史培养爱国、有用的人才。这些都对后代的史学家有很大的启迪和教益。

[1] 何忠礼：《论南宋定都杭州对当地经济文化的重大影响》，载《杭州研究》2007年第2期。

[2] 陈寅恪：《陈垣〈明季滇黔佛教考〉序》《陈垣〈元西域人华化考〉序》，载《金明馆丛稿二编》，上海古籍出版社1980年版，第238、240页。

四、在科技上，既要看到整个宋代在中国古代科技史上的地位，也要看到南宋对古代中国科学技术的杰出贡献

宋代统治集团对在科学技术上有重要发明及创造、创新之人给予物质和精神奖励，为宋代科技发展与进步注入了前所未有的强大动力。宋朝是当时世界上发明创造最多的国家，也是古代中国为世界科技发展贡献最大的时期。英国学者李约瑟说："每当人们在中国的文献中查找一种具体的科技史料时，往往会发现它的焦点在宋代，不管在应用科学方面或纯粹科学方面都是如此。"[1]中国历史上的重要发明，一半以上都出现在宋朝。宋代的不少科技发明不仅在中国科技史上，而且在世界科技史上也号称第一。《梦溪笔谈》的作者沈括、活字版印刷术的发明者毕昇这两位钱塘（浙江杭州）人，都是中外公认的中国古代伟大科学巨匠。南宋的科技在北宋基础上进一步得到发展，其科技成就在很多方面居于世界领先地位。

1. 南宋对中国古代"三大发明"的贡献

活字印刷术、指南针与火药三大发明，在南宋时期获得进一步的完善和发展，并开始了大规模的实际应用。指南针在航海上的应用，始见于北宋末期，南宋时的指南针已从简单的指针，发展成为比较简易的罗盘针，并被应用

[1] ［英］李约瑟：《李约瑟文集》，辽宁科技出版社1986年版，第115页。

于航海上，是一项具有世界意义的重大发明。李约瑟指出，指南针在航海中的应用，是"航海技艺方面的巨大改革"，"预示计量航海时代的来临"。中国古代火药和火药武器的大规模使用和推广也始自南宋。南宋出现的管形火器，是世界兵器史上十分重要的大事，近代的枪炮就是在这种原始的管形火器基础上发展起来的。此外，南宋还广泛使用威力巨大的火炮作战，充分反映了南宋火器制造技术的巨大进步。南宋开始推广使用活字印刷术，出现了目前世界上第一部活字印本。此外，南宋的造纸技术更为发达，生产规模大为扩展，品种繁多，质量之高，近代也多不及。

2. 南宋在农业技术理论上的重大突破

南宋陈旉所著《陈旉农书》是我国现存最早的有关南方农业生产技术与经营的农学著作。他是中国农学史上第一个提出土地利用规划技术的人。陈旉在《农书》中首先提出了土壤肥力论等多种土地的利用和改造之法，并对搞好农业经营管理提出了卓越的见解。稻麦两熟制、水旱轮作制、"耕耙耖"耕作制，在南宋境内都得到了较好的推广。植物谱录在南宋也大量涌现。《橘录》是我国最早的柑橘专著；《菌谱》是世界历史上最早的菌类专著；《全芳备祖》是世界最早的植物学辞典，比欧洲要早300多年；《梅谱》是我国最早的有关梅花的专著。

3. 南宋在制造技术上的高度成就

宋代冶金技术居世界最高水平，南宋对此做出了卓越贡献。在有色金属开采与冶炼方面，南宋发明了"冶银吹灰法"和"铜合金铁"冶炼法；在煤炭开发利用上，南宋开始使用焦煤炼铁（而欧洲人是在18世纪时才采用焦煤炼铁的），是我国冶金史上具有重大意义的里程碑。南宋是我国纺织技术高度发展时期，特别是蚕桑丝绸生产，已形成了一整套从栽桑到成衣的过程，生产工具丰富，为明清的丝绸生产技术奠定了基础。南宋的丝纺织品、织造和染色技术在前代的基础上达到了一个新水平。南宋瓷器无论在胎质、釉料，还是在制作技术上，都达到了新的高度。同时，南宋的造船、建筑、酿酒、地学、水利、天文历法、军器制造等方面技术水平，也都比过去有很大的进步。如现保存于杭州碑林的石刻《天文图》是迄今为止所能见到的最早的全天星图，绘于南宋绍定二年（1229）的石刻《平江图》，是我国现存最完整的城市规划图，至今仍完好地保存在苏州市博物馆。

4. 南宋在数学领域的巨大贡献

南宋数学不仅在中国数学史上，而且在世界数学史上取得了极为辉煌的成就。南宋杰出的数学家秦九韶撰写的《数书九章》提出的"正负开方术"，与现代求数学方程正根的方法基本一致，比西方早500多年。另一位杰出的数学家杨辉，编撰有《详解九章算法》《日用算法》《乘除通变本末》《田亩比类乘除捷法》《续古摘奇算法》（《乘除通变本末》《田亩比类乘除捷法》《续古摘奇算法》三者合称为《杨辉算法》）等十余种数学著作，收录了不少我国现已失传的数学著作中的算题和算法。杨辉对二阶等差级数求和的论述，使之成为继沈括之后世界上最早研究高阶等差级数的人。杨辉发明的"九归口诀"，不仅提高了运算速度和精确度，而且还对我国珠算的发明起到了重要作用。李约瑟把宋代称为"伟大的代数学家的时代"，认为"中国的代数学在宋代达到最高峰"。[1]

5. 南宋在医药领域的重要贡献

南宋是中国法医学正式形成的时期。宋慈的《洗冤集录》是世界上第一部法医学专著，比西方早 350 余年。它不仅奠定了我国古代法医学的基础，而且被奉为我国古代"官司检验"的"金科玉律"，并对世界法医学产生了广泛影响。南宋是中国针灸医学的极盛时期。王执中的《针灸资生经》和闻人耆年《备急灸法》两书，皆集历代针灸学知识之大全，反映了当时针灸学的最高水平。南宋腧穴针灸铜人是针灸学上第一具教学、临床用的实物模型。陈自明著的《外科精要》一书对指导外科的临床应用具有重要意义。陈自明的《妇人大全良方》是著名的妇产科著作，直到明清时期仍被妇科医生奉为经典。朱瑞章的《卫生家宝产科方》，被称为"产科之荟萃，医家之指南"。无名氏的《小儿卫生总微论方》和刘昉的《幼幼新书》，汇集了宋

---

[1] 参见《中国科学技术史》第 1 卷第 1 册，科学出版社 1975 年版，第 273、284、287、292 页。

以前在儿科学方面所取得的成就，是我国历史上较早的一部比较系统、全面的儿科学著作。许叔微的《普济本事方》是中国古代一部比较完备的方剂专书。

五、在社会上，不但要看到南宋一些富豪官绅生活奢华、挥霍淫乐的一面，更要看到南宋政府关注民生、注重民生保障的一面

南宋社会生活的奢侈之风，既是南宋官僚地主腐朽的集中反映，也是南宋经济文化空前繁荣的缩影。我们不但看到南宋一些富豪官绅纵情声色、恣意挥霍的社会现象，更要看到南宋政府倡导善举、关注民生、同情民苦的客观事实。[1] 两宋社会保障制度，在中国古代救助史上占有重要地位，并为宋后社会保障制度的建立奠定了基础。有学者认为，中国古代真正意义上的社会保障事业是从两宋开始的。同时，两宋时期随着土地依附关系逐步解除和门阀制度崩溃，逐渐冲破了以前士族地主一统天下的局面。两宋社会结构开始调整重组，出现了各阶层之间经济地位升降更替、社会等级界限松动的现象，各阶层的价值取向趋近，促进社会各阶层融合，平民化、世俗化、人文化趋势明显。两宋社会平民化，不仅体现在科举面向社会各个阶层，取士不受出身门第限制，而且体现在官民身份可以相

---

[1] 邓小南：《宋代历史再认识》，载《河北学刊》2006 年第 5 期。

互转化，可以由贵而贱，由贱而贵；贫富之间既可以由富而贫，也可以由贫而富。[1]

1. 南宋农民获得了更多的人身自由

两宋时期，租佃制普遍发展，这是古代专制社会中生产关系的一次重大调整。在租佃制下，地主招募客户耕种土地，客户只向地主缴纳地租，而不必承担其他义务。客户契约期满后有退佃起移的权利，且受到政府保护，人身依附关系大为减弱。按照宋朝的户籍制度，客户直接编入国家户籍，成为国家的正式编户，并承担国家某些赋役，而不再是地主的"私属"，因而获得了一定的人身自由。两宋农民在法律上可以自由迁徙，这是历史的一大进步。[2]南宋时期随着商品经济发展，农民获得了更多的自由，可以自由地离土离乡，转向城市从事手工业或商业活动。

2. 南宋商人社会地位得到了提高

宋前历朝一直奉行"重农轻商"政策，士、农、工、商，商人居"四民"之末，受到社会歧视。宋代商业已被视同农业，均为创造社会财富的源泉，"士、农、工、商，皆百姓之本业"[3]成为社会共识，使两宋商人的社会地位得

---

[1] 郭学信：《宋代俗文化发展探源》，载《西北师范大学学报》2005年第3期。

[2] 郭学信、张素音：《宋代商品经济发展特征及原因析论》，载《聊城大学学报》2006年第5期。

[3] （宋）陈耆卿：《嘉定赤城志》卷三七《风土》，《宋元方志丛刊》本，中华书局1990年版。

到前所未有的提高。随着工商业的发展，在南宋手工业作坊中，工匠主和工匠之间形成了雇佣与被雇佣关系。南宋手工业作坊中的雇佣制度，代替了原来带有强制性的指派和差人应役招募制度，雇佣劳动与强制性的劳役比较，工匠的人身束缚大为松弛，新的经济关系推动了南宋手工业经济发展，又促进了资本主义生产关系萌芽。

3. 南宋市民阶层登上了历史舞台

"坊郭户"是城市中的非农业人口。随着工商业的日益发展，宋政府将"坊郭户"单独"列籍定等"。"坊郭户"作为法定户名在两宋时期出现，标志着城市"市民阶层"形成，市民阶层开始作为一个独立群体正式登上了历史舞台，成为不可忽视的社会力量。[1]南宋时期，还实行了募兵制，人们服役大多出于自愿，从而有效保障了城乡劳力稳定和社会安定，与唐代苛重的兵役相比，显然是一个进步。

4. 南宋社会保障制度更为完善

南宋的社会保障体系主要表现在：一是"荒政"制度。就是由政府无偿向灾民提供钱粮和衣物，或由政府将钱粮贷给灾民，或由政府将灾民暂时迁移到丰收区，或将粮食调拨到灾区，或动员富豪平价售粮，并在各州县较普遍地设置了"义仓"，以解决暂时的粮食短缺问题。同时，遇丰收之年，政府酌量提高谷价，大量收籴，以避免谷贱伤农；

---

[1] 郭学信：《宋代俗文化发展探源》，载《西北师范大学学报》2005
　　年第 3 期。

遇荒饥之年，政府低价将存粮大量粜出，以照顾灾民。二是"养恤"制度。在临安等城市中，南宋政府针对不同对象设立了不同的养恤机构。有赈济流落街头的老弱病残或贫穷潦倒乞丐的福田院，有收养孤寡等贫穷不能自存者的居养院，有收养并医治鳏寡孤独贫病不能自存之人的安济院，有收养社会弃子弃婴的慈幼局，等等。三是"义庄"制度。义庄主要由一些科举入仕的士大夫用其秩禄买田置办，义田一般出租，租金则用于赈养族人的生活。虽然义庄设置的最初动机在于为本宗族之私，但义庄的设置在一定范围保障了族人的经济生活，对两宋官方的社会保障起到了重要的辅助作用。南宋的社会保障政策与措施对倡导善举、缓和社会矛盾、维护社会稳定等发挥了积极作用。[1]

六、在历史地位上，既要看到南宋在当时国际国内的地位，又要看到南宋对后世中国和世界的影响

1. 南宋对东亚"儒学文化圈"和世界文明进程之影响

两宋的成就居于当时世界发展的顶峰，对周边国家和世界均产生了巨大影响。如南宋对东亚"儒学文化圈"的影响。南宋朱子学对东亚"儒学文化圈"各国文化产生了

---

[1] 参见杜伟《略述两宋社会保障制度》，载《沙洋师范高等专科学校学报》2004年第1期；陈国灿《南宋江南城市的公共事业与社会保障》，载《学术月刊》2002年第6期。

广泛而深刻的影响，至今仍然积淀在东亚各民族的文化心理中，对东亚现代化起着重要作用。在文化输入上，这些周边邻国对唐代文化主要是制度文化的模仿，而对两宋文化则侧重于精神文化的摄取，尤其是对南宋儒学、宗教、文学、艺术、政治制度的借鉴。南宋儒学文化传至东亚各国，与各国的学术思想和民族文化相融合，产生了朝鲜儒学、日本儒学、越南儒学等东亚儒学，形成了东亚"儒学文化圈"。这表明南宋儒学文化在东亚民族之间的文化交流和传播中，对高丽、日本、越南等国学术文化与东亚文明发展历史产生了重大影响，这可以说是东亚文明发展中的一大奇观。[1] 同时，南宋儒学文化中的优秀成分和合理精神，在现代东亚社会的政治经济、思想文化、社会生活、家庭关系等方面仍然发挥重要影响和作用。如南宋儒学中的"信义""忠诚""中庸""和""义利并取"等价值观念，在现代东亚经济社会中的积极作用显而易见。

南宋对世界经济发展的影响。随着南宋海外贸易发展，与我国通商的海外国家与地区从宋前的 20 余个增至 60 个以上。海外贸易范围从宋前中南半岛和印尼群岛，扩大到西洋（今印度洋至红海）、波斯湾、地中海和东非海岸，使雄踞于太平洋西岸的南宋帝国与印度洋地区北岸的阿拉伯帝国一起，构成了当时世界贸易圈的两大轴心。海上"丝

---

[1] 葛金芳：《南宋：走向开放型市场的重大转折》，载《杭州研究》2007 年第 2 期。

绸之路"取代了陆上"丝绸之路",成为中外经济文化交流的主要通道。鉴于此,美籍学者马润潮把宋代视为"世界伟大海洋贸易史上的第一个时期"。同时,随着商品经济的发展,北宋出现了世界上最早的纸币——交子。至南宋时,纸币开始在全国普遍使用。有学者将纸币的产生与大规模流通称为"金融革命"。[1]纸币流通的意义远在金属铸币之上,表明我国在货币领域发展已走在世界前列。

两宋对世界文明进程的影响。宋代文化对世界文化的影响,主要表现在两宋的活字印刷术、火药、指南针的西传上。培根指出:"这三种发明已经在世界范围内把事物的全部面貌和情况都改变了:第一种是在学术方面,第二种是在战事方面,第三种是在航行方面;由此产生了无数的变化,这种变化是如此巨大,以至没有一个帝国,没有一个教派,没有一个赫赫有名的人物,能比得上这三种机械发明。"[2]马克思的评价则更高:"火药、指南针、印刷术——这是预告资产阶级到来的三大发明。火药把骑士阶层炸得粉碎,指南针打开了世界市场并建立了殖民地,而印刷术则变成了新教的工具和科学复兴的手段,变成对精神发展创造必要前提的强大杠杆。"[3]两宋"三大发明"对

---

[1] 参见张邦炜《瞻前顾后看宋代》,载《河北学刊》2006年第5期。

[2] [英]培根:《新工具》,商务印书馆1984年版,第103页。

[3] [德]马克思:《机械、自然力和科学应用》,人民出版社1978年版,第67页。

世界文明的决定性作用是毋庸赘言的。两宋科举考试制度也对法、美、英等西方国家选拔官吏的政治制度产生了直接作用和重要影响，被人誉为"中国的第五大发明"。

2. 南宋对中国古代与近代历史发展之影响

中外学者普遍认为："这时的文化直至 20 世纪初都是中国的典型文化。其中许多东西在以后的一千年中是中国最典型的东西，至少在唐代后期开始萌芽，而在宋代开始繁荣。"[1]

南宋促进了中国市民社会的形成。随着商品经济的繁荣，两宋时期不仅出现了一大批大、中、小商业城市与集镇，而且形成了杭州、开封、成都等全国著名商业大都市，第一次出现了城市平民阶层，呈现了中国古代社会前所未有的时代开放性。南宋市民阶层的出现，世俗文化与世俗经济的形成与繁荣，意味中国市民社会已具雏形，开启了中国社会平民化进程。正由于两宋时期出现了欧洲近代前夜的一些特征，如大城市兴起、市民阶层形成、手工业发展、商业经济繁荣、对外贸易发达、流通纸币出现、文官制度成熟等现象，美国、日本学者普遍把宋代中国称为"近代初期"。[2]

南宋促成了中国经济重心南移。由于南宋商品经济空

---

[1] [美] 费正清、赖肖尔：《中国：传统与变革》，江苏人民出版社 1995 年版，第 118—119 页。

[2] 张晓淮：《两宋文化转型的新诠释》，载《学海》2002 年第 4 期。

前发展，有些学者甚至断言，宋代已经产生了资本主义萌芽。西方有学者认为南宋已处在"经济革命时代"。随着宋室南下，南宋经济的发展与繁荣，使江南成为全国经济最为发达的地区。南宋时期，全国经济重心完成了由黄河流域向长江流域的历史性转移，我国经济形态自此逐渐从自然经济转向商品经济，从封闭经济走向开放经济，从内陆型经济转向海陆型经济。这是中国传统社会发展中具有路标性意义的重大转折。[1]如果没有明清的海禁和极端专制的封建统治，中国的近代化社会也许会更早地到来。

南宋推进了中华民族大融合。南宋时期，中国社会出现了第三次民族大融合。宋王朝虽然先后被同时代的女真、蒙古民族征服，但无论前金还是后蒙，在其思想文化上，都被南宋代表的先进文化折服，融入中华民族大家庭之中。10—13世纪，中原王朝与北方游牧民族时战时和、时分时合，使以农耕文化为载体的两宋文化迅速向北扩散播迁，女真、蒙古政权深受南宋代表的先进政治制度、社会经济和思想文化影响，表示出对南宋文化认同、追随、仿效与移植，自觉不自觉地接受了先进的南宋文化，使其从文字到思想、从典章制度到风俗习惯均呈现出汉化趋势。[2]南宋文化改变了这些民族的文化构成，提高了它们的文化层位，加速了这些民

---

[1] 参见葛金芳《南宋：走向开放型市场的重大转折》，载《杭州研究》2007年第2期。

[2] 参见虞云国《略论宋代文化的时代特点与历史地位》，《浙江社会科学》2006年第3期。

族由落后走向进步的进程，从而在整体上提高了中国北部地区少数民族的文明程度。

南宋奠定了理学在封建正统思想中的主导地位。理学的形成与发展，是南宋文化对中国古代思想文化的重大贡献。南宋理宗朝时，理学被钦定为封建正统思想和官方哲学，确立了程朱理学的独尊地位，并一直垄断元、明、清三代的思想和学术领域长达700余年，其影响之深广，在古代中国没有其他思想可以与之匹敌。[1]同时，两宋时期开创了中国古代儒、佛、道"三教合流"的文化格局。与汉武帝"罢黜百家、独尊儒术"不同，南宋在大兴儒学的前提下，加大了对佛、道两教的扶持，出现了"以佛修心，以道养生，以儒治世"的"三教合一"的格局。自宋后，古代中国社会基本延续了以儒学为主体，以佛、道为辅翼的文化格局。

两宋对中国后世王朝政权稳定的影响。两宋王朝虽然国土面积前不及汉唐，后不如元明清，却是中国封建史上立国时间最长的王朝。两宋王朝之所以在外患深重的威胁下保持长治局面，很大程度上取决于两宋精于内治，形成了一系列的中央集权制度和民族认同感，因此，自宋朝后，中华民族"大一统"思想深入人心，中国历史上再也没有出现过地方严重分裂割据的局面。

---

[1] 参见何忠礼《论南宋在中国历史上的地位和影响》，《杭州研究》
2007年第2期。

3. 南宋对杭州城市发展之影响

正是南宋经济、文化、社会各方面的高度发展，促成京城临安极度繁荣，成为 12—13 世纪最为繁华的世界大都会，也正是南宋带来民族文化大交流、生活方式大融合、思想观念大碰撞，形成了京城临安市民独特的生活观念、生活方式、性格特征、语言习惯。直到今天，杭州人独有的文化特质、社会习俗、生活理念，都深深地烙上了南宋社会的历史印迹。

京城临安，一座巍峨壮丽的世界级"华贵之城"。南宋朝廷立临安为行都，使杭州的城市性质与等级发生了根本性的巨大变化。从州府上升为国都，这是杭州城市发展的里程碑，杭州由此进入历史上最辉煌的时期。南宋统治者对临安城建设倾注了大量心血，并倾全国之人力、物力、财力加以精心营造。经过南宋诸帝持续的扩建和改建，南宋皇城布满了金碧辉煌、巍峨壮丽的宫殿，足可与北宋的汴京城媲美。南宋对临安府大规模地改造和扩建的杰出代表便是御街。南宋都城临安，经过 100 多年的精心营建，已发展成为百万以上人口的大城市，成为当时亚洲各国经济文化的交流中心，城市规模已名列十二三世纪时世界的首位。当时的杭州被意大利著名旅行家马可·波罗称赞为"世界上最美丽华贵之天城"。而 12 世纪时，美洲和澳洲尚未被殖民者发现，非洲处于自生自灭状态，欧洲现有主要国家尚未完全形成，罗马内部四分五裂，北欧海盗肆虐，基辅大公国（俄罗斯）刚刚形成。[1]到了南宋后期（即13世纪中叶）临安人口曾达到150万—160万人，此时，西方最大最繁华的城市威尼斯也只有10万人口，作为世界最著名的大都会伦敦、巴黎，直至14世纪的文艺复兴时期，其人口也不过4万—6万人。[2]仅从城市人口规模看，800年前的杭州就已遥遥领先于世界各大城市。

京城临安，一座繁荣繁华的"地上天宫"。临安是全国最大的手工业生产中心。南宋临安工商业发达，手工业门类齐、制作精、分工细、规模大、档次高，造船、陶瓷、纺织、印刷、造纸等行业都建有大规模的手工业作坊，并有"四百一十四行"之说。临安是全国商业最为繁华的城市。临安城内城外集市与商行遍布，天街两侧商铺林立，早市夜市通宵达旦；城北运河樯橹相接、昼夜不舍，城南钱江两岸各地商贾海舶云集、桅杆林立。临安是璀璨夺目的文化名城。京城内先后集聚了李清照、朱熹、尤袤、陆游、杨万里、范成大、辛弃疾、陈起等一批南宋著名的文化人。临安雕版印刷为全国之冠，杭刻书籍为我国宋版书之精华。城内设有全国最高的学府——太学，规模最为宏阔，与武学、宗学合称"三学"。临安的教育事业空前繁荣。城内文化娱乐业发达，瓦子数量、百戏名目、艺人人

[1] 参见何亮亮《从"南海"一号看中华复兴》，载《文汇报》2008年1月6日。
[2] 参见何忠礼《论南宋在中国历史上的地位和影响》，载《杭州研究》2007年第2期。

数、娱乐项目和场所设施等方面，也都是其他城市无法比拟的。临安不但是全国政治中心，也是全国经济中心和文化中心。今日杭州之所以能成为"人间天堂"，成为全国历史文化名城，成为我国七大古都之一，很大程度上就是得益于南宋定都临安，得益于南宋经济文化的高度繁荣。

京城临安，一座南北荟萃、精致和谐的生活城市。北方人口的优势，使南下的中原文化全面渗透到本土的吴越文化之中，形成了临安独特的社会生活习俗，并影响至今。临安的社会是本地居民与外来人员和谐相处的社会，临安的文化是南北文化交融、中外文化交流的结晶，临安的生活是中原风俗与江南民俗相互融合的产物。总之，南宋临安是一座兼容并蓄、精致和谐的生活城市。其表现为：一是南北交融的语言。经过100多年流行，北方话逐渐融合到吴越方言之中，形成了南北交融的"南宋官话"。有学者指出："越中方言受了北方话的影响，明显地反映在今日带有'官话'色彩的杭州话里。"[1]二是南北荟萃的饮食。自南宋起，杭人饮食结构发生了变化，从以稻米为主，发展到米、面皆食。"南料北烹"美食佳肴，结合西湖文采，形成了具有鲜明特色的"杭邦菜系"，而成为中国古代菜肴一个新高峰。丰富美味的饮食，致使临安人形成追求美食美味的饮食之风。三是精致精美的物产。南宋时期，在临安

---

[1] 参见徐吉军《论南宋定都杭州对当地经济文化的重大影响》，载《杭州研究》2007年第2期。

无论建筑寺观，还是园林别墅、亭台楼阁和小桥流水，无不体现了江南的精细精致，更有陶瓷、丝绸、扇子、剪刀、雨伞等工艺产品，做工讲究、小巧精致。四是休闲安逸的生活。城市的繁华与西湖的秀美，使大多临安人沉醉于歌舞升平与湖山之乐中，在辛劳之后讲究吃喝玩乐、神聊闲谈、琴棋书画、花鸟鱼虫，体现了临安人求精致、讲安逸、会休闲的生活特点，也反映了临安市民注重生活与劳作结合的城市生活特色，反映了临安文化的生活化与世俗化，并融入今日杭州人的生活观念中。

4. 借鉴南宋"体恤民生"的某些仁义之举，努力将今天的杭州建设成为一个全民共享的"生活品质之城"

南宋社会关注民生、同情民苦的仁义之举，尤其是针对不同人群建立较为完备的社会保障体系，在构建社会主义和谐社会，建设覆盖城乡、全民共享的"生活品质之城"的今天，有着特别重要的现实意义。建设覆盖城乡、全民共享的"生活品质之城"，既是一项长期的历史任务，又是一个重大的现实课题。要使"发展为人民、发展靠人民、发展成果由人民共享、发展成效让人民检验"理念落到实处，就必须把老百姓的小事当作党委、政府的大事，以群众呼声为第一信号，以群众利益为第一追求，以群众满意为第一标准，树立起"亲民党委""民本政府"的良好形象。要始终坚持以人为本、以民为先的理念，既要关注城市居民，又要关注农村居民；既要关注本地居民，又要关注外来创业务工人员；既要关注全体市民生活品质的整体提高，更要特别关注困难群众、弱势群体、低收入阶层生活品质的明显改善。要始终关注老百姓的衣食住行、安危冷暖、生老病死，让老百姓能就业、有保障，行得便捷、住得宽畅，买得放心、用得舒心，办得了事、办得好事，拥有安全感、安居又乐业，让全体市民共创生活品质、共享品质生活。

5. 整合南宋"安逸闲适"的环境资源，推进杭州"东方休闲之都"和国际旅游休闲中心建设

杭州得天独厚的自然山水环境，经过南宋 100 多年来固江堤、疏西湖、治内河、凿新井、建宫城、造御街、设瓦子、引百戏等多方面的措施，形成都城左江（钱塘江）右湖（西湖）、内河（市区河道）外河（京杭运河）的格局，使杭州的生态环境、旅游环境、休闲环境大为改观，极大丰富了杭州的旅游资源。南宋为我们留下的不但是一块"南宋古都"的"金字招牌"，还留下了安逸闲适的休闲环境和休闲氛围。在"三面云山一面城"的独特环境里，集中了江、河、湖、溪与西湖群山，出现了大批观光游览景点，并形成著名的"西湖十景"。沿湖、沿河、沿街的茶肆酒楼，鳞次栉比、生意兴隆；官私酒楼、大小餐馆充满"南料北烹"的杭邦菜肴和各地名肴；大街小巷布满大小馆舍旅店，是外地游客与应考士子的休息场所。同时，临安娱乐活动丰富多彩，节庆活动繁多。独特的自然山水、休

闲的环境氛围，使临安人注重生活环境、讲究生活质量、追求生活乐趣。不但皇亲国戚、达官贵人纵情山水、赏花品茗，过着高贵奢华的休闲生活，而且文人士大夫交结士朋、寄情适趣，热衷高雅脱俗的休闲生活；就是普通百姓也会带妻携子泛舟游湖，享受人伦亲情及山水之乐。

今天的杭州人懂生活、会休闲，讲究生活质量，追求生活品质，都可以从南宋临安人闲情逸致的生活态度中找到印迹。今天的杭州正在推进新城建设、老城更新、环境保护、街区改善等工程，都可以从南宋临安对左江右湖、内河外河的治理和皇城街坊、园林建筑的建设中得到有益的启示。杭州要打造"东方休闲之都"，共建共享"生活品质之城"，建设国际旅游休闲中心，就必须重振"南宋古都"品牌，充分挖掘南宋文化遗产，珍惜杭州为数不多的地上南宋遗迹。进一步实施好西湖、西溪、运河、市区河道综合保护工程；推进"南宋御街"——中山路有机更新，以展示杭州自南宋以来的传统商业文化；加强对南宋"八卦田"景区的保护与利用，以展示南宋皇帝"与民同耕"的怀古场景；加强对南宋官窑遗址的保护与利用，以展示南宋杭州物产的精致与精美；加强对南宋皇城遗址和太庙遗址的保护与利用，以展示昔日南宋京城的繁荣与辉煌。进入 21 世纪的杭州，不但要保护利用好南宋留下的"三面云山一面城"的"西湖时代"，更要以"大气开放"的宏大气魄，努力建设好"一主三副六组团六条生态带"的大都

市空间格局，形成"一江春水穿城过"的"钱塘江时代"，
实现具有千年古都神韵的文化名城与具有大都市风采的现
代化新城同城辉映。

前　言

　　《南宋全书》是"五位一体"《杭州全书》的重要组成部分，是杭州南宋文化遗产保护、传承和利用的基础前提和依据载体。《南宋全书》的编纂、出版旨在发挥南宋学研究成果，在打造具有"国际特征、中国特点、杭州特色"的城市学杭州学派和"国内领先、世界一流"的城市学智库等方面起到积极作用。

　　在开展《南宋全书》编撰出版之前，制定了工作原则。在内容方面：既要着眼于南宋经济、政治、军事、文化、社会和独特山水、人文资源的研究，体现系统性、整体性，又要着眼于杭州南宋文化遗存的独特禀赋研究，体现特色性、差异性。在规划方面：坚持统一领导、统一规划、统一大纲、统一体例、分别筹资、分别实施、分别销售的"四统三分"体制，充分彰显系统性、规律性、权威性。在品质方面：牢固确立品质导向，尊重科学，打造精品，坚持量质并举，通盘考虑选题、编纂、评审、出版，以及成果转化和赠、换、售工作，切实提高"费效比"，努力使每一本书都经得起人民的检验、专家的检验、历史的检验，真正能传承文明，发挥"存史、释义、资政、育人"作用。在整合资源方面：以改革的思路面向全社会组织开放式研究，充分吸收国内外南宋学研究各方面专家参与，集聚各方面资源，形成编纂出版合力，进一步打好"杭州牌"、"浙江牌"、"中华牌"、"国际牌"。在计划推进方面：立足长远、通盘谋划、科学规划、统一部署、积极引导、分步实施。按照全书编纂的统一体例，可根据自身研究条件，实事求是确定研究进度，制定切实可行的实施方案，积极稳妥、分步有序地推进。

南宋学研究成果的载体，包括丛书、文献集成、研究报告、通史、辞典五大组成部分，定位各有侧重。其中，研究报告定位为论文集，突出"专"字，主要收录"两宋论坛"征集评选出的优秀成果，包括了政治、经济、社会、文化等各个方面。本报告即主要收录了第六届"两宋论坛"的优秀成果。

第六届"两宋论坛"于 2021 年 10 月 18 日在开封博物馆举行。本届论坛以"两宋与都市化"为主题，由杭州、开封两市市委、市政府支持，学术活动由杭州国际城市学研究中心、河南大学中原发展研究院两大智库共同主办。论坛以实际行动传承弘扬两宋优秀文化，总结历史经验，推动"一带一路"倡议的落实，讲好"中国故事"，进而讲好"杭州故事"、"开封故事"，推动中华优秀传统文化创造性转化、创新性发展，取得了良好的社会效益，成为杭州与开封城市国际化和文化交流的"金名片"。其中,"两宋论坛优秀研究成果征集评选"活动,面向国内外两宋领域研究者以及各界有识之士,分为历史类与经济类两大类征集评选,并进行专家多轮评审,最终评出金奖一名,银奖两名,铜奖三名。研究报告作为"两宋论坛优秀研究成果征集评选"活动的优秀成果汇编,即整理收录其中最优秀的学术研究成果并出版。

本报告主题为"两宋与都市化",收入论文 12 篇,分为历史研究报告 8 篇,内容包括北宋宫廷宴饮与开封饮食文化、北宋南北京城丛考等;当代发展研究报告 4 篇,内容包括开封与郑州大都市圈建设、将开封打造成绿色生态宜居的创新城市等。收入本报告时,根据出版的要求,将各论文体例格式进行了统一,特此说明。

目　录

历史研究报告

北宋宫廷宴饮与开封饮食文化

王连旗

宋朝在中国历史上是一个标志性的朝代，经济水平空前繁荣，文化、教育发达，农业、印刷业、造纸业等均得到了迅速发展，人才辈出。宋朝在物质文明、精神文明方面的突出成就，在制度方面的独到建树，促进了人类文明的发展，使其成为世界历史上一个文明昌盛的辉煌阶段。陈寅恪先生曾经说过："华夏民族之文化，历数千载之演进，造极于赵宋之世。"[1]邓广铭先生也说过："宋代是我国封建社会发展的最高阶段，两宋期内的物质文明和精神文明所达到的高度，在中国整个封建社会历史时期之内，可以说是空前绝后的。"[2]如果时光倒流，你愿意活在哪个朝代？英国史学家汤因比曾说过："如果让我选择，我愿意活在中国的宋朝。"[3]余秋雨先生也曾说过："我最向往的朝代就是宋朝！"北宋时期，面对严酷的内外挑战与社会压力，朝廷的战略格局与政策应对，使士人民众迸发出顽强的生命力，不懈追求美好生活，创造出了丰厚的物质文化财富与感人至深的精神遗产。物质生活的富足使精神追求变得越发迫切，于是宋朝在经济发展的同时有了

---

[1] 陈寅恪：《金明馆丛稿二编》，生活·读书·新知三联书店2001年版，第277页。

[2] 邓广铭：《谈谈有关宋史研究的几个问题》，《社会科学战线》1986年第2期。

[3] 顾亚奇、常仕本：《兴衰之鉴》，河南人民出版社2017年版，第99页。

强烈的文化需要，国民的闲暇生活、审美趣味、生活情趣，都促成了宋朝文化的高度繁荣。本文以北宋宫廷宴饮与开封饮食文化为研究对象，旨在为当今都市化饮食研究提供历史借鉴，并且能够为历史时期都市饮食的研究提供理论参照。

一、相关概念阐释

1. 文化

文化的内涵极为广泛，由于对其内涵和外延有着不同的理解，在当今学术研究领域里关于文化的定义大概有 260 多种。在古代汉语中，"文化"二字是分开使用的，"文"的本意是指各色交错的纹理；"化"的本义为改易、生成、造化，是指事物动态的变化过程。许慎在《说文解字》中对"文"解释是"文，错画也"。"文"是个象形字，它的原始形象就是表示许多装饰花纹相互交叉，富丽而不单调。许慎在《说文解字》中对"化"解释是"化教而行也，变更之义，引申为造化"。因此，文化在古代典籍中，是文治教化之义。文化是"人文化成"、"文治教化"的省称。[1]现代汉语中的"文化"有广义和狭义之分，"广义的文化指人类通过实践活动在利用、适应、改造自然和社会客体过程中所创造的物质和精神成果的总和。狭义的文化则特指精神创造领域的文化现象"。[2]

---

[1] 冯天瑜等：《中国文化史》，高等教育出版社 2005 年版，第 5 页。

[2] 田广林等：《中国传统文化概论》，高等教育出版社 2011 年版，第 8 页。

2. 饮食文化及宫廷宴饮

自古以来，中国人就追求食不厌精、脍不厌细，饮食文化是
不同时期传统文化的一个重要组成部分。从中国语源学的角度来
看，"饮食"一词最初并不合在一起。据目前所查资料，"食"字
的出现要比"饮"字早，"食"字在殷商甲骨文中就已经出现
了。西周以前，"饮""食"两字尚未合称，它们各有不同的含
义。"食"作名词时，最初指用谷物制成的饭团，后也指除饮料之
外的一切食物；作动词时则为吃，自己吃食物或把食物给别人吃。
"饮"作名词时，指酒、水、浆等液态的饮料；作动词则为喝，自
己喝饮料或把饮料给别人、牲畜等喝。春秋战国时期，"饮食"两
字开始合称，不仅被人们广泛使用，而且还可以简称为"食"。大
约到了秦汉时期，"饮""食"两字已经可以通称，"饮"可以统
"食"，"食"亦可以统"饮"，两字还都可以作"饮食"一词的简
称。[1] 王学泰先生在其所著《中国饮食文化史》一书中指出："饮
食文化主要指饮食与人、人群的关系及其所产生的社会意义。"[2]
刘朴兵先生所界定的"饮食文化"是广义的饮食文化，既包括饮
食文化中物质层面的各种食品、饮品的生产、加工和销售等，又
包括非物质层面的饮食习俗和饮食思想等。[3] 学者孙刘伟认为：
"饮食文化是一个较宽泛的概念，既包括饮食原料、饮食结构和饮

[1] 徐海荣：《中国饮食史》，华夏出版社 1999 年版，第 5—9 页。

[2] 王学泰：《中国饮食文化史》，广西师范大学出版社 2006 年版，第 7 页。

[3] 刘朴兵：《北宋时期中原地区的饮食文化》，华中师范大学硕士学位论文，
2001 年，第 8 页。

食器具等物质层面，也包括饮食礼仪、饮食风俗和饮食制度等精神层面，同时还包括各阶层宴饮活动等内容。"[1]本文采用赵荣光先生的观点，饮食文化是"食物原料开发利用、食品制作和饮食消费过程中的技术、科学、艺术，以及以饮食为基础的习俗、传统、思想和哲学，即由人们食生产和食生活的方式、过程、功能等结构组合而成的全部食事的总和"[2]。

宫廷宴饮是宫廷文化，和饮食文化有着密切的联系，而宫廷文化是围绕宫廷生活和宫廷运作而产生的，宫廷文化的核心是宣扬帝王思想，从都城建设到典章制度的制定，再到文学艺术。其基本特征主要包括皇权至上、敬天法祖、专制独裁、奢侈腐化、兼收并蓄、包罗宏富等。[3]本文采用刘尊明先生的观点，"宫廷文化应该由宫廷的物质文化与非物质文化两大部分所构成，是宫廷贵族阶层的生活方式、意识形态及其创造产品的总和"[4]。在我国古代文献中，宫廷又称宫庭、宫内、宫禁、宫中、大内、内廷等。它刚开始时仅指帝王及后、妃等皇室贵族阶级起居的处所，是个地域概念或建筑概念，后来逐渐演变为政治概念，被视为国家政权机构的核心，用作最高统治阶级的代称或象征。皇权独尊观念是宫廷文化的灵魂与核心。"那灿烂辉煌的皇宫，那巍峨壮观的帝陵，那金龙腾飞的黄袍，那千乘万骑的帝王巡狩队列，还有宫廷

[1] 孙刘伟：《北宋东京饮食文化研究》，郑州大学博士学位论文，2019年，第12页。

[2] 赵荣光：《中国饮食文化史》，上海人民出版社2014年版，第2页。

[3] 刘仁庆：《纸系千秋新考》，知识产权出版社2018年版，第233页。

[4] 刘尊明：《中国古代的宫廷及其文化特征》，《文史知识》1995年第11期。

中音乐的恢宏庄严、御膳房的山珍海味、宝库中的美不胜收……帝王之家的一切，无不体现出至高无上的尊严与神圣。"[1]

宫廷宴饮主要是以帝王为中心展开的宴饮活动，其中有政治礼仪性的"大宴"，也有人文色彩浓厚的"曲宴"；宫廷宴饮具有目的明确、内容丰富、礼仪严苛、过程繁复、规模宏大的特点，集中反映着国家的政治精神面貌，对外展示着国家的形象和尊严，宴饮活动成为维系人际关系的重要手段，统治者利用这种手段处理君臣之间、国家之间的关系，来达到维护国家政治稳定的目的。

3. 开封历史文化简介

开封是首批国家历史文化名城，素有"八朝古都"之称，迄今已有4100多年的建城史和建都史，先后有夏、战国时期的魏，五代时期的后梁、后晋、后汉、后周，北宋和金相继在此定都。

开封历史悠久，"春秋时期，郑庄公在此修筑储粮仓城，取'启拓封疆'之意，定名为启封"[2]。战国时期的魏国在这里定都，改名叫大梁。公元前225年，秦改大梁为浚仪。公元前156年，西汉景帝即位，因避汉景帝刘启之讳，改"启"为"开"，"启封"也就更名为"开封"，这便是"开封"城市名称的由来。公元534年东魏孝静帝时，设立梁州，辖陈留、开封、阳夏三郡。北周武帝建德五年，改梁州为汴州，这是开封称汴之始。唐高祖武德四年（621）设汴州总管府。唐代宗大历十四年（779），永平节度使李勉扩建汴州城，规模宏大，坚固宽广，是今日开封城的雏形。

---

[1] 龚斌：《宫廷文化》，辽宁教育出版社1993年版，第1页。

[2] 张新斌：《品读中原》，河南科学技术出版社2018年版，第67页。

由于开封地临汴水，隋、唐时又称汴州。唐朝末年，朱温篡唐称帝，建立后梁，定都汴州，又改称开封府。五代时期的后晋、后汉、后周都在这里建都，改称东京。公元 960 年，赵匡胤在陈桥驿发动兵变，建立了宋王朝，定都开封，称为东京。[1]北宋时期开封富丽甲天下，繁荣兴旺，成为当时全国的政治、经济、文化中心，也是当时世界上最繁华的大都市之一。靖康二年（1127），北宋为金所灭。金称开封为汴京。金宣宗贞祐二年（1214），金把国都南迁到开封。蒙古灭金后，设河南江北行中书省于开封。元朝末年，韩山童、刘福通率领的红巾起义军，曾在开封建立"龙凤"农民政权。公元 1368 年，朱元璋改汴梁路为开封府，封第五子朱橚于开封，称周王。清承明制，开封仍为省、府治所。

中华民国改制，废开封府，设豫东道。1914 年，祥符县改为开封县。1929 年，成立开封市。1932 年，设行政督察区。1938年日军占领开封，省会西迁，次年日伪在开封成立河南省政府。1945 年日本投降，国民政府恢复开封原来建置。后来河南省会由开封迁往郑州，开封改为省直辖市。

开封历史文化底蕴深厚，自宋代以后，历代王朝都把开封作为中国北方的区域性经济文化中心。数千年的历史长河中，勤劳智慧的开封人民创造了灿若星辰的宫廷文化、府衙文化、忠烈文化、宗教文化、民俗文化、园林文化、饮食文化、菊花文化、戏曲文化、书法文化等。

---

[1] 李学文：《开封之最》，中州古籍出版社 1994 年版，第 3 页。

二、北宋与北宋宫廷宴饮

宋代是我国经济发展的繁荣时期，经济的繁荣促进了宋代饮食业的大发展。美国著名人类学教授尤金·N.安德森对中国饮食文化尤其钟爱，他曾指出："宋朝时期，中国的农业和食物最后成形，食物生产更为合理化和科学化。"[1] 据相关资料记载："宋代饮食业空前繁荣，酒楼、茶坊、食店等饮食店铺遍及城乡各地，打破了此前坊市分隔的界限，呈现出了史无前例的繁荣景象。"[2] 美国《生活杂志》（*Life Magazine*，秋季刊）回顾1000年来最深远影响人类生活的100件大事，其中选自中国的有6件，排第56位的，赫然是宋代开封的饭馆和小吃。[3] 宋代饮食业空前繁荣，促进了宫廷宴饮文化的发展，宫廷宴饮主要是以帝王为中心展开的宴饮活动，"通常由帝后召集群臣举行，席间觥筹交错、赏景吟诗、把酒临风、直抒胸臆，俨然一场气氛轻松的文化盛会"[4]。北宋宫廷宴饮活动，名目繁多，制度比较完善，皇权至上的统治思想贯穿于宫廷宴饮活动的始终。北宋宫廷宴饮主要包括春秋大宴、圣节大宴、饮福宴、曲宴、闻喜宴、赐宴及外国使宴、饯行宴等。《宋史》载："宋制，尝以春秋之季仲及圣节、郊祀、籍田礼毕，

[1] ［美］尤金·N.安德森著，马缨、刘东译：《中国食物》，江苏人民出版社2003年版，第57页。

[2] 刘梦娜：《宋代饮食文化的考古学考察》，郑州大学硕士学位论文，2018年，第1页。

[3] 程民生：《论汴京对饮食业历史的贡献》，《中国经济史研究》2015年第2期。

[4] 刘军：《拓跋魏宫廷文化述论》，《云南民族大学学报》（哲学社会科学版）2015年第4期。

巡幸还京，凡国有大庆皆大宴。"[1]各宴一般有各自常用的宴殿，若帝王有特旨则不拘常制。

宋代设立光禄寺负责宫廷御膳，光禄寺设光禄卿一人，统一负责宫廷膳食的各个部门。另外还设光禄少卿一人，作为光禄卿的助手，负责祭祀、朝会等重大宴会的酒醴、膳钱等。光禄寺中还设有下列机构：法酒库和酒坊，负责祭祀所需要的美酒酿造和供应；太官物料库，负责采购储备宫廷膳食所需物料；翰林司，负责各类水果、茗茶、汤药；牛羊司，负责大中小祭礼所需牲畜和太官所办宫廷宴席和帝王膳食所需牛羊肉；乳酪院，负责制造酥酪，供应后宫，各种乳制品在国家举行的祭礼中还充当重要角色，人们用乳粥、酥蜜饼等作为祭品来进行祭祀北方天王；油醋库，负责供应油、醋等；外物库，负责采办与储存，供应米、盐及各类所需杂物，保证膳用的需要。[2]宋代宫廷御膳种类丰富，用料精细，名菜名点大量增加。肉食以猪、牛、羊、鸡、鸭为主，而且宫廷盛行吃羊肉。如在北宋建立不久，定都于杭州的吴越国王钱弘俶去开封朝拜宋太祖赵匡胤，宋太祖命御厨烹制南方菜肴招待，御厨仓促上阵，"取肥羊肉为氄"，一夕腌制而成，叫做"旋鲊"，深受宋太祖及客人欢迎。"北宋立国之初，便于东京设立了牛羊司，专职为宫廷饲养羊、猪、牛等牲以备宴享和祭祀之

---

[1]（元）脱脱等：《宋史》卷113《礼十六·宴飨》，中华书局1977年版，第2683页。

[2]（元）脱脱等：《宋史》卷102《礼志五·奏告》、卷121《礼志二十四·禬祭》，中华书局1977年版，第2498、2829页。

用。"[1]《续资治通鉴长编》记载北宋大臣吕大防为宋哲宗讲述祖宗家法时说："饮食不贵异品，御厨止用羊肉，此皆祖宗家法所以致太平者。"[2]为供应开封京城羊肉，每年要从陕西等地运来数万只羊。宫廷御厨对羊的加工烹饪方式更是精细，如景德三年（1006）八月朝廷诏令"赴大宴差内臣五人分局管勾"，其中包括"掌蒸作炙爆局""掌脍锤笼局""掌盘饭口味局"者。[3]而北宋宫廷对羊肉类和海鲜类食物的追求，极大地促进了羊、海鲜肉食的贸易活动，同时对当时的饮食文化有一定的引领作用。同时北宋宫廷也食用蟹、蛤蜊等鱼鲜海味。蔬菜水果也多种多样，如大白菜、芹菜、笋、山药、芋、韭菜、韭黄、生菜、兰芽、枣、石榴、梨、胡桃、荔枝、莲子等。主食以大米和面食为主，品种主要有松黄饼、梅花汤饼、广寒饼、玉灌肺、罩馒头、野味包子、雪花酥、五香糕、糖薄脆、元宵、麻团、米缆、油炸果子等。

北宋宫廷季节性用膳也较为突出。据《东京梦华录》和《梦粱录》记载：立春食春盘；正月十五食元宵；清明节食枣面饼、炊饼；端五节食粽子、五色水团；中元节（七月十五日）食花油饼；立秋食灵枣、牙枣、亳州枣、鸡头（即芡实）；中秋节饮新酒，食蟹、石榴、梨、栗等；重阳节赏菊，食粉面蒸糕（上插剪彩小旗，名曰重阳糕）、银杏、松子肉之类；冬至备办饮食，祭祀先祖，庆贺往来；腊月食韭黄、生菜、兰芽、勃荷、胡桃、七宝

---

[1] （清）徐松：《宋会要辑稿》，中华书局1957年版，第2843页。

[2] （宋）李焘：《续资治通鉴长编》卷480，中华书局2004年版。

[3] （清）徐松：《宋会要辑稿》，中华书局1957年版，第9329页。

五味粥（谓之腊八粥）等。当时宫廷所用饮料也较为珍贵，如鹿胎酒、龙脑浆、流香酒、蔷薇露等。[1]

北宋时期宫廷宴饮是随着当时社会经济的发展而不断变化的，北宋中期以前比较节俭，中期开始尤其后期较奢侈。《邵氏闻见后录》载宋仁宗某次设宴时，席上有人敬献了 28 枚蛤蜊，时蛤蜊每枚"直一千"，仁宗深感侈靡而拒食。[2] "徽钦时期，北宋王朝奢靡之风达到顶峰，上至皇室，下至民间，奢靡之气皆已浸染。这不仅表现在饮食上，还渗透到生活的方方面面。"[3]

北宋宫廷宴饮官员身份也有制度上的规定，帝王御座位于宴会的正中，且要坐北朝南，各级官员根据身份高低按要求就座。《宋史》载，在正殿依次就座的是：宰相、使相、枢密使、知枢密院事、参知政事、枢密副使、同知枢密院事、宣徽使、三师、三公、仆射、尚书丞郎、学士、直学士、御史大夫、御史中丞、三司使、给事中、谏议大夫、中书舍人、节度使、两使留后、观察使、团练使、待制、宗室、遥郡团练使、刺史上将军、统军、军厢指挥使等。在侧殿就座的是：文武四品以上官以及知杂御史、郎中、郎将、禁军都虞候等。在殿的两廊里就座的是：诸军副都头以上、各国进奉使、各道进奉军将等。[4]

---

[1] 侯彦喜：《宋代饮食文化初探》，《开封大学学报》2004 年第 1 期。

[2] （宋）邵博：《邵氏闻见后录》，中华书局 1983 年版，第 4 页。

[3] 李俊锋、程遂营：《由俭入奢：论北宋士大夫饮食风尚的演变》，《河南大学学报》2017 第 6 期。

[4] （元）脱脱等：《宋史》卷 113《礼志一六》，中华书局 1977 年版，第 2683—2684 页。

宋代的制度规定："凡大宴，有司预于殿庭设山楼排场，为群仙队仗、六番进贡、九龙五凤之状。"[1]布置得很讲究。"司天鸡唱楼于其侧。"殿上，陈锦绣帷帘，垂香毯，设银香兽于前槛内，藉以文茵，设御茶床、酒器于东北楹间。群臣于殿下幕屋。宴会的座次排列体现出尊卑分明的礼仪特点。宰相、使相、三师、三公、仆射、尚书、丞郎、学士、御史大夫、皇帝的宗室坐于殿上；文武四品以上官员坐于朵殿；升朝官、诸军副都头以上分坐于两厢。坐具也分贵贱等级。宰相、使相坐绣墩；参知政事以下坐二蒲墩，墩上加毯；军都指挥使以上用一蒲墩；自朵殿而下都只能用啡绿毡条席了。餐具也不一样，殿上用金器，其余的只能用银器。虽然参加这样的国宴礼仪繁多，但参加者大都觉得和皇帝一起吃饭，是一种恩宠和荣耀。北宋时，宫廷宴饮中开始实行以皇帝为中心的"行盏制"。宫廷中的乐工、演员、曲目都是经过精心安排的。皇帝入座、离座、饮酒、进食，群臣参拜、进皇帝酒、饮酒、进食等，均有音乐伴奏。君臣饮宴的同时，还欣赏各种宴乐表演。[2]

北宋宫廷宴饮食材之选用，自是荟萃精华，《东京梦华录》记载：（京城）"集四海之珍奇，皆为市场；会寰区之异味，悉为庖厨"。每一道宫廷菜肴的诞生，从原料的采择，到食材的加工，再到酒水的酿制、食物的烹调，都是在一系列食材流转和人员协同下完成的。

为庆贺帝后圣节，宋代宫廷都要举行大规模的宴饮活动。以

[1] 周三全：《中国历代御膳大观》，文汇出版社1996年版。
[2] 尹高林：《北宋宴饮活动研究》，河南大学硕士论文，2010年，第66页。

宋徽宗的"天宁节"为例,"初十日,天宁节。……初八日,枢密院率修武郎以上,初十日,尚书省宰执率宣教郎以上,并诣相国寺罢散祝圣斋筵。次赴尚书省都厅赐宴"。[1]宋代统治者在宴饮群臣时,多以茶水招待君臣,以示恩宠。统治者本身亦颇喜爱饮茶,如宋徽宗赵佶尤为嗜茶,宋徽宗赵佶曾云:"本朝之兴,岁修建溪之贡,龙团凤饼,名冠天下。"[2]宋徽宗曾撰写了《大观茶论》一书,"详细介绍了当时茶的产地、生产加工、烹饪、品质、斗茶风俗等方面的内容,大大助长了当时社会的饮茶风气。王公贵族乃至文人士大夫亦经常举行茶宴"[3]。如贡茶中的精品龙凤团茶,因茶饼上印有龙凤图案而得名,主要生产于建安北苑,专供皇室享用。

北宋宫廷宴饮活动是北宋帝王用以调节统治者之间的矛盾、维护其统治秩序的重要手段。纵观北宋帝王举行的各类宴饮,无论是肃穆庄严的大宴、相对随意的曲宴,还是嘉奖贤才的闻喜宴等,都是帝王笼络臣心、宣示皇恩、广布教化的一种政治手段。皇帝举办宫廷宴会,对大臣的功绩进行赞扬,并在财物、功名上给予丰厚的奖赏,展现了皇帝对于功臣的肯定与爱戴。一方面是为了拉近君臣之间的距离,增进了君臣之间的情感。大臣们在获得赏赐后,会更加感恩戴德,尽力为皇帝效忠服务。另一方面,皇帝以宴会中对大臣亲属恩赏的方式加强对臣僚的笼络,以达到

---

[1] (宋)孟元老撰,王永宽注译:《东京梦华录》,中州古籍出版社2010年版,第162页。

[2] (宋)赵佶:《大观茶论》,中华书局2013年版,第47页。

[3] 刘梦娜:《宋代饮食文化的考古学考察》,郑州大学硕士学位论文,2018年,第73页。

对重臣尤其是在外领兵的臣僚的制约。这样才能进一步促使君臣同心，扩大统治基础，实现国家长治久安的政治目标。《宋史》有言："宴飨之设，所以训恭俭、示惠慈也。"[1]北宋帝王赐宴群臣，其政治含义已经超越了宴饮的吃喝性质，宴饮活动成为维系人际关系的重要手段，统治者运用赐宴这种手段处理君臣之间、国家之间的关系，来达到维护国家政治稳定的目的。[2]同时更为重要的是，统治者借助皇家宫廷宴饮这个具有强大的社会影响力的平台，向社会树立了与民同乐的政治态度与亲民爱民的政治形象，向社会展现其普惠大众、亲民爱民的光辉形象，让统治下的广大民众对皇帝有了更多的认同，从而达到一定的教化作用。

北宋宫廷宴饮种类比较多，在君臣宴中，帝王率群臣除饮酒宴乐外，还开展其他各类宴饮活动君臣同乐，如赋诗、赏花、钓鱼、观灯等，其中，赋诗是较常见的宴饮活动。

北宋倡导文治教化，宫廷宴会上酬唱的流行，进一步促进了北宋唱和诗的兴盛，诗歌也越来越具有教化的功能。[3]北宋宫廷宴饮中的赋诗活动，多是以皇帝首唱、群臣依韵唱和的形式进行的，这种君臣唱和的活动规模一般较大，如至道元年（995），应制赋诗者达五十五人，庆历元年（1041），应制赋诗者达四十人，共赋

---

[1] （元）脱脱等：《宋史》卷113《礼一六·宴飨》，中华书局1977年版，第2683页。

[2] 李大伟：《金代宫廷宴饮活动研究》，辽宁师范大学硕士学位论文，2020年，第1页。

[3] 尹高林：《北宋宴饮活动研究》，河南大学硕士学位论文，2010年，第16页。

诗一百四十首。[1]总之，通过宴饮活动，北宋君臣或严明礼仪，或谈诗论道，或习射宴游，或与民同乐，这在一定程度上促进了君臣之间的相互交流，缓和了统治集团内部的矛盾，同时对维护社会秩序的稳定，也起到了一定的积极作用。

北宋宴饮活动的盛行，客观上促进了北宋经济，尤其是饮食业的发达。北宋宫廷宴饮的一大特点，就是宫外取食（时称宣唤、索唤）的普遍，皇室之人经常到东京城中各大酒店酒楼用餐，这也间接带动了宋代饮食业的发展。[2]民间的饮食也来到了宫廷，既丰富了宫廷的饮馔，又提升了民间饮食的品质，形成良性互动。据阮阅《诗话总龟》记载，宋真宗曾派人到酒店沽酒大宴群臣。《宋朝事实类苑》也载："真宗尝曲宴群臣于太清楼，君臣欢悦，谈笑无间，忽问市沽尤佳者何处？中贵人奏有南仁和者，函令进之，遍赐宴席。"[3]邵博在《邵氏闻见后录》中也说，宋仁宗赐宴群臣也是从汴京饮食店买来佳肴。

北宋宫廷名目繁多的宴饮活动，大大增加了宫廷内对饮食品的需求，因此在客观上促进了北宋都城饮食业的发展与繁荣。在宫廷饮食习惯上，其一，皇室饮食多为面食。据《东京梦华录》《都城纪胜》《梦粱录》《武林旧事》等史料性笔记记载，宋代宫廷运用了烘烤、油炸、炊蒸、水煮、油煎等多种方法制作糕点，面条的吃法也很多，还经常吃馄饨。其二，羊肉是宫廷饮食中的主

---

[1] 厉鹗：《宋诗纪事》卷7《宴珠》，第174页。

[2] 张玮：《浅析宋代饮食文化》，《焦作师范高等专科学校学报》2012年第2期。

[3] 江少虞：《宋朝事实类苑》卷15《顾问奏对·丁晋公》，第180页。

要肉类食品。羊肉有补中益气、安心止惊、开胃健力、壮阳益肾等良效，因此，宋人认为，羊肉与人参一样滋补身体，人参补气羊肉补形。所以，两宋皇室的肉食消费，几乎全用羊肉，而从不用猪肉。

北宋宫廷宴饮制度的日臻完善，反映的是宋代统治阶层对制度建设的重视和礼乐文化的关注，是对传统儒家伦理道德观念的承袭与发展，更是对饮食文化的高度青睐和极力推崇。君臣共宴如曲宴、节日宴，是朝野无事、国家安宁之际，皇帝赐予官员的高档休闲宴饮活动；如闻喜宴，是统治者祝贺科举及第者而赐予的科举社交宴。君臣共宴具有宴饮气氛活跃、宴饮过程简约、宴饮礼仪宽松、宴饮规模不定、娱乐气氛浓厚的特点，有效地简化君臣沟通方式、促进君臣情感交流、维护君臣和睦共处，利于统治集团内部的安定团结和国家政局的平稳发展。君、臣、民三者共饮的赐酺宴，是宋朝政府在特殊情况下赐予臣民的君臣和乐交流宴，具有持续时间长、波及范围广、恩泽色彩重的特点，是宋代统治者为政宽厚、崇尚公平与自由的真实写照，也是笼络人心、彰显太平的有效方式，更是社会凝聚力和民族向心力强盛的突出表现。宫廷宴饮目的明确、内容丰富、礼仪严苛、过程繁复、规模宏大的特点，集中反映着国家的政治精神面貌和政府机构人员的政治修养，对外展示着国家的形象和尊严，是宋代宴饮制度的重要组成部分。

三、开封饮食文化

北宋宫廷宴饮文化的繁荣促进了开封饮食文化的发展与繁荣，北宋时期开封的饮食文化集我国古代都城饮食文化之大成，对后世中国古代城市饮食结构和习俗影响很大，很多食物品种和习俗传承至今。北宋出现了"平民化、世俗化、人文化"的社会风气，使得世俗文化、市井文化在这个时期开始大放异彩。包括通衢路畔说书的、饮茶的、杂耍的，生动活泼。茶楼酒肆、巷陌街坊，都成为士人呼朋唤友往来的空间、交游的场所，这些都促进了饮食业的发展。《东京梦华录》中有众多关于饮食菜肴的记载，这些美味佳肴不仅显示了当时饮食业的发达程度，更能反映人们饮食生活的奢靡。[1]《东京梦华录》系孟元老追忆宋徽宗崇宁二年（1103）其旅居京师时的所见所闻，记录了靖康之变前东京的繁华景象。"举目则青楼画阁，绣户珠帘，雕车竞驻于天街，宝马争驰于御路。金翠耀目，罗绮飘香。新声巧笑于柳陌花衢，按管调弦于茶坊酒肆。八荒争辏，万国咸通。集四海之珍奇，皆归市易；会寰区之异味，悉在庖厨。花光满路，何限春游；箫鼓喧空，几家夜宴。伎巧则惊人耳目，侈奢则长人精神。"[2]北宋东京饮食业盛极一时，城内南食和北食争奇斗艳，无论是饮食店肆，还是食摊食贩，都很有时代特色。汴京改变、丰富了中国人的饮食生活，

---

[1] 李俊锋、程遂营：《由俭入奢：论北宋士大夫饮食风尚的演变》，《河南大学学报》2017 第 6 期。

[2]（宋）孟元老撰，王永宽注译：《东京梦华录》，中州古籍出版社 2010 年版，第 19 页。

是中国饮食史上的一个关键节点。[1]北宋时期，开封为京城之地，是全国的军事、政治、经济、文化、贸易中心，交通发达、商业繁荣，是全国商品集散地。北宋时期可谓是中原饮食文化的鼎盛时期，正如《东京梦华录》的作者在自序中所说"集四海之珍奇，皆归市易，会寰区之异味，悉在庖厨"，京城市场集中了全国各地的珍品奇货，全国各地的美味佳肴，基本上在京城的宴席上都能找到，"是为京师的集聚优势和荟萃特点之一，汴京因而成为历史上第一座风味美食之都"[2]。北宋东京的饮食生活，形成了一座饮食文化宝库，它再现了我国劳动人民的许多创造发明，这是需要我们认真加以总结和继承的。"汴京饮食集中反映了古代都市酒店业前所未有的繁荣昌盛，可以说是世界范围内成规模的酒店业的开端，引起当代国际社会的关注和赞扬。……源自汴京、流传至今的糖炒栗子和宋嫂鱼羹，已成为北宋灭亡的物质符号，衍生了历史教育功能。"[3]北宋开封饮食文化的社会背景是中原农耕文明高度发达，在与周边民族交往的过程中，吸收融会了周边民族的饮食文化特色。与此同时，市民的饮食生活开始具有显著的商业特色，京城茶馆、酒楼和饮食店铺星罗棋布，集中反映了我国古代都城饮食业前所未有的繁荣昌盛。北宋开封饮食文化的繁盛，有其深刻的社会背景。

---

[1] 程民生：《论汴京对饮食业历史的贡献》，《中国经济史研究》2015 年第 2 期。

[2] 程民生：《论汴京对饮食业历史的贡献》，《中国经济史研究》2015 年第 2 期。

[3] 程民生：《论汴京对饮食业历史的贡献》，《中国经济史研究》2015 年第 2 期。

1. 统治者的统治措施促进了饮食文化的发展

为保持政局稳定和国家的长治久安，北宋统治者采取了一系列措施：①实施中央集权制，军队集中在京城，边关将领按时调换，边关大将的频繁调动令随行的厨师开阔了眼界；②有些新科进士被任命为京官，他们为避免水土不服，将各地厨师也带入开封；③大批文人墨客，如苏轼、王安石、周邦彦等咸集于京城，他们促进了饮食文化的深入发展。这些措施客观上促进了饮食文化的发展。

2. 运输条件的改善是开封饮食文化发展的动力

汴河是北宋时期非常重要的一条航道，开封有漕运之便，这也是当时宋建都开封的一个重要原因。北宋官员张方平对此有记载："则是今日之势，国依兵而立，兵以食为命，食以漕运为本，今仰食于官廪者，不惟三军，至于京城士庶，以亿万计，大半待饱于军稍之余，故国家于漕事最急最重。"[1]北宋建都开封后，为了沟通京城与全国各地的水运交通，除了对原来的五丈河、汴河等大加疏浚外，还开凿了金水河和惠民河。汴河的开发提供了便利的交通，统治者对农业经济的重视，这些又将北宋的饮食业推向另一个高峰，也为之后相关朝代丰富多彩的饮食文化提供了借鉴。

3. 商业的高度发展促进了开封饮食文化的繁荣

北宋时期高度发达的饮食文化，极大丰富了市民的日常生活。宽松的商业政策推动商业繁荣，北宋统治者对商业非常重视，采

---

[1] 张方平：《乐全集》卷二三《论京师军诸事》，文渊阁《四库全书》，第1104册，第228页。

取了一系列鼓励工商业发展的政策，坊市制、街鼓制、禁夜制等逐步打破，在市区内取消了对商业活动的各种限制，不禁夜市，延长营业时间，店铺可营业至通宵，有力地推动了北宋商业的发展，大大丰富了东京居民的夜间活动。

当时的东京，"夜市直至三更尽，才五更又复开张，如要闹去处，通晓不绝"[1]。大小商店错落在居民区，商品琳琅满目，过往客人络绎不绝。此外，北宋还出现了许多供市民游乐的地方，如瓦子、勾栏等伎艺场所，十分热闹。熙熙攘攘的买卖交易使得北宋东京的夜市比白天更加红火，商业的高度发展大大超越了前代，使得东京城内开设了许多大型酒店。

北宋东京饮食文化繁荣的社会背景是中原农耕文明高度发达，在与周边民族交往的过程中，吸收融会了周边民族的饮食文化特色。"开封在大量吸收和借鉴外来饮食文化的基础上，自身水平迅速提高，所有这些都推动了北宋开封饮食文化的繁荣。"[2]北宋东京饮食文化的高度发达，与当时北宋时期的商业发展水平、统治者的政策支持、东京居民的饮食习惯紧密相关，"夜市中的各类风味小吃丰富多彩，有卖南食的，有卖北食的，且都有专柜出售'北食则矾楼前李四家、段家鿲物、石逢巴子；南食则寺桥金家、九曲子周家最为屈指'。东京的马行街，是'京城夜市酒楼极繁盛

［1］（宋）孟元老撰，王永宽注译：《东京梦华录》卷3《马行街铺席》，中州古籍出版社2010年版，第54页。

［2］侯彦喜、梁留科：《北宋时期开封饮食文化繁荣机理分析》，《商业研究》2008年第6期。

处'，每夜'灯火照天，每至四更鼓罢'"[1]。

北宋东京的饮食文化集我国古代都城饮食文化之大成，对后世中国古代城市饮食结构和饮食习俗影响很大，很多食物品种和习俗传承至今。"'大救驾'传说是宋代宫廷食品，厨师进特制酥饼，宋太祖大开胃口，大大地救了驾。"[2]开封小吃讲究的是传统和风味。当然，如果做个比较，总体感觉开封的小吃除了面食甜食外，卤煮煎炒可能就是比较受欢迎的美食。[3]朱弁《曲洧旧闻》载："内中酒，盖用蒲中酒法也。太祖微时喜饮之，即位后，令蒲中进其方，至今用而不改。"据相关资料记载，"鹘突羹"为当今开封名厨李全忠根据典故整理出来的一道菜品，相传宋太宗准备任命吕端为相，可是身边的大臣都说吕端为人糊涂，太宗却并不这样认为，他说吕端小事糊涂，大事却不糊涂，因此决意任命吕端为宰相。"糊涂"音同"鹘突"，因而写为"鹘突羹"。[4]

宋代的烹饪技法在继承前代的基础上迅猛发展，其特点主要表现为精细的厨事分工、多样的烹饪技法两方面；宋代精湛的烹饪技法展现了当时食品加工的较高水平，推动了人们食物结构的调整及宋代饮食业的繁荣发展。据相关资料记载，徽宗朝的太师蔡京，府中厨房专设包子厨，且包子厨人数众多，各个分工不同，且专有一人"缕葱丝"。罗大经《鹤林玉露》记载：有士夫京师买

[1] 康弘：《宋都夜市述略》，《中州学刊》1992年第2期。

[2] 王仁湘：《饮食与中国文化》，人民出版社1994年版，第313页。

[3] 何新年：《行走中原》，大象出版社2007年版，第124页。

[4] 吕丽茹：《豫菜名称研究》，河南大学硕士学位论文，2014年，第27页。

一妾，自言是蔡太师府包子厨中人。一日，令其作包子，辞以不能。话之曰："包子厨中人，何为不能作包子？"对曰："妾乃包子厨中缕葱丝者也。"[1]

有些面点的名称来历都有典故，其中以太学馒头的来历比较有趣。宋神宗为了改变北宋政府内忧外患的统治危机，任用王安石进行变法，其中一项就是加强国家教育。宋代设立太学，为国家最高学府，全国各地人才，优秀者即被招收进太学深造，成绩优异即可直接入仕。为激励太学生勤奋学习，宋神宗亲自视察太学，关心太学生的学习生活，以表他对人才的重视。相传北宋神宗在开封视察太学时，吃了太学厨师制作的馒头，颇为满意地称赞道："以此养士，可无愧矣！"从此，学生们都以食这种馒头为荣，宫廷中也开始制作。"太学馒头"的名称因此传遍京师。[2]之后，太学馒头成为宋代太学生们馈赠家乡亲友的礼品。

北宋小吃闻名海外，种类繁多是一大特色。首先是面食，烤出来的叫烧饼，水煮而食的叫汤饼，蒸了再吃的叫蒸饼，后来宋仁宗名赵祯，为了避皇帝名讳，人们又将蒸饼读成炊饼，类似于今天的馒头。[3]《东京梦华录》载都城东京市面上出售的饼有油饼、蒸饼、宿蒸饼、油蜜蒸饼、糖饼、胡饼、茸割肉胡饼、白肉胡饼、肉饼、莲花肉饼、环饼、髓饼、天花饼等十余种。开封小吃讲究

---

[1]（宋）罗大经撰，王瑞来点校：《鹤林玉露》丙编卷六"缕葱丝"，中华书局1983年版，第337页。

[2] 王玉德：《中国宫廷文化集观》，长江文艺出版社2000年版，第445页

[3] 苏升乾：《清明上河读宋朝》，商务印书馆2012年版，第74页。

的是传统和风味。像灌汤小笼包，最早是从北宋时期有名的"山洞梅花包子"演变而来的，其形状"提起一络线，放下一蒲团，皮像菊花心，馅似玫瑰瓣"，吃时灌汤流油，鲜香利口；《东京梦华录》卷三"天晓诸人入市"条记载，每天早晨五更之后，卖面粉的商人便开始进入东京城内，"其卖麦面。每秤作一布袋，谓之一宛。或三五秤作一宛。用太平车或驴马驮之，从城外守门入城货卖，至天明不绝"[1]。

北宋东京居民所食用的家畜类肉食有羊肉、猪肉、狗肉、马肉等，以羊肉为主。同时，"宋人沿用和发展了前代的腌渍等加工技术。如开封夜市中出售者有辣脚子姜、辣萝卜、咸菜、梅子姜、莴苣、笋、辣瓜儿等"[2]。

"开封的饮食业在杭州也得了发展，这对于南北饮食文化的交流与融合起到了一定的积极作用，并且还对南方人饮食习尚的改变也有较大影响。"[3]南宋时期进入了南北饮食文化新的交融阶段，大量开封人迁往杭州等南方城市生活，原汴京城内的酒楼食店也出现在了南宋都城，先进的烹饪技术、饮食习惯被带到了杭州，极大地丰富了杭州的饮食文化，推动了南北文化的交流。相关资料记载："向者，汴京开南食面店，川饭分茶，以备江南往来士

[1]（宋）孟元老撰，王永宽注译：《东京梦华录》，中州古籍出版社2010年版，第117页。

[2]朱瑞熙等：《辽宋西夏金社会生活史》，中国社会科学出版社2018年版，第6页。

[3]姚伟钧：《宋代开封饮食生活的历史考察》，《中南民族学院学报》（人文社会科学版）1995年第4期。

夫，谓其不便北食故耳。南渡以来，二百余年，则水土既惯，饮食混淆，无南北之分矣。"[1]淳熙六年（1179）三月十五日，太上皇宋高宗乘舟闲游西湖，"时有卖鱼羹人宋五嫂对御自称：'东京人氏，随驾到此。'太上特宣上船起居，念其年老，赐金钱十文，银钱一百文，绢十匹，仍令后苑供应泛索"[2]。此后宋五嫂生意兴盛起来，"宋五嫂鱼羹，尝经御赏，人所共趋，遂成富媪"[3]。"灌汤包的前身正是宋代流行的灌浆馒头，胡辣汤则是由宋人热爱的姜辣羹衍变而来。这两种食物都是由宋至今饮食文化的连结。"[4]

开封饮食文化为后来中国各个风味不同的菜系的形成和中国饮食文化的繁荣，做出了重要的贡献。因此，研究北宋宫廷宴饮与开封饮食文化是中原古代城市饮食文化研究的重要突破口，是中原历史文化研究的重要组成部分，并且能够为历史时期都市化饮食的研究提供理论参照，有利于进一步推进北宋都市化的研究，同时，对丰富当今开封城市的饮食品种、饮食文化和市民休闲等具有重要的参考价值。

（作者单位：新乡学院人文学院）

[1] 吴自牧：《梦粱录》，卷16《分茶酒店》、卷16《面食店》，二十一世纪出版社集团2018年版。

[2] （宋）周密：《武林旧事》卷7《乾淳事亲》，浙江人民出版社1984年版，第121页。

[3] （宋）周密：《武林旧事》卷3《都人游赏》，浙江人民出版社1984年版，第37页。

[4] 杨柳：《纪录片中饮食文化变迁的主题表达研究——以毕业设计作品〈宋时汴味〉为例》，贵州民族大学硕士学位论文，2019年，第14页。

《清明上河图》中的北宋东京酒业

仝留洋

　　《清明上河图》是直观展现北宋东京城市风貌的写实绘画长卷，是研究北宋东京社会生活与发展史的最佳样本。在《清明上河图》中，正店、脚店等不同档次的酒店建筑与市人饮酒场面非常突出，既反映出北宋东京兴盛发达的酒业，又是东京都城气象与繁华城市面貌的重要体现。本文所称"酒业"，涵盖了造曲、酿酒、售酒、酒政等酒的生产与流通环节，特别是北宋的酒政与酒店业，前者从源头上规范了酒的生产环节，后者则连接了酒的生产与消费环节，是北宋酒业发展面貌的集中体现。学界关于《清明上河图》中酒业问题的研究从未间断，成果显著，但围绕图中酒旗上"新酒""小酒"的性质，"孙羊店"的名称等问题仍有一定争议。本人不揣浅陋，对《清明上河图》中的酒业问题进行粗略梳理与分析，以求教于方家。

一、北宋酒政

　　北宋政府为了控制粮食的消耗与扩大财政收入，对酒曲实行专卖，称为榷酤制度，是禁榷制度的重要组成部分。相较前代，北宋的榷酤制度更加严格，清人赵翼曾说："史策所载历代榷酤，未有如宋之甚者。"[1]北宋政府根据四京、州以上、州以下等三个不同区域，在全国范围内实行有差别的榷酤制度，即榷曲、官卖和民酿而课税。单就京师开封来说，实施的是榷曲法，即通过榷曲的方法来最终实现榷酒的目的，"京师不榷酤，官置院造曲，增其值出贸，凡酒户定年额斤数占买，虽为榷亦榷也"[2]。北宋末年时，"在京正店七十二户，此外不能遍数，其余皆谓之脚店"[3]，京师正店有权向官办造曲的机构即都曲院购买酒曲，进而造酒，除自销外，亦可向政府划定范围内的脚店批发酒，《清明上河图》中的孙羊店便是这样的一家正店。

二、制酒技术与各类酒

制酒行业经过了数千年的发展与实践，到北宋时，黄酒酿造的工艺流程、技术措施与酿酒理论都达到了最辉煌的时期，蒸馏烧酒则正处于发展初期。成书于北宋末期的《北山酒经》系统而全面地阐述了酿酒理论与技术，具有很高的实践指导价值，是我国酿酒历史中理论水平最高、最能体现我国古代黄酒酿造科技精华的酿酒专著，这同北宋繁荣兴旺的酿酒业是密不可分的。

《清明上河图》中悬挂有写有"新酒""小酒"的酒旗，表明了北宋酒的种类。"十千"脚店的酒旗上写有"新酒"字样，汴河旁同王家纸马店相邻的小酒店悬挂着写有"小酒"字样的酒旗。

[1]（清）赵翼：《陔余丛考》，商务印书馆1957年版，第183页。
[2]（宋）方勺：《泊宅编》，中华书局1983年版，第32页。
[3]（宋）孟元老：《东京梦华录》卷二，中国书店出版社2019年版。

与小酒对应的是大酒，二者的区别在于酿酒季节与酿造工艺。《宋史·食货志下》记载："自春至秋，酝成即鬻，谓之小酒。……腊酿蒸鬻（煮），候夏而出，谓之大酒。"[1]小酒一般在温度较高的季节酿造，酒的发酵时间较短，"夏月十余日，冬深四十日，春秋二三十日可上槽"[2]。且不用考虑酒的长期储存问题，随酿随售，价格也更低，"其价自五钱至三十六钱，有二十六等"。大酒则是冬季酿造，经隔水煮酒工艺对酒进行蒸煮、加热灭菌，可长时间保存而不坏，又称煮酒，"在京七十二户诸正店，初卖煮酒，市井一新"。大酒的酒质更佳，价格也更高，"自八钱至四十八钱有二十三等"。

北宋开封城，"中秋节前，诸店皆卖新酒"[3]。新酒，即新酿的酒，也就是秋季现酿现售的小酒。虽然一年四季均可酿造小酒，但中秋节前，用成熟收获的新谷酿酒，酒的口感更加醇厚，品质更加优异。新酒之"新"，意为酿造时间与酿造谷物原料之新。与新酒对应的是老酒。宋代的黄酒酿造工艺已经达到了相当高超的水平。《桂海虞衡志》中记载："老酒，以麦曲酿酒，密封藏之，可数年。士人家尤贵重，每岁腊中，家家造酢，使可为卒岁计。有贵客则设老酒冬酢以示勤，婚娶亦以老酒为厚礼。"[4]李时珍《本草纲目》中亦有"老酒"条目，谓老酒为"腊月酿造者，

---

[1]（元）脱脱等：《宋史》卷185《食货下》，中华书局1977年版，第4514页。

[2]（宋）朱肱：《北山酒经》，上海书店出版社2016年版，第12页。

[3]（宋）孟元老《东京梦华录》卷八，中国书店出版社2019年版。

[4]（宋）范成大：《桂海虞衡志》，中华书局1991年版，第29页。

可经数十年不坏"[1]，可见老酒的"老"字为酿造时间之久，陈年老酒之意。老酒能够封藏数十年之久，在于其用了煮酒工艺，且酿酒时过滤掉了酒中的杂质与细菌，"大抵酒澄得清，更满装，虽不煮，夏月也可留存"[5]。可见，从酿酒的煮酒工艺与长时间封藏的特点来看，大酒与老酒是同一类酒。

三、孙羊店与"十千"脚店

《清明上河图》中的酒店是所有店铺中最多的，特别是虹桥两岸的小酒店鳞次栉比，孙羊店与"十千"脚店则是其中档次较高、规模较大的酒店。和一般的小酒店与食店相比，正店与规模较大的脚店除建筑更加气派，装饰更加豪华外，其经营范围也更加广泛，经营特色也更加显著，如提供酒的批零、住宿、生熟羊肉售卖、妓女陪酒服务等。下文在结合前人研究的基础上，主要对《清明上河图》中的正店与脚店的名称与性质等争议问题展开分析。

（一）"孙羊店"的名称与性质

关于《清明上河图》中正店与其相邻羊肉铺的关系以及市招的归属问题，早在1958年，徐邦达在《〈清明上河图〉的初步研究》一文中考证图画内容时记述，这家"正店"沿门侧，"有卖羊肉的'孙羊店'"，将"孙羊店"市招认定为正店西侧的羊肉铺所有。[2]余辉在其书中写道，"在《清》卷中涉及物价的场景唯有一

---

[1]（明）李时珍：《本草纲目》，黄山书社2014年版，第705页。

[2] 徐邦达：《〈清明上河图〉的初步研究》，《故宫博物院院刊》1958年第1期。

处，即'孙记正店'的分店'孙羊店'羊肉铺"[1]。也显然是认为"孙羊店"市招归羊肉铺所有，但同时指出，孙羊店是孙记正店的分店。杨庆化注意到正店大门两旁两个大小、样式完全一样的柱体（立式灯箱广告），"正门两旁如此显著的位置，所展示的应是酒楼的本名"，并根据两个柱体正面标写的"正店""香□"字样，将"香"下面的字辨认为"丰"的繁体，从而补全店名为"香丰正店"。[2]

在探讨这个问题时，我们需要逐层分析。第一，通过辨识《清明上河图》，"孙羊店"市招的旗杆拴系固定在"正店"西侧的柱子上，其归属于"正店"是毫无疑问的；"孙羊店"既是表明正店名称的市招，同时也是酒旗，而绝不会是旁边羊肉铺的市招。第二，《清明上河图》中写有"正店"、"十千"脚店的立式灯箱仅在正店与脚店门前看到，其余店铺如"李家输卖"、"王家纸马"、"久住王员外家"等多是自上而下书写店名的一整块招牌，这种立式灯箱应是配合"彩楼欢门"使用，是酒店常用的兼具广告与装饰效果的装饰物。立式灯箱至少有两面写有表明酒店性质（正店或脚店）和形容美酒的广告语，借此招徕顾客。灯箱是可单独而非必须配套使用的，如"十千"脚店有一个灯箱，"正店"则有三个灯箱，且不是固定在地面上，而是可移动的；各灯箱之间上的文字并不是连在一起读的，且灯箱上的文字朝向也并不是固定

---

[1] 余辉：《隐忧与曲谏——〈清明上河图〉解码录》，北京大学出版社 2015 年版，第 33 页。

[2] 杨庆化：《再论〈清明上河图〉中的香丰正店》，《开封文博》2015 年，第 59—62 页。

的。表明"十千"脚店性质的"脚店"二字朝向酒店大门的右侧，表明孙羊店酒店性质的"正店"二字则朝向酒店大门的正面，也正因为如此，才有人将三个灯箱正面的字进行组合，或将"香□"与"正店"组合，补全"香丰"为"香丰正店"，或将"孙□"与"正店"组合，补全"孙记"为"孙记正店"。

那么，这家名叫"孙羊店"的正店，名字该作何解释？它旁边的羊肉铺和它又有什么关系呢？"孙□"灯箱上的"孙"字虽部分被遮挡，但仍可辨认无误。"孙"字，表明这家酒店是孙姓人家经营的。以姓氏作为店名，这在宋代乃至现在都是很常见与普遍的，如表1《清明上河图》中的店名均显示了店主的姓氏，在表2《东京梦华录》中记载的正店也有很多以姓氏命名，如"蛮王家"、"乳酪张家"、"药张四店"、"姜店"等。"羊店"，即"羊饭店"、"肥羊酒店"，是指以提供羊肉食品为特色的酒店。宋人喜吃羊肉，李焘记载辅臣吕大防为宋哲宗讲述祖宗家法时说："饮食不贵异品，御厨止用羊肉，此皆祖宗家法所以致太平者。"北宋灭亡以后，宋室南渡，原都城开封的市民百姓也随之大量迁入新的都城临安，临安的饮食业、手工业、服务业等诸行百业也承袭了开封的规制与习惯。"杭城食店，多是效学京师人，开张亦御厨体式，贵官家品件。"[1]可见临安饮食业的经营者多是从开封迁移而来，京师从开封转变成了临安，但做的买卖和做买卖的人却如故。临安饮食业的风俗习惯同开封也并无二致，"汴京熟食店，张

---

[1]（宋）吴自牧：《梦粱录》，古典文学出版社1957年版，第264页。

挂名画，所以勾引观者，留连食客。今杭城茶肆亦如之"[1]。《都城纪胜》中记载："都城食店，多是旧京师人开张，如羊饭店兼卖酒。"[2]并介绍了羊饭店的羊肉食物如头羹、石髓饭、大骨饭、软羊、肚尖、腰子等。《梦粱录》在讲临安酒肆时提到了肥羊酒店，"又有肥羊酒店，如丰豫门归家、省马院前莫家、后市街口施家、马婆巷双羊店等铺，零卖软羊、大骨龟背、烂蒸大片、羊杂四软、羊撺四件"[3]。可见以经营羊肉食物为特色的酒店在北宋开封城相当普遍。

孙羊店的后院，酿酒的酒瓮堆成了小山，显示出孙羊店庞大的酿酒量与雄厚的资本。酒瓮，是一种盛水或酿酒的坛子，陶制，白居易有"新酒始开瓮，旧谷犹满囷"的诗句。作为一家正店，孙羊店具有酿酒并将酒批发给脚店的权利。在紧挨着孙羊店酒店大门的东侧，是孙羊店对外批酒的门店，店中摆放着两排八个大梢桶，三个头戴璞头的精壮男子正在做押运酒的准备工作。周宝珠先生认为，这是卖梢桶和弓的木器店，[4]余辉先生指出，卖弓箭的店铺里不会装满梢桶，而且店里只要两张弓，接着从北宋对弓箭等武器实行严格管制措施的角度，认为它曾经是一所军巡铺屋，现已改作军酒转运站，三个男子正是专门押运军酒的御林军

---

[1]（宋）吴自牧：《梦粱录》，古典文学出版社1957年版，第262页。

[2]（宋）耐得翁：《都城纪胜》，古典文学出版社1957年版，第93页。

[3]（宋）吴自牧：《梦粱录》，古典文学出版社1957年版，第263页。

[4] 周宝珠：《清明上河图与清明上河学》，河南大学出版社1997年版，第119页。

士卒。[1]实际上，宋代民间可以合法拥有弓、箭、刀、楣、短矛等普通武器。但法令严禁私人保存、制造、携带、交易甲弩、矛稍、旌旗等"禁兵器"。《宋刑统》明确规定："诸私有禁兵器者，徒一年半（谓非弓、箭、刀、楯、短矛者）。""此上五事，私家听有。"[2]在北宋开封城内大相国寺，每月五次开放万姓交易，"庭中设彩幕露屋义铺，卖蒲合、簟席、屏帏、洗漱、鞍辔、弓剑、时果、腊脯之类"[3]。弓、剑和水果、腊脯、洗漱用品等一同售卖，可见拥有弓箭是一件稀松平常的事。实际上，这间装满酒桶的屋子是孙羊店对外批发酒的门店。

综上，"孙羊店"当是《清明上河图》中唯一一家正店的正式名称，它是以经营羊肉食物为特色，兼具生熟羊肉、酒批零为一体的大型酒店正店。至于有人将其称为"孙羊正店"，亦无不可，《东京梦华录》卷四中单独对"会仙酒楼"进行了描述，称"新门里会仙楼正店"，宋人张能臣著《酒名记》中则记述为"会仙楼玉醑"，指会仙楼所酿的名为"玉醑"的美酒。另有《东京梦华录》卷二"潘楼东巷街"中的"高阳正店"，在《酒名记》中亦记为"高阳店"，可见称之为正店，只是强调了孙羊店的酒店档次及性质，这点类似于当今酒店的"星级"。

---

[1] 余辉：《隐忧与曲谏——〈清明上河图〉解码录》，北京大学出版社 2015 年版，第 159 页。

[2] （宋）窦仪等：《宋刑统》，中华书局 1984 年版，第 264 页。

[3] （宋）孟元老：《东京梦华录》卷三，中国书店出版社 2019 年版。

表1 《清明上河图》中的店名及店主姓氏

店名	店主姓氏	性质
赵太丞家	赵	医药店
久住王员外家	王	客店
刘家上色沉檀楝香	刘	香铺
王家罗锦匹帛铺	王	布铺
王家纸马	王	纸马店
杨家应症	杨	医药店

表2 《东京梦华录》中部分酒店名称及位置

名称	位置
仁和店、姜店	州东宋门外
宜城楼、药张四店、班楼	州西
刘楼	金梁桥下
蛮王家、乳酪张家	曹门
八仙楼	州北
张八家园宅正店	戴楼门
河王家正店、李七家正店	郑门
长庆楼	景灵宫东墙
任店（欣乐楼）	杨楼街北
庄楼（和乐楼）	杨楼街东
看牛楼	牛行街
铁屑楼	土市南
班楼	瓮市子北去大街
会仙楼（会仙楼正店）	新门里
清风楼	大巷口西

（二）"十千"脚店

《清明上河图》虹桥南桥头西侧的一家酒店，因其店门右侧有一标有"十千"、"脚店"的灯箱，故有学者称其为"十千脚店"。脚店门两旁对称装饰"天之"、"美禄"的广告标识，侧门横额上有"稚酒"二字，前似亦有字，无法辨认，彩楼欢门上高悬"新酒"二字的酒旗。"天之美禄"的典故出自《汉书》卷二十四《食货志》，是朝廷在商讨是否榷酒时鲁匡的言论，"酒者，天之美禄"，意即将酒看作是上天赐予人们的美好食物，后世多用该词形容美酒，亦成为酒的代称。宋张能臣著《酒名记》中记载，梁宅园子正店所产的"美禄"酒为当时的名酒之一，但该脚店的"天之美禄"四字必是作为一整体解读的，"美禄"二字并不是具体的酒名，该脚店想必同梁宅园子正店也并无酒的批发的业务关系。与此类似的是，"十千"亦是酒的美好代称。"十千"这一用语源于《诗经》中的"倬彼甫田，岁取十千"等句，形容数量之多。三国时，曹植《名都篇》中有"我归宴平乐，美酒斗十千"，十千代指美酒之价格昂贵。唐宋时，十千一词除形容物多、贵之外，还是美酒的代称。如李白的"十千五千旋沽酒，赤心用尽为知己"；白居易的"十千方得酒"；胡宿的"十千美酒花期隔"；梅尧臣的"自古恨别此两处，十千美酒琉璃倾"；凡此种种，不胜枚举。《清》卷中脚店标有"十千""脚店"的灯箱，脚店二字表明酒店的性质与等级，十千则同"天之美禄"一样，意为店中有美酒，用于招徕顾客的广告用语。再者，从脚店正门的视角来看，"十千"二字一眼便望，"脚店"二字则在灯箱的左侧一面，无论从酒店牌匾的书写习惯抑或宣传效果而言，这家脚店的正式名字都不会是十千脚店。整幅《清》卷中，除唯一的一家正店悬挂有"孙羊店"的酒旗表明其酒店名称外，其余悬挂酒旗的酒店或未书字，或仅标有"小酒"等字样。酒旗，又称酒望、望子、酒帘、招子等，在《清》卷中，大些的酒旗多是青白二色条布五幅相间组成，小些的酒旗则多为三幅布拼成。除招徕顾客外，酒旗在有酒时则挂，无酒时则摘，"至午未间，家家无酒，拽下望子"[1]。《清明上河图》中正店"孙羊店"与脚店"新酒"的酒旗与旗杆皆有双股绳连接，运用滑轮，便于升落，这同《东京梦华录》中的记载是一致的。

（作者单位：开封市博物馆）

---

[1]（宋）孟元老：《东京梦华录》卷八，中国书店出版社 2019 年版。

北宋南北京城丛考

王荣斐

宋代是公认的中国城市史上的一大变革时期，有着"坊市制"崩溃、市民阶层兴起等经典命题。任何一则命题或理论的提出，都需要大量的基础的实证研究来支持或反复检验。探究宋代不同个体城市的城市形态，做详细的个案研究，再在足够的基础上总结出宋代城市的基本面貌、时代特点以及发展规律，是深入认识和了解宋代城市的基本方法。北宋实行"四京制"，目前学界对东京（今开封）、西京（今洛阳）研究较多，但要研究宋代的历史城市地理，不应忽视南京、北京这两座陪都。然而，这两座宋城都在宋末及以后的战争中遭受重创，并最终在明朝毁于水灾，城体大部埋于地下，仅存残址。其所在地区的经济文化也在经济中心南移的历史大势中经历了由繁荣到衰败的过程，至今未能恢复昔日光景。关于二城的传世文献资料也远较其他古都为少。幸运的是，学界已经开展或正在开展关于北宋南京、北京的考古工作，并已有成果问世，但对于二城的城市形态，仍存在许多问题，工作尚嫌不够。[1]"城市形态"在城市地理学中有狭义、广义之分，前者即城体呈现出的人们肉眼可见的城市空间物质形态。后者则复杂得多，如学者武进所述，"城市形态不仅仅是指城市各组成部分的有形的表现，也不只是指城市用地在空间上呈现的几何形状，而是一种复杂的经济、文化现象和社会过程，是在特定的地理环境和一定的社会发展阶段中，人类各种活动与自然因素相互作用的综合结果"[2]。城市形态由物质形态和非物质形态两部分组成，主要包括四个方面：第一，城市各有形要素的空间布置方式；第二，城市生活方式、文化观念和价值观念等形成的城市社会精神

[1] 张涵在其博士论文《明清商丘古城营建史研究》第二章梳理了明清商丘古城之前的城市历次变迁的历程，其中第三节对北宋南京城城市建设的论述，包括城池布局规划、城市主要建筑及景观群，特别详细介绍了南京城的鸿庆宫和应天书院。详见张涵：《明清商丘古城营建史研究》，华南理工大学博士论文，2014年。韩桂华《宋代发祥地：南京应天府研究——以建制为中心》也对北宋南京城的历史地理研究有所裨益，但只见历史，不见地理。详见韩桂华：《宋代发祥地：南京应天府研究——以建制为中心》，《史学汇刊》2015年总第34期。李孝聪先生结合文献资料与实地勘察，将北京大名府城的历史沿革、形制特点写入了《历史城市地理》。详见李孝聪：《历史城市地理》，山东教育出版社2007年版。从事大名县地方文史工作的桂士辉在所撰《北宋大名府城市形态探析》中对北宋北京大名府的城市形态及影响府城城市形态的诸因素作了初步探讨。桂氏考证了北京宫城、子城、外城的城墙规模和形态以及各城内的建筑布局，将影响北京大名府城市形态的因素归纳为商业发展、军事防御、政治因素和堪舆学思想四点。桂文是比较早的，也是迄今为止较为罕见的专门研究北宋北京城市形态的学术论文。详见桂士辉：《北宋大名府城市形态探析》，《中国古都研究》（总第二十六辑），2013年。2019年10月13日至16日，中国古都学会2019年年会暨运河古都——大名历史文化学术研讨会在大名县召开，会议研讨成果刊载于《中国古都研究》。详见中国古都学会编：《中国古都研究》（第三十七辑），2019年12月。

[2] 原文见武进：《中国城市形态：结构、特征及其演变》，江苏科技出版社1990年版，第4—5页。

面貌和城市文化特色；第三，社会群体、政治制度和经济结构所产生的社会分层现象和社区地理分布，以及由此形成的城市社会空间形态；第四，居民对城市环境外界部分现实的个人心理反应和对城市的认知，以及由此而构成的主观城市形态。[1]

本文的主要目的在于考证北宋南京、北京城的狭义城市形态，即城市建筑布局，兼及分析影响二城城市形态的诸因素。在叙述方式上，笔者以城墙为骨架，以诸要素为血肉，即先理清两城各部分城墙的规模和基本形态，再探究城墙内外的建筑布局。笔者限于资料与功力，尚无法建立两座宋城城市形态的连续剖面，使得本文难免有散乱之失，请方家批评。

一、北宋南京应天府城丛考

北宋之南京，在今日之商丘。商丘古代城市建设史大致分为四个阶段。第一阶段为上古时期阏伯建阏伯台。第二阶段为微子启受周封，建宋国都城于此，至西汉淮阳王刘武又扩建，"广城七十余里"[2]，此后"历代修筑未详"[3]。第三阶段为唐宋元时期的睢阳城，历经州、郡、州、府建置的变迁，其中于宋真宗在位期间建应天府，又升南京。宋人记载南京城"以衙城为大内，寻降图

---

[1] 武进：《中国城市形态：结构、特征及其演变》，江苏科技出版社1990年版，第5页。
[2] （明）嘉靖《归德志》卷2《建置志·城池》，上海书店1990年版，第55页。
[3] （明）嘉靖《归德志》卷2《建置志·城池》，上海书店1990年版，第55页。

本，修建宫殿门阙"[1]，可知北宋南京城是一座经过规划设计，有施工蓝图的城市。第四阶段为明清归德府城。唐宋元古城存至明洪武年间，为归德州城，"有司议以城阔民少，裁其四分之一"[2]。弘治十五年（1502），老城毁于水灾，从此深埋地下；正德六年（1511），徙老城北部高地筑新城；嘉靖二十四年（1545），升归德州为归德府。[3]今日所见的商丘归德府古城即正德年间重建的归德城。

（一）南京城城垣与内部形态

1. 京城城墙、城门与城内功能区划分

（1）京城城墙、城门

据嘉靖《归德志》："归德旧城虽土为之，然土刚黑，足耐风雨而垂久远。"[4]可知北宋南京城为夯土城墙。

京城规模，据《宋史·地理志》载，"京城周回十五里四十步"[5]。北宋南京城城体存在至明代前中期，嘉靖《归德志》记载"旧城址围十二里二百六十步"[6]，清康熙《商邱县志》则曰"十二里三百六十步"[7]。洪武年间裁宋元旧城四分之一，剩"周围九里三百一十步"[8]。今日的明清归德府古城南的老南关村继承了明代

---

[1]（宋）张方平：《张方平集》卷25《奏请修南京内殿门阙事》，中州古籍出版社1992年版，第376页。

[2]（明）嘉靖《归德志》卷2《建置志·城池》，上海书店1990年版，第55页。

[3]（明）嘉靖《归德志》卷2《建置志·城池》，上海书店1990年版，第55页。
（清）康熙《商邱县志》卷1《城池》，台北成文出版社1968年版，第75页。

[4]（明）嘉靖《归德志》卷2《建置志·城池》，上海书店1990年版，第57页。

[5]（元）脱脱等：《宋史》卷85《地理一》，中华书局1977年版，第2104页。

[6]（明）嘉靖《归德志》卷2《建置志·城池》，上海书店1990年版，第55页。

[7]（清）康熙《商邱县志》卷1《城池》，台北成文出版社1968年版，第75页。

[8]（明）嘉靖《归德志》卷2《建置志·城池》，上海书店1990年版，第55页。

地名，是为弘治水灾前旧城南关所在。1996—1997 年，"豫东计划"课题组对老南关古城进行了大规模的考古钻探，所发掘的即为洪武时裁减过的老城。据《豫东考古报告》第六章[1]，古城平面近似平行四边形，方向北偏东 24°；东墙长 2805 米，西墙长3010 米，北墙长 3555 米，南墙长 3550 米，周长 12920 米，面积为 10.5 平方公里。四面城墙中，西墙大部、南墙和北墙西段保存很好，东墙保存情况最差。这与《归德志》"弘治壬戌圯于水，西、南二面尚存其址"[2]的记载大体相符。（见图 1）

图 1　古睢阳城与明清归德府城的位置关系[3]

南京城门，据《宋史·地理一》[4]载，东城墙有二门：南延和门，北昭仁门；西城墙也有二门：南顺成门，北回銮门；南、北城墙各有一门，分别为崇礼门、静安门；京城中又有隔城，东、西有承庆、祥辉两座城门；可知隔墙为东西向，将京城内部空间南北隔开。京城东又有关城，南北各一门。《玉海》则记载道：

[1] 中国社会科学院考古研究所，美国哈佛大学皮保德博物馆：《豫东考古报告："中国商丘地区早期商文明探索"野外勘察与发掘》，科学出版社 2017 年版，第 322 页。

[2] （明）嘉靖《归德志》卷 2《建置志·城池》，上海书店 1990 年版，第 55 页。

[3] 中国社会科学院考古研究所，美国哈佛大学皮保德博物馆：《豫东考古报告："中国商丘地区早期商文明探索"野外勘察与发掘》，科学出版社 2017 年版，第 323 页。

[4] （元）脱脱等：《宋史》卷 85《地理一》，中华书局 1977 年版，第 2104—2105 页。

"东存关城，周二十五里八十三步，东、南、北各有门一。"[1]康熙《商邱县志》的记载与此相同，并写道此关城乃"东面外城也"[2]。关城西墙没有城门，可能与京城东墙合一，共用城门。据此可知，北宋南京城与其东关城大致呈一左小右大的"∞"状。

各城门得名时间及其他信息，据《宋会要辑稿·方域二》及《方域三》[3]排序整理如下（见表1）。

表 1 南京城诸城门

	城门名	位置	赐名时间	备注
1	重熙	宫城		
2	颁庆	宫城		
3	崇礼	京城南	大中祥符七年二月一日	"南京门"
4	祥辉	隔城西	同上	"南京双门"
5	回鸾	京城西墙北	同上	"南京外西门"
6	昭仁	京城东墙北	大中祥符七年三月十三日	"南京大东门"
7	延和	京城东墙南	同上	"南京小东门"
8	顺成	京城西墙南	同上	"南京小西门"
9	靖安	京城北	同上	"南京北门"
10	承庆	隔城东	同上	"南京新隔门"

[1]（宋）王应麟：《玉海》卷170《门阙》，京都中文出版社1977年版，第3221页。

[2]（清）康熙《商邱县志》卷1《城池》，台北成文出版社1968年版，第74—75页。县志原文在关城形制之后又道"今之将亡也"，紧接着又写汴京危急，金主出顿归德复走蔡州。根据前后语境，此"今之将亡也"不是指北宋关城到清代已几乎不存，而是指金朝即将灭亡。"今"实为"金"。

[3]（清）徐松：《宋会要辑稿》，上海古籍出版社2014年版，第9281、9324页。

据王仲勇《南都赋》:"若乃昭仁、崇礼、回鸾、祥辉,南都四门名"[1],可知南京诸门以此四门于宋人心目中为正为尊。在《宋会要》的记载中,只有南门崇礼门被称为"南京门",可证其为南京正门。其后称隔城西门祥辉门为"双门",可推考祥辉门与崇礼门"成双",为隔城正门。晚于祥辉门一月有余命名的承庆门为"新隔门",在《宋会要》的叙述顺序中位列最后,系祥辉门之后创置的隔城偏门。回鸾门、昭仁门称"外西门"、"大东门",可知其分别为京城西、东正门;称"小西门"、"小东门"的顺成门、延和门则各为偏门。北门靖安门,按康熙《商邱县志》:"正德六年重筑,乃徙而北之,今南门即旧北门故址也。"[2]可知老城被埋于泥沙之下,人们又在其北门故址地上建造了新城南门。据《豫东考古报告》第六章,老城北墙故址中东段与今日的明清归德府古城南墙中西段部分重合。[3]按南墙拱阳门的位置,可断定靖安门在北宋南京城北墙东段。

(2)城内功能区划分

前述南京城内有隔墙将京城南北一分为二。按南京城南邻汴河,交通便利,自隋代大运河始已经形成商业区,而南京作为陪都又具有政治功能,因此设隔墙以划分不同的功能区。按坐北朝

[1] 曾枣庄、刘琳主编:《全宋文》第104册,上海辞书出版社2006年版,第228页。

[2] (清)康熙《商邱县志》卷1《城池》,台北成文出版社1968年版,第75页。

[3] 中国社会科学院考古研究所,美国哈佛大学皮保德博物馆:《豫东考古报告:"中国商丘地区早期商文明探索"野外勘察与发掘》,科学出版社2017年版,第321、323页。

南之制初步分析，已可知城南为商业区，城北承担政治功能。

按北宋南京有鸿庆宫，嘉靖《归德志》称"鸿庆万寿宫"，志曰宫在"古城北内，俗因称北宫，宋之原庙也"[1]。据明人所记，可知南京宫殿在城北。分析北宋史料也可证明，如宋仁宗景祐年间，两任应天知府夏竦、韩亿曾相继上奏修葺京城，建议"先修大内正门，并内前正街祥辉门、崇礼门，并改作三门"[2]。大内前有"正街"和隔城正门祥辉门，按坐北朝南之通制，可知皇宫大内就在隔墙北。因此隔墙以北，隔城之内为宫殿区，则其以南自然是商业区。

2. 隔墙以北：南京宫殿

（1）宫城城墙、城门与宫内建筑

据嘉祐年间的应天知府张方平所记："自建为南京，以府廨为内，至于宫殿门阙，各已立名。其旧屋舍，尽拆移修盖为今府廨。"[3]可知南京皇宫系拆除原应天府衙修建的，晁补之记"别宫"者即此宫。[4]南京宫城的位置，据前述已知在南京城北部隔城内。

《宋史·地理志》记载了南京宫城的部分基本信息："宫城周二里三百一十六步。门曰重熙、颁庆，殿曰归德。"[5]可知南京宫

---

[1] （明）嘉靖《归德志》卷8《杂述志·宫》，上海书店1990年版，第301页。

[2] （宋）张方平：《张方平集》卷25《奏请修南京内殿门阙事》，中州古籍出版社1992年版，第376页。

[3] （宋）张方平：《张方平集》卷25《乞量修南京旧内事》，中州古籍出版社1992年版，第387页。

[4] 见（宋）吕祖谦编：《宋文鉴》卷84《照碧堂记》，中华书局1992年版，第1198页。韩桂华认为"鸿庆宫，即以原应天府衙为正殿"，窃以为非。见韩桂华：《宋代发祥地：南京应天府研究——以建制为中心》，《史学汇刊》，2015年，总第34期，第55页。

[5] （元）脱脱等：《宋史》卷85《地理一》，中华书局1977年版，第2104页。

城二里有余，城墙开有重熙门、颁庆门。王仲旉《南都赋》："颁庆洞开，归德峻峙。正殿曰归德，端门曰颁庆。"[1]端门者，宫之正门也，颁庆门即南京宫城南门。二门之得名，可据嘉祐年间的应天知府张方平所记："是日御重熙颁庆楼，即府署正门也。"[2]以及"自建为南京，以府廨为内，至于宫殿门阙，各已立名。其旧屋舍，尽拆移修盖为今府廨……惟有门楼，常经真宗皇帝登御，赐名曰重熙颁庆之门"[3]。可知原应天府衙署正门有门楼，真宗皇帝赐名曰重熙颁庆。府衙拆除，新建皇宫，重熙颁庆之名又被拆解开用以给两座宫门命名。

宫城中有归德殿，是为正殿。宋真宗大中祥符七年（1014）正月二十九日所颁诏书曰："应天府宜升为南京，正殿以归德为名。"[4]归德殿为宫城正殿，正殿正对正门，因此才有所谓"颁庆洞开，归德峻峙"。

（2）南京宫城规模未具

南京宫城的建设并未按计划进行。归德殿"虽降图营建，而实未尝行"[5]，故王仲旉所谓"归德峻峙"实为夸张浪漫之属。建

[1] 曾枣庄、刘琳主编：《全宋文》第104册，上海辞书出版社2006年版，第228页。

[2]（宋）张方平：《张方平集》卷25《奏请修南京内殿门阙事》，中州古籍出版社1992年版，第376页。

[3]（宋）张方平：《张方平集》卷25《乞量修南京旧内事》，中州古籍出版社1992年版，第387页。

[4]（清）徐松：《宋会要辑稿》之《方域二·南京》，上海古籍出版社2014年版，第9281页。

[5]（宋）王应麟：《玉海》卷160《殿》，京都中文出版社1977年版，第3041页。

南京当年的八月丁丑，都知阁承翰、内侍杨怀古曾奉太祖、太宗像"至归德殿后正位权安"[1]，应当是指图纸上划定的归德殿地址。自真宗时起，多任知府上奏请求修造，皆未获准。通过他们上奏的内容，可大致看到南京宫城建设拖延日久，以致破败不堪。

仁宗嘉祐年间（1056—1063）张方平任应天知府，在上仁宗皇帝的《奏请修南京内殿门阙事》[2]中叙述了历任应天府守臣请求修葺的信息：

真宗天禧三年（1019），知府王曾奏"南京内庭并未修建，检到元降图子内有未销修盖位次，相度减省下舍屋，别具图进呈"，结果是"时以旱蝗，准朝旨候丰熟日奏取指挥。自后守臣，久不检举"。仁宗景祐四年（1037）、五年，夏竦、韩亿两任知府相继上奏修葺，"乞先修大内正门，并内前正衙、祥辉门、崇礼门，并改作三门"，因西夏政权崛起，皇帝"以陕西军兴，复准朝旨候丰熟日奏取指挥"。

待张方平任知府时，所见的南京宫城景象已是破败不堪。真宗皇帝赐名的重熙颁庆门"依旧只是州衙旧门，制度卑陋，自后不曾营缮……因循至今，年岁深远，门屋损坏……其梁柱摧朽，不复更堪荐拔，重重撑拄，处处倾漏……（门内宫禁）惟有真宗

[1]（宋）王应麟：《玉海》卷100《祠宫》，京都中文出版社1977年版，第1897页；（清）徐辑：《宋会要辑稿》之《礼五·鸿庆宫》，上海古籍出版社2014年版，第563页。

[2]（宋）张方平：《张方平集》卷25《奏请修南京内殿门阙事》，中州古籍出版社1992年版，第376页。

皇帝御诗碑亭两座,外更无片瓦,尽是榛芜"[1]。鉴于此,张方平言辞恳切地提出了一系列修造建议。

神宗熙宁八年(1075)苏颂知应天府,所见景象与张方平所见几乎无异。奏曰:"臣近叨守钥,目睹其事,阙门摧侧,栋宇堕颓。"[2]可知张方平的建议也未被允准。苏颂所奏,也因神宗忙于新政而无暇顾及,史载"神宗亦未暇也"[3]。

由以上可见南京虽为都城,却名实不副。但北宋朝廷也并非完全不管不顾。南京修葺之事,尚有张方平"以祥辉、崇礼门颓败已甚,奏乞重修,蒙朝旨听许,即令修盖,相次了毕"[4],以及元丰六年(1083)十月,知府孙觉得到朝廷赐度僧牒四十修缮外城门及西桥[5]等。

(3)鸿庆宫

鸿庆宫为宋朝原庙。王仲旉《南都赋》曰:"颁庆洞开,归德峻峙……旁立原庙,三圣神御奉安鸿庆宫,宫官日事酌献。岜

---

[1] 相关描述,见(宋)张方平:《张方平集》,中州古籍出版社1992年版,第376、387页。

[2] (宋)苏颂:《苏魏公文集》卷19《奏乞增修南京大内》,中华书局1988年版,第261页。

[3] (宋)王应麟:《玉海》卷14《地理图》,京都中文出版社1977年版,第310页。

[4] (宋)张方平:《张方平集》卷25《奏请修南京内殿门阙事》,中州古籍出版社1992年版,第376页。

[5] (宋)李焘:《续资治通鉴长编》卷340《神宗·元丰六年》,中华书局1980年版,第8189页;(元)脱脱等:《宋史》卷85《地理一》,中华书局1977年版,第2104页。

嵲穹崇。"[1]可知鸿庆宫也在京城北隔城内。真宗在下升应天府为南京诏书当天即下《建鸿庆宫诏》。诏曰:"南京新修圣祖殿,宜号曰鸿庆宫。仍奉安太祖、太宗圣像。"[2]所谓圣祖殿,可追溯至大中祥符二年(1009)十月甲午真宗令全国各地建天庆观,史载"诏诸路、州、府、军、监、关、县择官地建道观,并以'天庆'为额"[3]。大中祥符五年(1012)十月戊午,有所谓的"九天司命上卿保生天尊降于延恩殿"[4]。闰十月己巳,真宗"上天尊号曰圣祖上灵高道九天司命保生天尊大帝"[5],之后下诏:"圣祖名,上曰玄、下曰朗,不得斥犯。"[6]癸酉又诏:"天下州府军监天庆观并增置圣祖殿。"[7]这才有了大中祥符七年(1014)的"南京新修圣祖殿"。

---

[1] 曾枣庄、刘琳主编:《全宋文》第104册,上海辞书出版社2006年版,第228页。

[2] 《建鸿庆宫诏》颁布于"大中祥符七年正月丙辰",正是正月二十九日,与升南京诏同一日。两诏颁布的顺序,自然是升应天府为南京在前,改南京圣祖殿为鸿庆宫在后。日期换算,见薛仲三、欧阳颐合编:《两千年中西历对照表》,生活·读书·新知三联书店1956年版,第203页。《建鸿庆宫诏》原文,见司义祖整理:《宋大诏令集》,中华书局1962年版,第517—518页。

[3] (宋)李焘:《续资治通鉴长编》卷72《真宗·大中祥符二年》,中华书局1980年版,第1637页。

[4] (宋)李焘:《续资治通鉴长编》卷79《真宗·大中祥符五年》,中华书局1980年版,第1797页。

[5] (宋)李焘:《续资治通鉴长编》卷79《真宗·大中祥符五年》,中华书局1980年版,第1800页。

[6] (宋)李焘:《续资治通鉴长编》卷79《真宗·大中祥符五年》,中华书局1980年版,第1801页。

[7] (宋)李焘:《续资治通鉴长编》卷79《真宗·大中祥符五年》,中华书局1980年版,第1801页。

圣祖殿本为供奉圣祖赵玄朗而建。真宗将宋州升应天府又升南京，视其为祖宗肇基之地，改圣祖殿为鸿庆宫，以为原庙，供奉太祖、太宗。《归德志·鸿庆万寿宫》所记的"奉太祖太宗像，侍立于圣祖之旁"[1]描绘了一幅理想图景，实际上却并非如此。在真宗下诏改名并奉安祖宗神像当年，圣祖殿——鸿庆宫并未建成，因此在八月丁丑都知阎承翰、内侍杨怀古只能奉太祖、太宗像"至归德殿后正位权安"[2]。《商邱县志》记载鸿庆宫原本位于城西南隅，后迁至城北，结合真宗令全国建天庆观事，或许可以推测：大中祥符二年，天庆观可能建于当时的应天府城西南，五年增建圣祖殿；七年，应天府升南京，改城北的应天府衙为皇宫，圣祖殿改名为鸿庆宫，同时作为原庙也要迁到城北尊贵之地。正月建京，八月安像，所以新的鸿庆宫来不及建成。

到了仁宗年间，鸿庆宫的建设也历经坎坷。

天圣元年（1023）二月丁巳，神御殿建成，仁宗命知制诰张师德奉安太祖太宗御容于南京鸿庆宫。[3]天圣四年（1026）十月丙申，奉安真宗御容于鸿庆宫。[4]康定元年（1040）六月乙未，鸿庆宫神御殿失火。侍御史方偕引汉罢原庙故事，请求不予修复。仁

---

[1]（明）嘉靖《归德志》卷8《杂述志·宫》，上海书店1990年版，第301页。

[2]（宋）王应麟：《玉海》卷100《祠宫》，京都中文出版社1977年版，第1897页；（清）徐辑：《宋会要辑稿》之《礼五·鸿庆宫》，上海古籍出版社2014年版，第563页。

[3]（宋）李焘：《续资治通鉴长编》卷100《仁宗·天圣元年》，中华书局1980年版，第2316页。

[4]（宋）李焘：《续资治通鉴长编》卷104《仁宗·天圣四年》，中华书局1980年版，第2425页。

宗于是下诏罢修神御殿，在旧基址上修葺斋殿，"每醮则设三圣位而祠之，瘗旧像于宫侧"[1]。庆历六年（1046）十二月丙辰，命入内押班张惟吉等修鸿庆宫三圣御容殿。[2]庆历七年（1047）六月辛亥，命张方平为南京鸿庆宫奉安三圣御容礼仪使，王守忠为都大管勾仪卫。[3]七月癸未，于鸿庆宫奉安太祖、太宗、真宗像。[4]

南京鸿庆宫有神御殿，又称三圣御容殿、三圣殿。真宗升应天府为南京诏书有曰："洪惟二圣，敷佑万方，故当陪仙御于福廷，俨宸仪于恭馆。"[5]真宗在此所说的"二圣"自然是太祖、太宗，所谓"陪仙御于福廷"即奉太祖、太宗像于圣祖像两侧。仁宗时期奉安太祖、太宗、真宗圣像，悄然不见圣祖，加之时人刘敞作《鸿庆宫三圣殿赋》称赞仁宗"追祖述考，崇奉明祀，新作三圣殿，以孝明功于天下"[6]，则说明真宗之后，南京所供奉的

---

[1]（宋）李焘：《续资治通鉴长编》卷127《仁宗·康定元年》，中华书局1980年版，第3018页。

[2]（宋）李焘：《续资治通鉴长编》卷159《仁宗·庆历六年》，中华书局1980年版，第3855页。

[3]（宋）李焘：《续资治通鉴长编》卷160《仁宗·庆历七年》，中华书局1980年版，第3876页。

[4]（宋）李焘：《续资治通鉴长编》卷161《仁宗·庆历七年》，中华书局1980年版，第3881页。

[5]此诏见《宋会要辑稿·鸿庆宫》和《玉海·祠宫》。《宋会要辑稿》正文写作"洪惟二圣"。《玉海》的这一篇题为《祥符鸿庆宫，二圣殿》，正文则写作"三圣"，该以"二圣"为是。见（清）徐辑：《宋会要辑稿》，上海古籍出版社2014年版，第563页；（宋）王应麟：《玉海》，京都中文出版社1977年版，第1897页。

[6]（宋）吕祖谦编：《宋文鉴》卷4《鸿庆宫三圣殿赋》，中华书局1992年版，第57页。

"三圣"为太祖、太宗、真宗。需要特别指出的是，清《商邱县志》称"以圣祖殿为鸿庆宫，奉太祖太宗像，侍于圣祖之侧，名神御殿，又名三圣殿"[1]，有将三圣殿等同于鸿庆宫之嫌。宋代史料，如"南京言鸿庆宫神御殿火"、"命入内押班张惟吉等修鸿庆宫三圣御容殿"等，皆说明鸿庆宫与神御殿是包含关系，三圣殿位于鸿庆宫之内，而非鸿庆宫别称。另外考诸史料，"三圣殿"实为一座宫殿的专称，而王仲旉在《南都赋》写道"殿实有三，一祖二宗"[2]，则误以三圣殿为"三座圣殿"。不过，实字繁体为"實"，与宝字繁体"寶"形似，若原文为"殿宝有三"，则能讲通，不排除有后世传刻错误的可能。

（4）南京宫城与鸿庆宫的位置关系

前文已述，南京皇宫实际规模未具，内中只有真宗皇帝御诗碑亭两座，无其他建筑，而仁宗则在鸿庆宫修建起了三圣殿以奉安圣像。若鸿庆宫位于宫城之内，与归德殿同为大内的一部分，则断不会出现张方平所见之满目榛芜的景象。《宋史·地理志》在记述南京形制时，于殿也只提及归德殿而只字不提鸿庆宫。故可知鸿庆宫虽也位于隔墙以北，但并不与归德殿同在那"周二里三百一十六步"的宫城之中。按"左祖右社"之制，作为宋室原庙的鸿庆宫或当在宫城之东。

中华书局于1992年出版的《宋文鉴》录晁补之《照碧堂记》

[1]（清）康熙《商邱县志》卷3《古迹》，台北成文出版社1968年版，第216页。

[2] 曾枣庄、刘琳主编：《全宋文》第104册，上海辞书出版社2006年版，第228页。

曰："自景德三年，诏即府为南都，而双门立，别宫故经衢之左，为留守廨，面城背市，前无所达，而后与民语接。"[1]按此句读之法，句中"宫"为动词，即"营造宫室"，那么"别宫故经衢之左"意为另在南北向大街之东营建宫室。若如此，则不合中正有序之传统。此句或当为"自景德三年，诏即府为南都，而双门立别宫，故经衢之左为留守廨，面城背市，前无所达，而后与民语接"。即南京皇宫正对祥辉门而建，则鸿庆宫与城南的留守廨同在"经衢之左"。

3. 隔墙以南的南京城市形态

（1）街、坊

据前文，南京城有"内前正街"、"经衢"，可知南京城内有一南北向大街，此大街或为穿过祥辉门、崇礼门的京城中心大街。据《玉海》，南京城有"坊十八"[2]，其名称、形制、分布等待考。

（2）衙署

据张方平《乞量修南京旧内事》："自建为南京，以府廨为内，至于宫殿门阙，各已立名。其旧屋舍，尽拆移修盖为今府廨。"[3]结合之前所述，可知应天府衙原在城北，因改建皇宫而拆迁，以原旧府衙的建筑材料盖成新府衙。又按前述，晁补之记南京留守

---

[1]（宋）吕祖谦编：《宋文鉴》卷84《照碧堂记》，中华书局1992年版，第1198页。

[2]（宋）王应麟：《玉海》卷170《门阙》，京都中文出版社1977年版，第3221页。

[3]（宋）张方平：《张方平集》卷25《乞量修南京旧内事》，中州古籍出版社1992年版，第387页。

官廨"面城背市，前无所达，而后与民语接"，可知此留守廨位于京城隔墙南商业区，南面向京城部分空间，北则与民众居住区相接。按北宋西京、南京、北京三大陪都均设留守司，其中南京留守司设于大中祥符七年（1014）二月三日，以"马元方兼南京留守司事，合置官属名目，下审官院、流内铨，一如西京之式"[1]。留守司虽设，但实际上三京留守司均由"知府事兼之"[2]。晁记中的留守廨或即知府府衙，因修建鸿庆宫而南迁新址。

（3）学校

应天府书院位列北宋四大书院之一，其历史始于五代入宋时期杨悫、戚同文师徒所经营之学舍。杨、戚两代学人都得到将军赵直的支持，尤其是杨悫死后，戚同文执掌学舍，"直复厚加礼待，为筑室聚徒，请益之人不远千里而至"[3]，"远近学者皆归之"[4]。据说登第者有五六十人之多，盛况空前。真宗大中祥符二年（1009），曹诚"以赀募工就戚同文所居造舍百五十间，聚书千余卷，博延生徒，讲习甚盛。府奏其事，上嘉之，诏赐额曰应天府书院"[5]。景祐二年（1035）又"以应天府书院为府学，仍给田

[1]（清）徐松：《宋会要辑稿》之《方域二·南京》，上海古籍出版社2014年版，第9281页。

[2]（宋）谢维新编：《古今合璧事类备要》后集卷71《守臣门·留守》，《景印文渊阁四库全书》第940册，台北"商务印书馆"1986年版，第301页。

[3]（元）脱脱等：《宋史》卷457《戚同文》，中华书局1977年版，第13418页。

[4]（宋）曾巩：《曾巩集》卷42《戚元鲁墓志铭》，中华书局1984年版，第567页。此《曾巩集》即《元丰类稿》。

[5]（宋）李焘：《续资治通鉴长编》卷71《真宗·大中祥符二年》，中华书局1980年版，第1597页。

十顷”[1]。后来应天府学又被升为南京国子监。

今日商丘市建有应天府书院景点，位于明清古城外东南，宋元旧城外东北。而据天顺《大明一统志·开封府》记载，归德州学“在州治东北，宋初为应天府书院，大观初改南京国子监，金、元为归德府学，本朝改今学”[2]。按前述可知直至明代弘治年间城毁于水灾前，城体规制大致一脉相承。故应天府书院位置，可参考。推知其位置就在应天府衙东北。修于宋元故城毁于水灾、新城北建后的嘉靖《归德志》载，其“今在南门外西，其基址也”[3]，则恰好与今日景点位置相反。

（4）寺观

南京城内有宝融寺。今商丘有八关斋，其历史源于唐代宗大历七年（772）睢阳人为在安史之乱中解睢阳之围的田神功祈福以报其恩德而举行的八关斋会。时人还邀请颜真卿撰写了《宋州官吏八关斋会报德记》。该文收录于《颜鲁公集》，曰：“大历壬子岁，宋州八关斋会者……五月八日，首以俸钱三十万设八关大会，饭千僧于开元伽蓝。”[4]八关斋会举行于唐宋州开元寺。嘉靖《归德志》载有龙兴寺，地在“旧城内。唐名开元，宋名宝融，又名

[1]（宋）李焘：《续资治通鉴长编》卷117《仁宗·景祐二年》，中华书局1980年版，第2761页。

[2]（明）李贤等：《大明一统志》卷26《开封府上》，三秦出版社1990年版，第441页。

[3]（明）嘉靖《归德志》卷4《学校志·书院》，上海书店1990年版，第162页。

[4]（唐）颜真卿：《颜鲁公集》卷14《宋州官吏八关斋会报德记》，上海古籍出版社1992年版，第88—89页。

隆兴，今名不知肇于何时。有八关碑无尽灯颂在寺前"[1]。可知唐开元寺在宋代改名宝融寺，又名隆兴寺，寺在宋城内。今商丘八关斋在明清古城南门外，南湖南，旧城遗址内偏东南处。刻有颜真卿文的石幢仍存，可证此地即为宋宝融（隆兴）寺所在。

北宋后期，宋徽宗在位时令全国建万寿寺（观）。由于徽宗崇道，尤其重视万寿观的建设，并最终改名为万寿宫。其营建过程，见《宋会要辑稿·礼五》。

宋徽宗崇宁二年（1103）九月十七日，蔡京等奏："今天宁（节）届，伏请天下州军各赐寺额，以崇宁为名，上祝睿算。"[2]徽宗准。

崇宁三年（1104）二月八日，徽宗诏"崇宁寺、观上添入'万寿'二字"，六月四日又"诏以'崇宁万寿寺'为额"。[3]

政和元年（1111）八月八日，"诏天下崇宁万寿寺、观并改作天宁万寿（寺、观）"[4]。

政和七年（1117）二月二十三日，"诏天下天宁万寿观改作神霄玉清万寿之宫"[5]。诏文曰："神霄玉清万寿宫如小州、军、监无道观，以僧寺改建。如有道观处，止更名，仍于殿上设长生大帝

[1]（明）嘉靖《归德志》卷8《杂述志·寺》，上海书店1990年版，第297页。

[2]（清）徐松：《宋会要辑稿》之《礼五·崇宁寺观》，上海古籍出版社2014年版，第570页。

[3]（清）徐松：《宋会要辑稿》之《礼五·崇宁寺观》，上海古籍出版社2014年版，第571页。

[4]（清）徐松：《宋会要辑稿》之《礼五·崇宁寺观》，上海古籍出版社2014年版，第571页。

[5]（清）徐松：《宋会要辑稿》之《礼五·崇宁寺观》，上海古籍出版社2014年版，第577页。

君、青华帝君像。"[1]

天下皆建，南京应天府也不应例外，但笔者尚未查到北宋南京万寿宫的相关资料。嘉靖《归德志》称鸿庆宫为鸿庆万寿宫，不知是否与此有关，待考。

（5）堂、亭

南京城中的五老堂、照碧堂、妙峰亭等皆为士人追求风雅而作。

五老堂在应天府书院之东。[2] 庆历七年（1047），杜衍以太子少师致仕，封祁国公，居南京十年。杜衍与王涣、毕世长、朱贯、冯平共五位耄耋之年的老臣"皆致政在乡里。祁公用白乐天居洛阳为九老会故事，作五老堂，尝赋诗酬倡，怡然自得。宋城人形于绘像，以侈一堂之盛"[3]。照碧堂位于南京城南墙上，修建时间晚于五老堂。按晁补之《照碧堂记》记载，从前曾有人为观临城外南湖而在南城墙建堂，因年岁久远而坍圮，直到元祐六年（1091）曾肇知应天府才翻新扩建。照壁堂"盖成于元祐六年九月癸卯。横七楹，深五丈，高可建旆，自东诸侯之宅，无若此者"[4]。

南京城各亭，据《南都赋》："其亭馆，内之则有：流觞渌波，

---

[1]（清）徐松：《宋会要辑稿》之《礼五·神霄玉清万寿宫》，上海古籍出版社2014年版，第564页。

[2]（明）嘉靖《归德志》卷1《舆地志·遗迹》，上海书店1990年版，第46页。

[3]（元）孛兰肹等：《元一统志》卷3《河南江北等处行中书省·归德府》，中华书局1966年版，第305页。

[4]（宋）吕祖谦编：《宋文鉴》卷84《照碧堂记》，中华书局1992年版，第1198页。

桧阴四合，照碧妙峰，武备道接；外之则有朝雨暮云，暖风残月。又有玉舫金缕，光华宴喜，嘶马落帆，芳草柳枝之列，自流舫至柳枝，十二亭名。联观光与望云，观光、望云，二亭名。指中天之巍阙。"[1]据赋中所见，流舫、渌波、桧阴、四合、照碧、妙峰、武备、道接等八亭在城内，再加上观光、望云二亭，据嘉靖《归德志》载"俱在府旧城内"[2]，可知城内至少有此十亭。至于所列流舫至柳枝实为二十亭，却错称十二亭，留待下文详述。

城内各亭，以妙峰亭留下的信息较多。天顺《大明一统志》记载妙峰亭"在归德州，宋留守王胜（之）建，苏轼有榜，秦观有诗"[3]。南京留守王胜之即王益柔，元丰六年（1083）任应天知府[4]，可知建妙峰亭的年代不会早于此。苏轼、苏辙兄弟和秦观等诗人曾作诗赞美妙峰亭美景。苏轼在《南都妙峰亭》诗中写登妙峰亭所见的美景道："孤云抱商丘，芳草连杏山……亭亭妙高峰，了了蓬艾间……均为拳石小，配此一掬悭。烦公为标指，免使勤跻攀。"[5]商丘即阏伯台，杏山也称幸山，下文详述。可知的是，妙峰亭必建于某城内高地，才能使苏轼望见城外景色，那么此高

---

[1] 曾枣庄、刘琳主编：《全宋文》第104册，上海辞书出版社2006年版，第228—229页。

[2] （明）嘉靖《归德志》卷1《舆地志·遗迹》，上海书店1990年版，第45页。

[3] （明）李贤等：《大明一统志》卷26《开封府上》，三秦出版社1990年版，第442页。

[4] （宋）周应合：《景定建康志》卷13《皇朝建隆以来为年表》，台北成文出版社1983年版，第846页。

[5] （清）王文诰辑注：《苏轼诗集》卷25《南都妙峰亭》，中华书局1982年版，第1326页。

地便是诗中的"妙高峰",而妙高峰也显然是妙峰亭名称的由来。

苏轼在妙高峰上,妙峰亭中,能够看到城外景色,可知这里确实是一海拔较高处,但所谓"峰"者很可能只是一座土丘。南京地处黄淮海平原,并无高大山脉,苏诗后几部分纯属夸张浪漫。

(6)"山川"

杏山又称幸山。如前所述,商丘一带并无高大山脉,但明嘉靖《归德志》云:"吾宋为豫州之域,其在境内者,土壤平夷,无山可表,而冈阜之高起者则皆山之谓也。"[1]故有"山"之称。前引苏轼有"孤云抱商丘,芳草连杏山"之句,刘攽诗《梦杨十七》云:"昔游梁宋都,偶与夫子并……如从杏山宴,坐弄南湖景。"[2]以及苏辙诗《次韵文务光秀才游南湖》:"梦想绿杨垂后浦,眼看红杏照前山。新春渐好君归速,不见游人暮不还(注曰:湖前小山曰杏山)。"[3]皆指此"山"。

杏山因宋高宗即位于此而改称幸山。《三朝北盟会编》记载了建炎元年(1127)宋高宗登基的场景:"命有司于南京谯门之左营筑坛场……王泣涕,即皇帝位于应天府治之正衙。"[4]嘉靖《归德志》也简述了这一过程并有所补充:"(幸山在)南关外,旧传

---

[1] (明)嘉靖《归德志》卷1《舆地志·山河》,上海书店1990年版,第27页。

[2] 北京大学古文献研究所编:《全宋诗》第11册,北京大学出版社1993年版,第7097页。

[3] 陈宏夫、高秀芳点校:《苏辙集》卷8《次韵文务光秀才游南湖》,中华书局1990年版,第155页。

[4] (宋)徐梦莘:《三朝北盟会编》卷101《炎兴下帙一》,上海古籍出版社1987年版,第741页。

宋高宗即位之所，后人尊之以为山也。按《通鉴》，建炎元年，高宗自济州趋幸应天，命筑坛于府门之左。五月庚寅朔，登坛受命，即皇帝位。所谓山者，疑即坛也。基址犹存，今建观音堂于上，俗讹为杏山。"[1]万历《明一统志》卷二十七载："在府城南三里，宋高宗即皇帝位于此。"[2]据此可知，幸山之名源自于宋高宗登基，其位置在明新城以南，自然位于北宋时南京城之内。再根据宋人诗句，杏山离城南之南湖不远，或在靠近城南的地方。宋人、明人诗句也可以证实"杏山"为本名，所以嘉靖志书明显颠倒了"杏山"与"幸山"二名的关系。

（7）宅第

杜衍宅。位居"睢阳五老"之一的杜衍退休后长期寓居南京驿舍。《宋史》云，杜衍"清介不殖私产，既退，寓南都凡十年，第室卑漏，才数十楹，居之裕如也"[3]。《石林燕语》也道："杜祁公罢相，居南京，无宅，假驿舍居之数年。"[4]可知杜衍退休后长期居住于南京驿。不过杜衍并非"不殖私产"、"无宅"，如《石林燕语辨》就指出："韩魏公寄杜诗云：'归卜睢阳旋营第，栋宇仅

---

[1]（明）嘉靖《归德志》卷1《舆地志·遗迹》，上海书店1990年版，第25—26页。

[2]（明）李贤等：《明一统志》卷27《归德府·山川》，《景印文渊阁四库全书》第472册，台北"商务印书馆"1986年版，第671页。四库全书所收此版《明一统志》系明万历万寿堂本，书中内容已非天顺间李贤等所修志书原貌。因明代行政区划调整，该版本已将原开封府下的归德州改为归德府，独立成章。

[3]（元）脱脱等：《宋史》卷310《杜衍》，中华书局1977年版，第10192页。

[4]（宋）叶梦得撰，宇文绍奕考异：《石林燕语》卷10，中华书局1984年版，第150页。

足充妻孥’，又祭文‘公旋营厥居于宋京’。"[1]因此杜衍在南京城拥有私宅。

王旦宅在城东。按苏辙在南京为官期间与王巩多有唱和，曾在熙宁十年（1077）除夕夜作《除夜会饮南湖怀王巩》，诗云："岁晚城东故相家，夜听帘外落琼花。"[2]王巩乃王旦之孙。《宋史·王旦传》载咸平四年（1001）王旦"以工部侍郎参知政事"[3]，官至副相，又在景德"二年（1005），加尚书左丞。三年，拜工部尚书、同中书中门下平章事"[4]，正式拜相。由此可知"故相家"指王旦宅第，位于城东。

（二）南京城外部形态

1. 祠庙

据张方平《论祠庙事》，南京有"在府及管下所营祠庙五十余处"[5]，位高名著者有高辛庙（帝喾庙）、阏伯庙、微子庙、双忠庙等。

前文引《宋史·礼六》曰宋朝承接古宋国"天命"，运属火德。高辛即帝喾，为阏伯（契）之父[6]，阏伯为商族始祖、帝尧

---

[1] （宋）叶梦得撰，宇文绍奕考异：《石林燕语》之《附录一·石林燕语辨》，中华书局1984年版，第225页。

[2] 陈宏夫、高秀芳点校：《苏辙集》卷7《除夜会饮南湖怀王巩》，中华书局1990年版，第137页。

[3] （元）脱脱等：《宋史》卷282《王旦》，中华书局1977年版，第9544页。

[4] （元）脱脱等：《宋史》卷282《王旦》，中华书局1977年版，第9544页。

[5] （宋）张方平：《张方平集》卷26《论祠庙事》，中州古籍出版社1992年版，第407页。

[6] 据如今学术界研究，帝喾非阏伯之父，本文不予讨论。但在宋人意识中，帝喾、阏伯为父子，如张方平《论并废汴河礼子》道"昔高辛氏有子曰阏伯"，见《张方平集》或《乐全集》卷二十五。

火正，微子为商朝后裔、古宋国开国之君，三者祠庙在宋朝的意义自不必言。双忠庙为祭祀唐安史之乱中死守睢阳的张巡、许远所建，又称"双庙"、"双王庙"、"协忠庙"等。张、许的忠勇在唐宋两代都被大力提倡，自唐肃宗始下诏立庙祭祀，宋人也多有诗文赞颂其精神。熙宁年间王安石主持变法，曾采纳并施行张谔"天下祠庙，岁时有烧香利施，乞依河渡坊场，召人买拆"[1]的建议，遭到主政南京的张方平反对，张上书道："阏伯远自唐尧迁此商丘之土，主祀大火，而火为国家盛德所乘而王，本朝历世尊为大祀。微子，宋之始封君，开国于此，亦为本朝受命建号所因，载于典礼，垂之著令，所当虔洁以奉时事。又有双庙，乃是张巡、许远以孤城死贼……今既岁收细微而损国体至大，臣愚欲乞朝廷详酌留此三庙，更不出卖，以称国家严恭典祀追尚前烈之意。"[2]宋神宗也认为"辱国黩神，此为甚者"[3]，罢祠庙买卖并追责。由此又可见阏伯、微子、双忠三庙在北宋更关乎国体，意义更为重大。

高辛庙的位置"在宋州谷熟"[4]，兹不赘言。

阏伯庙与阏伯台、阏伯墓为一体。阏伯台即商丘。宋代远追古宋商族，运为火德，故阏伯在宋代享受国家正祀。张方平《论

[1]（宋）魏泰：《东轩笔录》卷6，中华书局1983年版，第70页。

[2]（宋）张方平：《张方平集》卷26《论祠庙事》，中州古籍出版社1992年版，第408页。

[3]（宋）李焘：《续资治通鉴长编》卷277《神宗·熙宁九年》，中华书局1980年版，第6776页。

[4]（宋）佚名编，司义祖整理：《宋大诏令集》卷156《政事九》，中华书局1962年版，第585页。

并废汴河札子》云："昔高辛氏有子曰阏伯。至于帝尧，迁阏伯于商丘……今宋实商地也，商丘在焉，俗名曰阏伯台……其下有水渊，未尝涸，宋人谓之商丘海。"[1]《嘉庆重修一统志》载："阏伯墓在商丘县西南阏伯台之下，即古商丘也，世传阏伯葬此。"[2]北宋南京阏伯庙，据王明清《挥麈录》记载，"太祖皇帝草昧日，客游睢阳，醉卧阏伯庙"[3]，可证其早在宋太祖年轻时的五代时期已被建成。仁宗时曾修葺阏伯庙，缘于康定元年南京鸿庆宫遭火灾，时任太常博士集贤校理胡宿言此为"上天示变以告人主。臣未暇推言灾异，愿国家修火祀"[4]。此后历代也曾多次修建阏伯庙，其址未变，至今仍存。天顺《大明一统志》载庙"在归德州西南三里"[5]，即在宋南京城西南三里。

微子庙在南京城西南十二里。据唐贾至《微子庙碑颂》"予作吏于宋，思其先圣遗事，求于古老舆人，则得君之祠庙存焉"[6]，可知唐代已有建筑。《太平寰宇记·宋州》记载"宋微子墓，在县西南十二里"[7]，《大明一统志》亦记载"微子庙在归德州西南

[1]（宋）张方平：《张方平集》卷25《论併废汴河劄子》，中州古籍出版社1992年版，第390页。

[2]（清）穆彰阿等：《嘉庆重修一统志》卷194《归德府·陵墓》，中华书局1986年版，第9594页。

[3]（宋）王明清：《挥麈录》后录卷1，中华书局1961年版，第50页。

[4]（宋）王应麟：《玉海》卷101《祠坛》，京都中文出版社1977年版，第1918页。

[5]（明）李贤等：《大明一统志》卷26《开封府上》，三秦出版社1990年版，第443页。

[6]（清）董诰等编：《全唐文》卷368，中华书局1983年版，第3740页。

[7]（宋）乐史：《太平寰宇记》卷12《宋州》，中华书局2007年版，第222页。

十二里"[1]。

双庙的位置，按今日商丘有双忠庙景点，位于明清归德府城南，宋古城遗址之内。但是，宋初太宗年间南京尚为宋州时有《太平寰宇记》载："张巡、许远、南霁云等庙，在州南七里半。"[2]晁补之在城南照碧堂望见"其东双庙"[3]。而梅尧臣《谒双庙》诗曰："八月过宋都，泊舟双庙侧。"[4]强至《祠部集》诗《冬尽日睢阳感事》句"张许忠魂空日月"后有注曰"河堤巡、远双庙在焉"[5]。南京城南有汴河，河上有堤。综合分析以上资料，可知双庙在城东南方向，汴河沿岸附近。

值得注意的是，南宋人所记双庙地址混乱不清。宋应天府沦于金，金改为归德府，南宋人仍称南京。宋孝宗乾道六年（1170）曾出使金朝的范成大在使金日记《揽辔录》中写道："过雷万春墓。环以小墙，榜曰'忠勇雷公之墓'。西门外，南望有宋王台及张巡、许远庙。"[6]范氏在《石湖诗集》诗《雷万春墓》自注雷墓

[1] （明）李贤等：《大明一统志》卷26《开封府上》，三秦出版社1990年版，第443页。

[2] （宋）乐史：《太平寰宇记》卷12《宋州》，中华书局2007年版，第221页。

[3] （宋）吕祖谦编：《宋文鉴》卷84《照碧堂记》，中华书局1992年版，第1198页。

[4] （宋）梅尧臣著，朱东润编年校注：《梅尧臣集编年校注》卷14，上海古籍出版社2006年版，第247页。

[5] （宋）强至：《祠部集》卷6《冬尽日睢阳感事》，中华书局1985年版，第74页。

[6] （宋）范成大撰，孔凡礼点校：《范成大笔记六种·揽辔录》，中华书局2002年版，第11页。

"在南京城南"[1]，而另一首《双庙》诗却注双庙"在南京北门外，张巡、许远庙也"[2]。无论此"西门"指南京西门还是环绕雷万春墓的小墙开有西门，都不可否认在"西门外南望"与双庙"在南京北门外"相矛盾。其他南宋使金者如楼钥撰《北行日录》没有记载双庙的位置，程卓《使金录》因抄袭范成大而无参考价值。从未踏入金土的潘自牧在《记纂渊海》中写道"双忠庙在府城东"[3]则更是乱上加乱。

南京城外还有庄子祠。庄子为周宋国蒙人，其故里"蒙"所在至今仍众说纷纭，有河南商丘、安徽亳州、山东菏泽等。《太平寰宇记》记载有"小蒙故城"、"大蒙城"，而探讨二蒙，又关乎到了庄子故里的问题。《太平寰宇记·宋州·宋城县》开篇即写道"本宋国蒙县"，《宋州·人物》部分又称庄子为"宋蒙人"，而《宋州·宋城县》载小蒙故城"在县南十五里。六国时，楚有蒙县，俗为小蒙城，即庄周之本邑。今复有大蒙城，在县北四十一里"。[4]乐史所述，蒙地属宋属楚矛盾不清，而且与唐《元和郡县图志》记载"小蒙故城，县北二十二里，即庄周之故里"[5]相矛

[1] （宋）范成大：《石湖诗集》卷12《雷万春墓》，《景印文渊阁四库全书》第1159册，台北"商务印书馆"1986年版，第676页。

[2] （宋）范成大：《石湖诗集》卷12《双庙》，《景印文渊阁四库全书》第1159册，台北"商务印书馆"1986年版，第676页。

[3] （宋）潘自牧：《记纂渊海》卷17，《景印文渊阁四库全书》第930册，台北"商务印书馆"1986年版，第415页。

[4] （宋）乐史：《太平寰宇记》卷12《宋州》，中华书局2007年版，第220—221页。

[5] （唐）李吉甫：《元和郡县图志》卷7《宋州·宋城》，中华书局1983年版，第180页。

盾。叶蓓卿认为，"考其'小蒙故城'云云，盖据北魏郦道元《水经注·汳水》，却又擅自增改字句方才导致'楚蒙'说的诞生……乐史此处误改增衍，首开'楚蒙'异说之先声，而后来的《路史》、《明一统志》、《归德志》、《读史方舆纪要》等沿用其辞，以讹传讹，以致造成了庄子故里'蒙'之方位的又一歧说"[1]。小蒙故城的位置，当采取《元和郡县图志》在宋城县"县北二十二里"之说。

至于北宋南京庄子祠，系元丰元年（1078）宋城县令王兢修建。王兢还请时在南京的苏轼作《庄子祠堂记》，文曰："庄子，蒙人也。尝为蒙漆园吏。没千余岁，而蒙未有祀之者。县令秘书丞王兢始作祠堂，求文以为记。"[2]后世史料如天顺《大明一统志》也记载庄子祠"在归德州城东南十五里，祀庄周，宋苏轼有记"[3]。嘉靖《归德志》则载"在州东南二十五里小蒙城内，祀庄周，今废"[4]。由此观之，北宋南京庄子祠位置当采取在南京城东南之说，只是结合前文所述，此为后人采信《太平寰宇记》讹误的产物。

2. 墓葬

阏伯墓、微子墓，按前文所述与其祠庙同在。

张巡墓，按唐时与张巡有交往的李翰所进唐肃宗《进张巡中

---

［1］叶蓓卿：《庄子故里考辨》，华东师范大学硕士学位论文，2005年，第7页。

［2］（宋）吕祖谦编：《宋文鉴》卷82《庄子祠堂记》，中华书局1992年版，第1173页。

［3］（明）李贤等：《大明一统志》卷26《开封府上》，三秦出版社1990年版，第444页。

［4］（明）嘉靖《归德志》卷2《建置志·祀典》，上海书店1990年版，第121页。

丞传表》："臣谓宜于睢阳城北，择一高原，招魂葬送巡并将士，大作一墓而葬。"[1]后世史料如嘉靖《河南通志》也记载张巡墓在"府城北高原"[2]，《嘉庆重修一统志》载"在商丘县北"[3]。与张巡一同死节的雷万春之墓，前引范成大诗《雷万春墓》题下注曰墓在南京城南，万历《明一统志》载"在故睢阳城东一里"[4]，或大致在东南一里处。另按《太平寰宇记》记载，南京城郊还有"三王陵，在（宋城）县西北四十五里……箕子冢，在县北四十一里二十步古蒙城内……桥玄墓，在县北十里"[5]。

北宋许多应天府籍大臣死后归葬故里。南京城附近有杜衍、王尧臣、赵㮣、张方平等墓，除杜衍为越州山阴人，后三者皆为南京应天府人氏。杜衍墓，据欧阳修所撰《太子太师致仕杜祁公墓志铭》载杜衍子杜诉于"（嘉祐二年，1057）十月十八日葬公于应天府宋城县之仁孝原"[6]。王尧臣墓，据欧阳修《尚书户部侍郎参知政事赠右仆射文安王公墓志铭》载："嘉祐四年（1059）八月

[1]（清）董诰等编：《全唐文》卷368，中华书局1983年版，第4378页。

[2]（明）嘉靖《河南通志》卷19，嘉靖三十五年刻本。

[3]（清）穆彰阿等：《嘉庆重修一统志》卷194《归德府·陵墓》，中华书局1986年版，第9596页。

[4]（明）李贤等：《明一统志》卷27《归德府·山川》，《景印文渊阁四库全书》第472册，台北"商务印书馆"1986年版，第674页。

[5]（宋）乐史：《太平寰宇记》卷12《宋州》，中华书局2007年版，第221—222页。

[6]（宋）欧阳修撰，李逸安点校：《欧阳修全集》之《居士集》卷31，中华书局2001年版，第470页。

十日，改葬公之皇考于宋城县平台乡石落原，而以公从葬焉。"[1]
赵概墓，据苏轼撰《赵康靖公概神道碑》载："以某年月日葬于宋
城县天巡乡。"[2]。张方平墓，据苏轼《张文定公墓志铭》："以（元
祐）七年（1092）八月九日庚申，葬于宋城县永安乡仁孝里。"[3]

3. 堤堰、桥梁

北宋南京南有汴河，即隋时的通济渠，唐之广济渠。汴河
"以孟州河阴县南为汴首，受黄河之口，属于淮泗"[4]，历东京、陈
留、南京、宿州等地，是重要的人工运河。同时，汴河也是水灾
频发的河段，自隋朝开通时，朝廷即重视修筑堤坝，并于沿岸种
植垂柳，至北宋亦然。后蜀何光远《鉴诫录》载："炀帝将幸江
都，开汴河，种柳，至今号曰隋堤。"[5]徽宗年间病逝于南京的词
人北宋周邦彦也作《兰陵王》云："隋堤上、曾见几番，拂水飘绵
送行色。"[6]

南京汴河上又有大桥。在商品经济发达的北宋，河上大桥往
往是人流密集、买卖热闹的商业区。如熙宁五年间来中国求法的

[1] （宋）欧阳修撰，李逸安点校：《欧阳修全集》之《居士集》卷33，中华书
    局2001年版，第485页。

[2] （宋）苏轼撰，孔凡礼点校：《苏轼文集》卷18《赵康靖公概神道碑》，中华
    书局1986年版，第543页。

[3] （宋）苏轼撰，孔凡礼点校：《苏轼文集》卷14《张文定公墓志铭》，中华书
    局1986年版，第458页。

[4] （元）脱脱等：《宋史》卷93《河渠三》，中华书局1977年版，第2316页。

[5] （五代）何光远撰，邓星亮、邹宗玲、杨梅校注：《鉴诫录校注》卷7《亡国
    音》，巴蜀书社2011年版，第163页。

[6] （宋）周邦彦：《清真集》卷下《单题》，中华书局1981年版，第43页。

日本高僧成寻曾于熙宁五年（1072）十月初五乘船从谷熟县抵达南京城，在其旅行日记《参天台五台山记》中写道："酉一点，过七十四里，至南京大桥南停船宿……大桥上并店家灯炉大千万也。伎乐之声遥闻之。"[1]

城南五里南湖上又有海雁桥，夏竦建，桥名来自于夏竦自青州携雁置南湖中。《夏文庄公竦神道碑》记载："景祐元年（1034），（夏竦）徙青州。明年，徙应天府兼南京留守。"[2]夏竦作《海雁桥记》记载了建海雁桥的缘由，即曾有人赠予他海雁六只，不忍食用，故养在青州柳亭，后丢失其中一只。数年后夏竦赴任应天府，将五只雁放养于南京南湖。有客人路过，抚掌桥侧，五只大雁则悲鸣并飞集夏竦膝下，"至暮恋恋不能去，观者为之出涕"[3]。夏竦感慨其知养育之恩，不忘主人，联想到人臣忠君事主之道，故作海雁桥以旌之。此记作于景祐三年（1035）十月，海雁桥也应当建造于这一年。

4. 亭

南京城外有十二新亭。建十二新亭者，据秦观诗《南都新亭行寄王子发》云，"借问亭名制者谁，留守王公才望重"[4]，"留守

---

[1]［日］成寻撰，王丽萍校点：《新校参天台五台山记》卷2，上海古籍出版社2009年版，第101页。

[2]（宋）杜大珪编：《名臣碑传琬琰之集》，《景印文渊阁四库全书》第450册，台北"商务印书馆"1986年版，第179页。

[3]（宋）夏竦：《文庄集》，《景印文渊阁四库全书》第1087册，台北"商务印书馆"1986年版，第227—228页。

[4]（宋）秦观撰，徐培均笺注：《淮海集笺注》卷6《南都新亭行寄王子发》，上海古籍出版社2000年版，第202页。

王公"即王益柔[1]。

王仲舅《南都赋》在描写十二新亭时曰:"其亭馆,内之则有流觞渌波,桧阴四合,照碧妙峰,武备道接;外之则有朝雨暮云,暖风残月。又有玉觞金缕,光华宴喜,嘶马落帆,芳草柳枝之列,自流觞至柳枝,十二亭名。联观光与望云,观光、望云,二亭名。指中天之巍阙。"[2]王氏所列流觞亭至柳枝亭实为二十亭,却错称十二亭。由《南都新亭行寄王子发》:"宋都堤上十二亭,一一飞惊若鸾凤。光华远继周王雅,宴喜还归鲁侯颂。玉觞严令肃衣冠,金缕哀音绕梁栋。娟娟残月照波翻,习习暖风吃鸟呏。何处高帆落文鹢,谁家骏马嘶征辔。柳枝芳草恨连天,暮雨朝云同昨梦。"[3]可知《南都赋》中"外之"诸亭,即朝雨、暮云、暖风、残月、玉觞、金缕、光华、宴喜、嘶马、落帆、芳草、柳枝,才是南京十二亭。称"新亭",或许因为较"内之"诸亭修建晚。万历《明一统志》载"妙峰亭在府城,新亭凡十二,妙峰亭其一

[1] 据《淮海先生年谱》,此诗作于元丰五年(1082),而据《景定建康志》,王益柔于元丰六年(1083)才移知南京应天府。《淮海集笺注》曰此诗盖作于绍圣元年(1094)。详见(清)秦瀛:《淮海先生年谱》(《北京图书馆藏珍本年谱丛刊》第20册),北京:北京图书馆出版社1999年版,第555页。(宋)周应合:《景定建康志》,台北成文出版社1983年版,第846页。(宋)秦观撰,徐培均笺注:《淮海集笺注》,中华书局1994年版,第202—203页。

[2] 曾枣庄、刘琳主编:《全宋文》第104册,上海辞书出版社2006年版,第229页。

[3] (宋)秦观撰,徐培均笺注:《淮海集笺注》卷6,上海古籍出版社2000年版,第202页。

也"[1]系误记。

至于十二新亭的位置，秦观云"宋都堤上十二亭，一一飞惊若鸾凤"[2]，苏轼则在高处的妙峰亭中向东望见十二亭，即《南都妙峰亭》云："新亭在东皋，飞宇凌通阛。"[3]可知其位于南京城南汴河边，隋堤一带，又沿河堤分布至城东南一带。

5. 古迹

在北宋南京，面积最大、内容最丰富的古代遗迹非梁园莫属。

梁园是西汉梁孝王刘武营造的规模宏大的皇家园林，汉时称东苑，隋唐时称梁园、梁苑，还有兔园、修竹园等称。《史记·梁孝王世家》载刘武"筑东苑，方三百余里，广睢阳城七十里，大治宫室，为复道，自宫连属于平台三十余里"[4]。《西京杂记》记载其内盛景道："梁孝王好营宫室苑囿之乐，作曜华之宫，筑兔园。园中有百灵山，山有肤寸石，落猿岩，栖龙岫。又有雁池，池间有鹤洲凫渚。其诸宫观相连，延亘数十里，奇果异树，瑰禽怪兽毕备。"[5]自西汉及以后，历代均有骚客到此，早者赞叹其盛美，晚者凭吊其遗迹，留给后世大量优秀的文学作品。

---

[1]（明）李贤等：《明一统志》卷27《归德府·山川》，《景印文渊阁四库全书》第472册，台北"商务印书馆"1986年版，第673页。

[2]（宋）秦观撰，徐培均笺注：《淮海集笺注》卷6，上海古籍出版社2000年版，第202页。

[3]（清）王文诰辑注：《苏轼诗集》卷25《南都妙峰亭》，中华书局1982年版，第1326页。

[4]（汉）司马迁：《史记》卷58《梁孝王世家》，中华书局1959年版，第2083页。

[5]（晋）葛洪：《西京杂记》卷2《梁孝王好营宫室苑囿》，三秦出版社2006年版，第114页。

岁月轮回，沧海桑田，昔日梁园盛况在北宋已只剩遗迹，吸引着文人士子们感时怀古。

宋初徐铉游览梁园古迹，题诗曰："梁王旧馆枕潮沟，共引垂藤系小舟。树倚荒台风淅淅，草埋欹石雨修修。门前不见邹枚醉，池上时闻雁鹜愁。节士逢秋多感激，不须频向此中游。"[1]苏轼、苏辙兄弟互相唱和时也作诗道："梁园久芜没，何以奉君游。故城已耕稼，台观皆荒丘。池塘尘漠漠，雁鹜空迟留。俗衰宾客尽，不见枚与邹。轻舟舍我南，吴越多清流。"[2]旧馆者，忘忧馆；荒台者，昔日梁园内平台、清泠台、文雅台等众台榭；池塘者，雁鹜池。这些昔日盛景，如今只剩残迹，皆为荒芜。

南京城南的南湖据传即是古代梁园遗迹。万历《明一统志》载："南湖在府城南五里，相传为梁孝王园池故址。"[3]前述有夏竦于湖中放养海雁并作海雁桥，又有王仲勇《南都赋》曰："窥驯鹭于别渚，晏元献放驯鹭于南湖，作赋以记。识海雁于旧桥。夏文庄自青社携二雁置湖，名其桥曰海雁。"[4]

（三）小结

北宋南京城内部以一道隔墙分开南北，一条南北大街纵穿全城。南京主城东有一规模更大的外城，情况不明。京城隔墙北为宫

［1］（清）李调元编，何光清点校：《全五代诗》，巴蜀书社1992年版，第583页。

［2］（宋）苏辙：《栾城集》，上海古籍出版社2009年版，第200页。

［3］（明）李贤等：《明一统志》卷27《归德府·山川》，《景印文渊阁四库全书》第472册，台北"商务印书馆"1986年版，第671页。

［4］曾枣庄、刘琳主编：《全宋文》第104册，上海辞书出版社2006年版，第229页。

殿区，系赵宋皇宫与祖庙所在，但皇宫久未修筑，破落不堪。隔墙南为商业区和居民生活区，有十八座城坊，应天府书院、南京留守廨/应天府衙署及一些寺院、景点等皆在此。仅就南京地方而言，城内隔墙南是全城乃至整个应天府的行政、教育与经济中心。城墙外有许多建筑，或为古代遗迹，或为当时人新建，它们是城内人精神生活和经济生活向城外的延伸，与城内建筑同为南京城市形态的重要组成部分。（见图2）

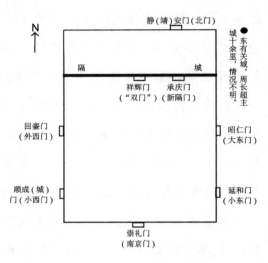

图 2　北宋南京城示意图

二、北宋北京大名府城丛考

大名建城的历史可追溯到春秋齐桓公所筑五鹿城。其地后属晋，三家分晋后属魏，魏武侯以为别都，其子公子元食邑于此，筑城郭，建馆舍，称之为元城。汉高祖十二年（前195），置魏郡，建元城县、魏县，县境属魏郡。十六国前燕建熙元年（360），将元城县的贵乡建为贵乡县，同时建贵乡郡，郡县同城，这是大名府故城的创建之始。唐僖宗光启四年（888），魏博节度使乐彦祯将古城扩大到周八十里的规模。五代后唐同光元年（923）四月，李存勖在此登基称帝，改魏州为东京兴唐府，并更改了其三重城墙的各城门名。宋仁宗庆历二年（1042）升大名府为北京，设修建北京正副使开展营建工作。明初，大名府仍治此城。明建文三年（1401），因漳、卫两河水发，故城圮于水，迁西南新址重建府城。

（一）北京的宫城与子城

1. 宫城

民间俗称宫城为皇城，位于今邯郸市大名县大街乡双台村内及北侧，整个北宋北京城遗址的中北部。其前身为唐魏博节度使衙署，后唐庄宗改建为皇宫，后晋、后汉、后周作为陪都行宫，北宋为皇帝驻跸行宫。《宋史》载宋太宗于太平兴国五年（980）十一月"戊午，驻跸大名府"[1]，又在"十二月甲戌，大阅，遂宴幄殿……庚辰，发大名府，因校猎。乙酉，帝至自大名府"[2]。真宗也曾两次来到大名，分别是咸平二年（999）十二月"甲子，次大名，躬御铠甲于中军……丁卯，召见大名府父老，劳赐之"[3]，以及咸平三年"春正月己卯朔，驻跸大名府……丁亥，幸紫极宫，还登子城阅骑射……甲午，发大名府……庚子，至自大名府"[4]。此"紫极宫"或为大名府宫城某宫。

宫城的大致规模，见《宋史·地理一》："宫城周三里一百九十八步，即真宗驻跸行宫。城南三门：中曰顺豫，东曰省

［1］（元）脱脱等：《宋史》卷4《太宗一》，中华书局1977年版，第65页。

［2］（元）脱脱等：《宋史》卷4《太宗一》，中华书局1977年版，第65页。

［3］（元）脱脱等：《宋史》卷6《真宗一》，中华书局1977年版，第110页。

［4］（元）脱脱等：《宋史》卷6《真宗一》，中华书局1977年版，第111页。

风，西曰展义。东一门，曰东安。西一门，曰西安。"[1]《宋会要辑稿·方域三》载："《北京杂录》：仁宗庆历二年（1042）七月，以北京真宗驻跸行宫中门为顺豫门。"[2] 据《邯郸大遗址》转述的《宋大名府故城宫城区文物勘探报告》[3]，宫城城垣平面呈长方形，周长约1900米，南北长约510米—576米，东西宽约400米，面积约216万平方米，方向约13°。墙体为夯筑，宽度12米—21米不等，残高在0.6米—2米左右。其四周城垣，南有三门，东、西、北各有一门。

宫城内建筑布局，有《宋史·地理一》自南而北叙述："顺豫门内东西各一门，曰左、右保成。次北班瑞殿，殿前东西门二：东曰凝祥，西曰丽泽。殿东南时巡殿门，次北时巡殿，次靖方殿，次庆宁殿。时巡殿前东西门二：东曰景清，西曰景和。"[4] 据此可推测：第一，宫城四座宫殿中，班瑞殿大致与时巡殿处于同一东西轴线，而时巡、靖方、庆宁三殿均位于班瑞殿东，处于一条南北轴线上；第二，文中记殿又专门记门，"某门北为某殿"、"某殿前为某门"，可知此宫城内各门并不是"殿的门"，当是殿与殿之间、殿与宫城城墙之间有数道隔墙以划分宫殿区，这些门是隔墙所开之门。

试将宫城各门列表于下（见表2）：

---

[1]（元）脱脱等：《宋史》卷85《地理一》，中华书局1977年版，第2105页。

[2]（清）徐松：《宋会要辑稿》之《方域三·北京》，上海古籍出版社2014年版，第9320页。

[3] 见王兴、李亚：《邯郸大遗址》，河北人民出版社2013年版，第366—367页。

[4]（元）脱脱等：《宋史》卷85《地理一》，中华书局1977年版，第2105页。

表 2　北京宫城各门

	城门名	备注
1	顺豫	宫城南墙正门
2	省风	宫城南墙东门
3	展义	宫城南墙西门
4	东安	宫城东门
5	西安	宫城西门
6	左保成	顺豫门内东门
7	右保成	顺豫门内西门
8	凝祥	班瑞殿前东门
9	丽泽	班瑞殿前西门
10	景清	时巡殿前东门
11	景和	时巡殿前西门

2. 子城

前引宋真宗咸平三年"登子城阅骑射",《宋史·地理一》也在记载熙宁年间改城门名时提及子城东西城门名[1],可知北京大名府城筑有子城。据桂士辉的研究,子城东墙、南墙有遗迹尚存。东墙在今大名县双台村东砖瓦窑西侧,东西宽约 30 米至 40 米,残高约 1.5 米;南墙在今大名县御营村东侧的大街乡希望小学南 500 米处,东西长约 1500 米,宽约 40 米,高约 1 米,且该段城墙恰处于今大街、御营两村的分界处,是子城南城楼,当年全城的最高点。[2]

---

[1]　(元)脱脱等:《宋史》卷 85《地理一》,中华书局 1977 年版,第 2105 页。

[2]　桂士辉:《北宋大名府城市形态探析》,《中国古都研究》(总第二十六辑),2013 年版,第 71—72 页。桂士辉在论述子城及其建筑布局时写道中华书局 1977 年版《宋史》第 2105 页载"子城在宫城之外,旧牙城也"。笔者查阅《宋史》原文并无此句,不知桂氏从何处引用。

关于子城城门设置，见《宋史·地理一》："京城周四十八里二百六步，门一十七。熙宁九年，改正南南河门曰景风，南砖曰亨嘉，鼓角曰阜昌；正北北河门曰安平，北砖曰耀德；正东冠氏门曰华景，冠氏第二重曰春祺，子城东曰泰通；正西魏县门曰宝成，魏县第二重曰利和，子城西曰宣泽；东南朝城门曰安流，朝城第二重曰巽齐；西南观音门曰安正，观音第二重曰静方；上水关曰善利，下水关曰永济。内城创置北门曰靖武。"[1]《宋会要》也有类似记载。[2]

首先可知子城有东门泰通门，西门宣泽门。按子城是位于宫城与外城之间的城墙，各座城门应当与相应方位的外城城门对应以便交通。因此，无论是宋志还是《宋会要辑稿》，在采用南、北、东、西的顺序记述城门名时都是在提及京城即外城东西城门名时附带记述了子城东西城门名。子城也应当有南城门，南门地位最尊，不知何故缺载。邯郸市文物保护研究所在宫城北垣中部偏西发现城墙豁口一处并发现路土，暂定为城门遗址，且有人认为此即靖武门。[3] 而按宋志首先总体记述宫城及诸门，之后总体记述外城、子城及诸城门的顺序，则"内城创置北门曰靖武"一句之"内城"即子城，靖武门为子城北门。靖武门被置于最后记述而没有附于外城北门

---

[1] （元）脱脱等：《宋史》卷85《地理一》，中华书局1977年版，第2105页。

[2] （清）徐松：《宋会要辑稿》之《方域一·东京杂录》，上海古籍出版社2014年版，第9274页。书中该部分文字被录入《东京杂录》，校者认为"《宋会要》似不应有如此谬误，或是《大典》抄《宋史》之文而误补于此"。

[3] 王兴、李亚：《邯郸大遗址》，河北人民出版社2013年版，第367—368页。

之后，则缘于其在大名府升北京后三十余年创置，晚于其他城门之故。

北京子城内建的建筑，首屈一指的自然是宫城，前述已备。成一农对中国古代城市之子城的定义是："中国古代地方城市中围绕以衙署为主体，包括仓库、军营等在内的官方建筑修筑的城墙。"[1]《续资治通鉴长编》神宗元丰七年七月载："大名府路安抚司言元城埽河抹岸，决横堤，破城。见闭子城，固护仓库等。诏北外都水监丞司、河北转运司官亲督闭塞城南横堤水口。"[2]可知北京子城内有仓库。另外据称，今大名县城东北大名府故城遗址内的鱼营村为北宋时北京禁卫军驻地，"鱼营"即"御营"。若此说为真，则前述该村在子城南墙遗址北，可知子城内南部为军营驻地。鱼营村北又有双台村，也在子城范围内。其名"双台"即缘于此地为当年北京大名府的观礼台和阅兵台所在。与成一农的定义不符的是，北京大名府衙署并不在子城内，待下文详述。

（二）北京外城

1. 外城城墙

（1）城墙规模与形态

据正统《大名府志·城池》载："旧土城周围八十里。"[3]可知北宋北京城为夯土城墙。其规模，据《宋史·地理一》载"京城

---

[1] 成一农：《古代城市形态研究方法新探》，社会科学文献出版社 2009 年版，第 100 页。

[2] （宋）李焘：《续资治通鉴长编》卷 347《神宗·元丰七年》，中华书局 1990 年版，第 8323 页。

[3] （明）正统《大名府志》卷 1《城池》，正统十年刻本。

周四十八里二百六步，门一十七"[1]，根据《宋大名府故城宫城区文物勘探报告》，现存"遗址分布范围的面积约为 26.1 平方公里，周长有 22.2 公里，南北长 6.8 公里、东西宽 5.7 公里"[2]。

北宋北京大名府城的前身是唐魏博节度使乐彦祯所筑罗城。《旧唐书·乐彦祯传》载："板筑罗城，约河门旧堤，周八十里。"[3]沿着今日大名县之前、后东门口村—范庄村—沙堤村—铁窗口村—红寺村的路线行一圈，最后与后东门口村北的东城垣相连，走出的即是一个较为规整的方形，应该是唐魏州最初的里坊制城墙轮廓。乐彦祯此次扩修城垣，"其形态不是唐朝州城常见的受方形里坊制约的四方规整型城垣，而是南北两面明显外凸，使东南、西北、东北城角皆呈屈曲状"[4]。桂士辉称北京大名府外城以牛为仿生对象，大名县民间也将大名府故城俗称为"四十八里卧牛城"，并指出了"牛"体各部位所在。[5]

（2）城门

对于北京外城诸城门，《宋史·地理一》和《宋会要辑稿·方域一》、《方域二》有相似的记载："京城周四十八里二百六步，门一十七。熙宁九年（1076），改正南南河门曰景风，南砖曰亨嘉，

---

[1]（元）脱脱等：《宋史》卷85《地理一》，中华书局1977年版，第2105页。

[2] 见王兴、李亚：《邯郸大遗址》，河北人民出版社2013年版，第354页。

[3]（后晋）刘昫等：《旧唐书》卷181《乐彦祯》，中华书局1975年版，第4690页。

[4] 李孝聪：《历史城市地理》，山东教育出版社2007年版，第244页。

[5] 见桂士辉：《北宋大名府城市形态探析》，《中国古都研究》（总第二十六辑），2013年版，第74页。

鼓角曰阜昌；正北北河门曰安平，北砖曰耀德；正东冠氏门曰华景，冠氏第二重曰春祺，子城东曰泰通；正西魏县门曰宝成，魏县第二重利和，子城西曰宣泽；东南朝城门曰安流，朝城第二重曰巽齐；西南观音门曰安正，观音第二重曰静方；上水关曰善利，下水关曰永济。内城创置北门曰靖武。元丰七年，废善利、永济关。"[1]不同的是城门改名时间，《宋史·地理一》记熙宁九年，而《宋会要辑稿·方域一》和《方域二》则分别记为熙宁"九年二月"和"神宗熙宁八年（1075）十二月九日"[2]。

试将诸城门列表于下（见表3）：

表3　北京外城、子城诸城门

	改名前城门名	改名后城门名	备注
1	南河	景风	外城南墙正门
2	南砖	亨嘉	外城南墙东门
3	鼓角	阜昌	外城南墙西门
4	北河	安平	外城北墙正门
5	北砖	耀德	外城北墙西门
6	冠氏	华景	外城东墙正门
7	"冠氏第二重"	春祺	冠氏罗门
8	朝城	安流	外城东墙南门
9	"朝城第二重"	巽齐	朝城罗门
10	魏县	宝成	外城西墙正门

---

[1]（元）脱脱等：《宋史》卷85《地理一》，中华书局1977年版，第2105页。

[2]见（清）徐松：《宋会要辑稿》，上海古籍出版社2014年版，第9274、9282页。

续表

	改名前城门名	改名后城门名	备注
11	"魏县第二重"	利和	魏县罗门
12	观音	安正	外城西墙南门
13	"观音第二重"	静方	观音罗门
14		泰通	子城东门
15		宣泽	子城西门
16		靖武	子城北门
17	上水关	善利	在外城西墙
18	下水关	永济	在外城北墙

《宋史》与《宋会要》均提到宋神宗熙宁年间改北京内外城门名，从赐名到改名有一段时间差，即《方域二》所记"熙宁八年十二月九日"，到宋志所记熙宁九年、《方域一》精确到熙宁"九年二月"。至于文中"某门第二重"，可参考《东京梦华录》载东京开封府"城门皆瓮城三层，屈曲开门，唯南薰门、新郑门、新宋门、封丘门，皆直门两重，盖此系四正门，皆留御路故也"[1]的记载。桂士辉认为"由此东京开封府的'直门'推考，大名府的'罗门'（第二重门）是瓮城内第二道城门名"[2]，此说可信。据前引史料及表格所示，北京外城南三门，北二门一水关，东二门加各自罗门共四门，西二门加各自罗门共四门以及一水关，满打满

---

[1] （宋）孟元老撰，伊文永笺注：《东京梦华录笺注》卷1《东都外城》，中华书局2007年版，第1页。

[2] 桂士辉：《北宋大名府城市形态探析》，《中国古都研究》（总第二十六辑），2013年版，第73页。

算仅十五门，不足"门一十七"之数。

北京外城城门在改名前还存在"以县名门"现象，即以该城门所在方位的某县之名来给城门命名，其冠氏、朝城、魏县三门即是实例。《宋史》载北京大名府于熙宁六年（1073）分属河北东路，辖县十二：元城，大名，内黄，成安，魏，馆陶，临清，夏津，清平，冠氏，宗城。[1] 大名府南邻开德府辖县七，其中有朝城县，"旧隶大名府，崇宁四年，与南乐来隶"[2]。北宋冠氏县在今山东省聊城市冠县，大名府城东北方向；北宋魏县在今河北省邯郸市魏县东北，大名府城西北方向；北宋朝城县在开德府境内东北部，大名府城东南方向。此三县名分别成为了北京大名府城东门、西门、东南门旧名。按"以县名门"的命名方式也并非大名府独有，当源自首都东京开封府。开封府辖境内的酸枣县（政和七年改延津县）、封丘县，东边的曹州（崇宁元年升兴仁府），东南应天府的宋城县，西南郑州的新郑县，分别对应着开封府城的酸枣门（后改景龙门）、封丘门（后改安远门）、曹门（后改望春门）、宋门（后改丽景门）和郑门（后改宜秋门）。

今日大名县城东北的北京大名府故城遗址有前、后东门口村，铁窗口村，前、后南门口村，北门口西、北村和城角村，其村名即源自北宋时的这座古城，各村位置分别是当年北宋北京城东门、西门、南门、北门以及外城西北一城墙角所在。其中西门所在的村庄

---

[1]（元）脱脱等：《宋史》卷86《地理二》，中华书局1977年版，第2121—2122页。

[2]（元）脱脱等：《宋史》卷86《地理二》，中华书局1977年版，第2122页。

称"铁窗口",据称因西门为防水患而常年封闭,形似铁窗而得名。

2. 外城内外建筑布局

(1)街、坊

今日大名县大街镇大街村被认为是北宋北京城的中心大街所在,"大街"这一地名便源于此。据《邯郸大遗址》,目前探明的北京城道路主要有三类,一类是围绕宫城城垣周边的一条环城路,探明 1 条;二是通过城门的道路,探明 5 条;三是城内道路,探明 8 条,三类道路共探明 14 条。[1]

北京城内有坊,据《宋会要辑稿》有"左右四厢凡二十三坊:永宁、延福、靖安、惠安、宜春、敦信、安仁、善化、七贤、大安、德教、宜春、崇化、三市、普宁、广利、长乐、景行、景明、凤台、延康、福善、保安"[2]。此二十三坊即分布于子城与外城之间的百姓居住区。由于缺乏文献记载,大部分坊的位置、形制、规模已难以确知,只有少数可以略加考证。如长乐坊,有王安中《水龙吟·游御河并过压沙寺作》中"魏台长乐坊西,画桥倒影烟堤远"[3]句,宋时"御河"专指今河南、河北二省境内的卫河,即隋所开永济渠的一部分,在北宋北京城西;魏台即正德《大名府志》所载"惠王台,在旧城西南,相传为魏王拜郊台"[4]。据此可

---

[1] 王兴、李亚:《邯郸大遗址》,河北人民出版社 2013 年版,第 369 页。

[2] (清)徐松:《宋会要辑稿》之《方域二·北京》,上海古籍出版社 2014 年版,第 9282 页。

[3] 唐圭璋编:《全宋词》第 2 册,中华书局 1965 年版,第 750 页。

[4] (明)正德《大名府志》卷 9《古迹志·台宇》,上海古籍书店 1981 年版,原书叶第十九。

知长乐坊就位于北京城西南。

（2）衙署

据正统《大名府志》载："本府廨宇原在旧城南门内街东，洪武三年（1370）知府柳思贤□□□间等建。"[1]柳思贤建府署事，可参考正德《大名府志》："大名府署在城东南。先在旧城，为元总管府，国初因之，洪武三年知府柳思贤重建。"[2]可知北宋北京大名府衙署的位置就在外城南门内大街东，元为总管府，明初重建。韩琦任职北京大名府时，"雅好宫室园林之乐"[3]，在治所建有望春亭和安正、善养、雅集三堂，作《三月十八日会望春亭》诗、三堂同名诗及其他诗多首，收入《安阳集》[4]。天顺《大明一统志》、正德《大名府志》和《大明一统名胜志》等也皆有相关记载。[5]大名府衙署内还建有园林，园林中也有包括韩琦在内多任北京大名府地方官营造的楼宇、堂亭等，待下文详述。

（3）园、楼、堂、亭

北京大名府衙建有东园、西园、后园、梨园等园林，园中楼、堂、亭众多。这些风雅之物皆建于府治周围，是多任北京大名府守

[1]（明）正统《大名府志》卷3《廨舍》，正统十年刻本。

[2]（明）正德《大名府志》卷5《公宇志·署舍》，上海古籍书店1981年版，原书叶第十六。

[3]（明）曹学佺：《大明一统名胜志》卷11《北直隶名胜志·大名府》，齐鲁书社1996年版，第384页。

[4]《安阳集》所收望春亭和三堂诗，分别在卷3、卷14、卷15、卷16和卷17。详见（宋）韩琦撰，李之亮、徐正英笺注：《安阳集编年笺注》，巴蜀书社2000年版。

[5]见天顺《大明一统志·大名府·宫室》，正德《大名府志·古迹志·台宇》和《大明一统名胜志·北直隶名胜志·大名府》。

臣"雅好宫室园林之乐"的产物，也是大名府衙署建筑群的一部分。

东园。天顺《大明一统志》载："东园在旧府治。宋韩琦判大名，新进少年多忽之。琦尝游园，为诗云：风定晓枝蝴蝶闹，雨匀春圃桔槔闲。时人称其微婉。"[1]正德《大名府志·丘园》进一步记载东园就位于"旧府治东"[2]，盖取其方位命名，下文西园或与此类似。

西园建筑，据天顺《大明一统志·大名府·宫室》和《嘉庆重修一统志·大名府·古迹》，有骑山楼、清心堂、观德堂、众乐堂、贤乐堂、百花坞等。骑山楼，系韩琦所建，据其诗《重九晚登骑山楼》"何必更临高处会，北楼深古近骑峰"[3]句，以及《辛亥重九登骑山楼》"西北楼高四望长，登临还赏节辰良"[4]句，可知骑山楼在西园西北。清心堂、观德堂，皆与宋哲宗元祐年间知大名府的冯京有关。天顺《大明一统志》载，清心堂为冯京建，大略记其位置在府治内；观德堂系后周符彦卿所建射堂，冯京改名为观德堂。[5]嘉庆志中，观德堂附记于清心堂条下，原文曰"又观德堂，亦在府治西园"[6]，可据此推知二堂都位于西园。《大明一

[1] （明）李贤等：《大明一统志》卷4《大名府·古迹》，三秦出版社1990年版，第87页。

[2] （明）正德《大名府志》卷9《古迹志·丘园》，上海古籍书店，1981年，原书叶第十六。

[3] 见（明）李贤等：《大明一统志》，三秦出版社1990年版，第84、86页；（清）穆彰阿等：《嘉庆重修一统志》，中华书局1986年版，第1444页。

[4] （宋）韩琦撰，李之亮、徐正英笺注：《安阳集编年笺注》卷15，巴蜀书社2000年版，第524页。

[5] （宋）韩琦撰，李之亮、徐正英笺注：《安阳集编年笺注》卷16，巴蜀书社2000年版，第565页。

[6] （清）穆彰阿等：《嘉庆重修一统志》，中华书局1986年版，第1445页。

统名胜志》则载"观德堂在旧府西园，后周符彦卿创，宋冯京为留守，易名清心堂"[1]，即观德堂与清心堂名异而实同，待考。

众乐堂系文彦博建，因"每春时许人游赏"，故名"众乐"。[2]贤乐堂在府治通判厅侧，据黄庭坚《北京通判厅贤乐堂记》："常山贾春卿来佐北都留守，政成有暇日，始作新堂，治燕息之地。豫章黄庭坚名之曰'贤乐'。"[3]可知建贤乐堂者为"常山贾春"，《嘉庆重修一统志》记为"宋通判黄庭坚建"[4]，非也。百花坞，天顺《大明一统志》载王拱辰任北京留守时于西园筑坞，遍栽杂卉，名曰百花。[5]

后园，按坐北朝南之通制，其位置或位于府治北。韩琦有多首后园诗作，如《后园寒步》、《后园闲步》、《后园春日》等[6]。园内建筑有晚香亭，据天顺《大明一统志》载："晚香亭在旧府治。宋韩琦留守时，重九日燕诸监司于后园，有诗云：莫羞老圃秋容淡，且看黄花晚节香。其后代者以公能全晚节，遂以'晚香'二

---

[1]（明）曹学佺：《大明一统名胜志》卷11《北直隶名胜志·大名府》，齐鲁书社1996年版，第384页。

[2]（明）李贤等：《大明一统志》卷4《大名府·宫室》，三秦出版社1990年版，第84页。

[3]（宋）黄庭坚撰，刘琳、李勇先、王蓉贵校点：《黄庭坚全集》第2册，四川大学出版社2001年版，第428页。

[4]（清）穆彰阿等：《嘉庆重修一统志》卷35《大名府·古迹》，中华书局1986年版，第1445页。

[5]（明）李贤等：《大明一统志》卷4《大名府·古迹》，三秦出版社1990年版，第86页。

[6]此三诗见（宋）韩琦撰，李之亮、徐正英笺注：《安阳集编年笺注》，巴蜀书社2000年版，第52、262、309页。

字名亭。"[1]此诗即《九日水阁》。

梨园,顾名思义,因园内有大片梨树而得名,主要建筑有许公亭等。天顺《大明一统志》将梨园与许公亭分开记载,未明确二者关系。记梨园曰:"梨园在旧府治内,宋时置,有梨万余株。其后许留守又种桃万株,名公题咏甚富。"[2]记许公亭,则粗记其位于旧府治,并提到韩琦《上巳会许公亭二首》其一诗句"三月三来御水涯,古亭春色偶相遮"[3]。《嘉庆重修一统志》则记载道:"梨园在旧府城内,旧有梨树数千本。宋吕夷简判大名,又植桃数千本间之,筑亭于中。后人因其进封许国公,遂名为许公亭。"[4]由此可总结出明志与清志的记载存在诸多矛盾和疑点。其一,梨树与桃树的数量,究竟是"万余"还是"数千"?其二,在梨园种桃树者以及造许公亭者究竟是谁?其三,许公亭是否在梨园之中?问题一的答案今难以确知,待考。问题二、三倒有可考之处。

明志有所谓"许留守",考历任北宋北京守臣,姓许者有许将。粗考之,许将于"政和初,卒,年七十五"[5],政和元年为公元1111年,可推知许将生于宋仁宗景祐四年(1037),比生于真

---

[1]（明）李贤等:《大明一统志》卷4《大名府·宫室》,三秦出版社1990年版,第84页。

[2]（明）李贤等:《大明一统志》卷4《大名府·古迹》,三秦出版社1990年版,第87页。

[3]（明）李贤等:《大明一统志》卷4《大名府·宫室》,三秦出版社1990年版,第84页。

[4]（清）穆彰阿等:《嘉庆重修一统志》卷35《大名府·古迹》,中华书局1986年版,第1447页。

[5]（元）脱脱等:《宋史》卷343《许将》,中华书局1977年版,第10910页。

宗大中祥符元年（1008）的韩琦年轻许多，其任职大名府不会早于韩琦，那么韩琦诗中的许公亭不会是许将所造。细考之也确实如此。许将曾两度任职于北京大名府，第一次赴任在宋哲宗元祐八年（1093），见《续资治通鉴长编·哲宗·元祐八年》："（三月）壬寅，资政殿学士、知扬州许将知大名府。"[1]直到"绍圣初，入为吏部尚书"[2]。第二次在许将去世前几年，见《宋史·许将传》："以资政殿大学士知河南府。言者不已，降资政殿学士、知颍昌府，移大名……在大名六年，数告老，召为佑神观使。政和初，卒，年七十五。"[3]韩琦任职大名府则在神宗熙宁年间。《宋史·韩琦传》载："熙宁元年（1068）七月复请相州以归。河北地震，河决，徙判大名府，充安抚使……六年，还判相州。"[4]后来，韩琦于熙宁八年（1075）去世，年六十八。由此可知韩琦不仅比许将早二十余年来大名府，而且早在许将首次就任北京大名府前就已经去世，其诗所称"许公"不可能是这位"许留守"。

《嘉庆重修一统志》记植桃造亭于梨园者为吕夷简。按《续资治通鉴长编》，"（宝元元年十二月）戊寅，徙判许州吕夷简判天雄军"[5]，此为吕夷简就任大名之时，至"（康定元年五月）判天雄军

[1]（宋）李焘：《续资治通鉴长编》卷482《哲宗·元祐八年》，中华书局1993年版，第11473页。

[2]（元）脱脱等：《宋史》卷343《许将》，中华书局1977年版，第10910页。

[3]（元）脱脱等：《宋史》卷343《许将》，中华书局1977年版，第10910页。

[4]（元）脱脱等：《宋史》卷312《韩琦》，中华书局1977年版，第10227页。

[5]（宋）李焘：《续资治通鉴长编》卷122《仁宗·宝元元年》，中华书局1985年版，第2888页。

吕夷简行右仆射、兼门下侍郎、平章事"[1]。可知吕夷简在宝元元年（1038）至康定元年（1040）在大名府，早于韩琦三十年。庆历元年（1041），宋仁宗又"进封宰臣申国公吕夷简为许国公"[2]。可知《嘉庆重修一统志》所记正确，天顺《大明一统志》误。由此又可知，北京大名府城内的梨园在宋仁宗宝元前便已存在。城中压沙寺也有大片梨园，有亭曰雪香亭，下文详述。

（4）学校

在王曾的请求下，宋仁宗于明道二年（1033）设大名府学，见《续资治通鉴长编》："（明道二年五月）庚寅，许大名府立学，仍赐九经，从王曾之请也"[3]。庆历二年（1042）大名府学因本府升为北京也随之升为国子监。正统《大名府志·学校》载："本府儒学肇建于宋，在旧城府治之左，盖宋时称为□□。"[4]原书字迹模糊处，按正德《大名府志·学校》："大名府儒学在城东南隅。宋在旧城，为陪京辟雍，黄庭坚曾教授于此。"[5]加上正德《大名府志》所录《大名路重修庙学记》："大名在宋为陪京，其庙学曰

---

[1]（宋）李焘：《续资治通鉴长编》卷127《仁宗·康定元年》，中华书局1985年版，第3010页。

[2]（宋）李焘：《续资治通鉴长编》卷134《仁宗·庆历元年》，中华书局1985年版，第3204页。

[3]（宋）李焘：《续资治通鉴长编》卷112《仁宗·明道二年》，中华书局1985年版，第2618页。

[4]（明）正统《大名府志》卷3《学校》，正统十年刻本。

[5]（明）正德《大名府志》卷5《公宇志·学校》，上海古籍书店1981年版，原书叶第一。

辟雍，有大观碑石存焉。"[1]可知北宋北京大名府儒学在城东南，府衙之东。当时为庙学，即府学设于文庙之中；又为辟雍，辟雍者，原本是商、周时天子所设大学。《礼记·王制》曰："小学在公宫南之左，大学在郊。天子曰辟雍，诸侯曰頖宫。"[2]东汉以后，历代设为皇家祭祀之所。

（5）祠庙

北京城文庙，按前引正德《大名府志》所录《大名路重修庙学记》，大名府学为庙学，即设置于文庙之中，可知文庙位置与府学同在城东南隅，府治之东。

狄梁公祠，为唐代狄仁杰任魏州刺史时，州中百姓感狄仁杰德政所立生祠。狄仁杰获封梁国公，后世故名之。据正统《大名府志·祠庙》载："唐狄梁公祠堂在旧城南门里，街东。公为魏州刺史，□皆德之，因建祠，春秋致祭。唐元和中立，今废。"[3]正德《大名府志·庙貌》也记载："狄梁公祠在旧城南门内。唐通天中，公刺魏州，民德之，为立生祠。旧有二碑，一李邕文，张虞继书，开元中立。一冯宿文，胡证书，元和中立，今废。"[4]可知狄梁公祠也在城东南。其立于唐宪宗元和中（806—820），可在《元和郡县图志》载"狄仁杰祠，在县东南四里。为魏州刺史，百姓为立生

---

［1］（明）正德《大名府志》卷5《公宇志·学校》，上海古籍书店1981年版，原书叶第一。

［2］（汉）戴圣著，王文锦译解：《礼记译解》，中华书局2001年版，第167页。

［3］（明）正统《大名府志》卷4《祠庙》，正统十年刻本。

［4］（明）正德《大名府志》卷4《祠祀志·庙貌》，上海古籍书店1981年版，原书叶第二。

祠"[1]中得到证明。狄仁杰卒于武周久视元年（700），魏州民众为之立生祠，不可能建于唐宪宗元和年间。按狄仁杰幼子狄景晖曾"为魏州司功参军，颇贪暴，为人所恶，乃毁仁杰之祠"[2]。到了开元年间，狄仁杰的生祠得以重修，前述正德《大名府志》载有开元间李邕撰文、张廙继书写的石碑，高适也有诗作《三君咏》[3]留存。后祠堂又在天宝中被破坏于安史之乱，至元和年间已经是第二次重修。

城中还有韩琦生祠。《宋史·韩琦传》载："其镇大名也，魏人为立生祠。"[4]宋人毕仲游《丞相仪国韩公行状》曰："魏公尝以武康军节师镇及定武，熙宁中又以侍中判大名府，有德于赵魏之邦，故定武、大名皆为庙以祀魏公。而公相去三十年亦为镇定帅而知大名府，仍有惠政见称于二邦，故定人、魏人亦为像于魏公之庙而祀之。"[5]

天顺《大明一统志·大名府·祠庙》还记载道大名府故城有三贤祠，曰："三贤祠在旧府城文庙东南，祠唐魏徵、狄仁杰，宋韩琦。"[6]前述韩琦曾于宋神宗熙宁元年至熙宁六年（1068—1073）

[1]（唐）李吉甫：《元和郡县图志》卷16《魏州·贵乡》，中华书局1983年版，第448页。

[2]（后晋）刘昫等：《旧唐书》卷89《狄仁杰》，中华书局1975年版，第3895页。

[3]（唐）高适撰，刘开扬编年校注：《高适诗集编年笺注》，中华书局1981年版，第14页。

[4]（元）脱脱等：《宋史》卷312《韩琦》，中华书局1977年版，第10230页。

[5]（宋）毕仲游：《西台集》卷15《丞相仪国韩公行状》，《景印文渊阁四库全书》第1122册，台北"商务印书馆"1986年版，第193页。

[6]（明）李贤等：《大明一统志》卷4《大名府·祠庙》，三秦出版社1990年版，第85页。

任职于大名府，故三贤祠建立年代不会早于此。正统《大名府志》称其为三贤堂，并记其位置在旧城文庙旁，惜原文字迹不清，无法获知准确方位。[1]

（6）寺观

北宋北京寺观，有兴隆寺、白马寺、普照寺、文殊寺、大安寺、压沙寺和万寿观（宫）等。

兴隆寺。《嘉庆重修一统志·大名府·寺观》载："兴隆寺在旧府城内。《名胜志》：兴隆寺佛殿西楹下，有魏宫弹棋局，魏文帝时故款也。"[2]此《名胜志》即《大明一统名胜志》，所记大名府兴隆寺原文曰："治内兴隆寺佛殿西楹下有魏宫弹棋局，文帝时故款也。"[3]

白马寺。《嘉庆重修一统志·大名府·寺观》载："白马寺在府城内西南隅。宋建宁中，有佛放光，如白马驾车状。因敕建寺，名曰白马。作浮屠五层，极土木之盛。后毁，明万历间重葺，今名白佛寺。"[4]

普照寺。正统《大名府志·寺庙》载："普照寺原在旧城善教坊东。"[5]天顺《大明一统志·大名府·寺观》载："普照寺在府治

[1]（明）正统《大名府志》卷4《祠庙》，正统十年刻本。

[2]（清）穆彰阿等：《嘉庆重修一统志》卷36《大名府·寺观》，中华书局1986年版，第1458页。

[3]（明）曹学佺：《大明一统名胜志》卷11《北直隶名胜志·大名府》，齐鲁书社1996年版，第384页。

[4]（清）穆彰阿等：《嘉庆重修一统志》卷36《大名府·寺观》，中华书局1986年版，第1459页。按宋朝并无"建宁"年号，唯宋徽宗有建中靖国、崇宁年号，或为清志误写。

[5]（明）正统《大名府志》卷4《寺观》，正统十年刻本。

西，宋元时在旧府城内，本朝永乐初徙建于此。"[1]正统府志所谓"善教坊"不在《宋会要辑稿》所载"四厢二十三坊"中，或为后世改名。

文殊寺。据《嘉庆重修一统志·大名府·寺观》载："在大名县西胡管庄。相传金元以前建，规模宏扩，为境内名刹。"[2]

大安寺。《大明一统名胜志》与《嘉庆重修一统志》有相似记载："在元城县东，旧府城内，宋时建。东壁画真宗幸大名府时仪卫卤簿及扈从各官，首列寇莱公。"[3]据宋李纲《梁溪集》，大安寺早在唐以前便存在："谓李唐以前古迹，如泗州普照寺、舒州投子山、大名府大安寺之类，仰州郡疾速遵依已降指挥施行，无致违戾。"[4]

压沙寺。前述长乐坊位于北京城西南，再据黄庭坚诗《压沙寺梨花》之"压沙寺后千株雪，长乐坊前十里香"[5]句，可知压沙寺也位于城西南。强至有诗句曰"沙头古寺枕城角，楼殿自与人迹疏"[6]，可据此进一步确定压沙寺在靠近北京城西南角之处。

---

[1] （明）李贤等：《大明一统志》卷4《大名府·祠庙》，三秦出版社1990年版，第85页。

[2] （清）穆彰阿等：《嘉庆重修一统志》卷36《大名府·寺观》，中华书局1986年版，第1459页。

[3] （明）曹学佺：《大明一统名胜志》卷11《北直隶名胜志·大名府》，齐鲁书社1996年版，第384页；（清）穆彰阿等：《嘉庆重修一统志》，中华书局1986年版，第1459页。

[4] （宋）李纲：《梁溪集》，《景印文渊阁四库全书》第1126册，台北"商务印书馆"1986年版，第853页。

[5] （宋）黄庭坚撰，（宋）任渊、史容、史季温注，刘尚荣校点：《黄庭坚诗集注》第5册《山谷别集诗注》，中华书局2003年版，第1424—1425页。

[6] （宋）强至：《祠部集》卷6《丙午寒食厚卿置酒压沙寺邀诸君观梨花独苏子》，中华书局1985年版，第31页。

压沙寺有盛名，还在于韩琦命寺中僧人种植的大片梨树，梨园中还建有雪香亭。《大明一统名胜志》载："公又于压沙寺种梨千树，味甘美。方花繁盛时，邦人士女日携觞酤饮其下，公亦间造焉。因命寺僧创亭花间，名雪香亭。盖取唐人'梨花白雪香'之句也。"[1]《名胜志》所记"公又于压沙寺种梨千树"暗含了压沙寺与此梨园的位置关系，即梨园位于压沙寺中，似与黄庭坚"压沙寺后千株雪"不符。考诸其他宋人诗词，如晁补之《和王拱辰观梨花二首》其二："压沙寺里万株芳，一道清流照雪霜"[2]，韩琦《壬子寒食会压沙寺二首》其二："一春光景速奔车，且趁良辰会压沙。藏火未须传蜡烛，感时空自把梨花"[3]等，可知梨园位于压沙寺中。黄庭坚所谓"压沙寺后"，当指佛寺正殿之后。

前文南京应天府部分述宋徽宗诏天下皆建神霄玉清万寿宫，北京大名府也不例外。北京万寿宫一直存在到明朝，据正统《大名府志·寺观》载"万寿宫原在旧城敬忠坊南，洪武三十四年旧城废圮，观宇不存"[4]，直到永乐初年在新城重建。

（7）堤堰、桥梁

惬山。据天顺《大明一统志·大名府·山川》，惬山"在大名

[1]（明）曹学佺：《大明一统名胜志》卷11《北直隶名胜志·大名府》，齐鲁书社1996年版，第384页。

[2] 北京大学古文献研究所编：《全宋诗》卷1138《和王拱辰观梨花二首》其二，北京大学出版社1995年版，第12868页。

[3]（宋）韩琦撰，李之亮、徐正英笺注：《安阳集编年笺注》卷17，巴蜀书社2000年版，第579页。

[4]（明）正统《大名府志》卷4《寺观》，正统十年刻本。

县北一十五里。汉成帝时河决，俾王延世于此运土以塞河。颇惬人心，故名"[1]。韩琦《视河惬山》诗云："河决金堤在汉成，曾推延世此经营。安人为惬当时意，立事因垂不朽名。"[2]王延世塞河事，于《汉书》卷二十九有证。通过韩琦《御河舟中》、《视河惬山》、《壬子三月十八日游御河二首》等诗[3]皆可知在城西御河中可见惬山，加之明志记载惬山在明代大名县北十五里，则惬山位于北宋北京城西北。

沙堤。今大名县有沙堤村，村名即源自当年北京大名府城西的护城河堤。

金堤。《嘉庆重修一统志》载金堤"在元城县旧府城北十九里。南自滑县接界，绕古黄河，历开州、清丰、南乐、大名、元城，东北接馆陶界，即汉时古堤也"[4]。清代滑县在北宋为滑州，开州即今河南濮阳，宋为开德府。《汉书》卷二十九："孝文时河决酸枣，东溃金堤。师古注曰：金堤，河堤名也，在东郡白马界。"[5]汉东郡即宋滑州。宋陈次生《上徽宗乞为河西软堰状》曰：

[1]（明）李贤等：《大明一统志》卷4《大名府·山川》，三秦出版社1990年版，第83页。

[2]（宋）韩琦撰，李之亮、徐正英笺注：《安阳集编年笺注》卷17《视河惬山》，巴蜀书社2000年版，第571页。

[3]见（宋）韩琦撰，李之亮、徐正英笺注：《安阳集编年笺注》，巴蜀书社2000年版，第570、571、581页。

[4]（清）穆彰阿等：《嘉庆重修一统志》卷36《大名府·堤堰》，中华书局1986年版，第1453页。

[5]（汉）班固：《汉书》卷29《沟洫志》，中华书局1962年版，第1678页。

"臣窃闻大名府黄河西岸有金堤一道,固护府城。"[1]

过马桥。韩琦《壬子三月十八日游御河二首》其二颔联曰:"压沙寺古花残雪,过马桥高水饮虹。"[2]联中"压沙寺"与"过马桥"对仗,可知北宋北京存在此桥,大致位于城西御河上。

(8)其他

据《元一统志》,北宋北京大名府城还有如下几个建筑。

天王台,"在大名路府城中,唐庄宗所筑"[3]。

金铜门。韩琦有《登金铜门》,诗曰:"当暑思来坐北轩,俯看形胜在檐前。楼台突兀陵高木,城堞萦回际远天。万室正虞多喝者,一身惭独御泠然。歊烦尽涤无心下,欲帐轻绡彻夜眠。"[4]

(三)小结

北宋北京城呈较为典型的三城环套格局,宫城在子城之中,子城又有军营、高台,二者位于外城中北部,可谓北京城最尊贵之处即在北部。外城城垣不是传统的四方规整型,而呈"卧牛"状,其规模远较南京为大。子城与外城之间的空间分布着二十三城坊,大多情况不明。(见图3)外城内外寺观、祠庙、园林等众多,其较为著名者如压沙寺及寺内梨园、大名府学及多任北京地

[1] (宋)陈次生:《谠论集》卷2《上徽宗乞为河西软堰状》,《景印文渊阁四库全书》第427册,台北"商务印书馆"1986年版,第347页。

[2] (宋)韩琦撰,李之亮、徐正英笺注:《安阳集编年笺注》卷17《壬子三月十八日游御河二首》其二,巴蜀书社2000年版,第582页。

[3] (元)孛兰肹等:《元一统志》卷1《中书省统山东西河北之地·大名路》,中华书局1966年版,第74页。

[4] (元)孛兰肹等:《元一统志》卷1《中书省统山东西河北之地·大名路》,中华书局1966年版,第74页。

方大员精心营造的大名府治均在外城南部，可知北京城以城南为行政、教育与文化中心。（见图4）

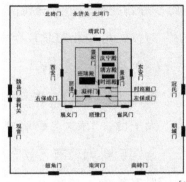

图 3　北宋北京大名府城示意图^[1]　　　图 4　北宋大名府都城布局示意图^[2]

三、影响北宋南、北京城市形态的诸因素

（一）自然与经济因素

北宋的存在时间处于大约从公元 10 世纪到 13 世纪的中世纪温暖期内，其南京应天府、北京大名府都位于暖温带季风气候区，雨热同期，再加上两地都位于黄淮海平原，地形平坦，有大河流经，地表水源充足，具有极有利于农业生产的自然条件。两地自古以来也确实是农业发达区，养活了大量人口。南京邻汴河，北京邻御河，平坦的地形与密集的河网带来了发达的农业与便捷的水陆交通。这都是城市兴起与发展的重要条件。

北宋继承唐后期以来的商品经济发展的大势，发达的交通作

---

［1］ 白晓燕等：《河北大名府故城宫殿遗址调查》，《文物春秋》2015 年第 5 期。该图没有绘出子城（内城）。

［2］ 图片来自"大名政协"微信公众号，2017 年 9 月 12 日。该图没有绘出子城，误以宫城北门为靖武门，景清门误作景涛门。

为催化剂进一步刺激了商品贸易的活跃。无论在南京还是北京，大河沿岸都是繁华地段。前述成寻至南京城，见南河上大桥有"并店家灯炉大千万"，"伎乐之声遥闻之"，呈现了一幅略如《清明上河图》一般的"桥经济"画面。在北京，韩琦吟诵着"欲知治世升平象，请看熙熙两岸民"[1]的诗句，不无骄傲地向友人展示着御河沿岸的热闹与繁华。

宋史领域的经典命题——坊市制崩溃，在南京、北京都有所体现。南京尚有十八座城坊，北京也有坊二十三，内中情况皆不明。但是，据成寻的记载，可知当时南京已打破了坊市制之下严格限制商业活动时间的规定；北京城在其前身唐代魏州时便已经有刺史卢晖"徙永济渠，自石灰窑引流注于城西，夹水制楼百余间，以贮江淮之货"[2]，之后乐彦祯"约河口旧堤"展拓新城，都是对传统城市的规整的坊市制的冲击。

同时，也应看到河流对于两座城市的负面影响。前述南、北京皆修有大堤，北京甚至为防水患而封闭西城门，皆因黄河下游及运河流域在宋代是水患频发地区。大河或淤或决，使政府与民众在治河上消耗了大量人力物力，宋元以后，两座凭水而兴的城市也终于因水而毁。

（二）政治、军事因素

两城在北宋还受到国家政治因素的强烈影响——这类因素的

---

[1]（宋）韩琦撰，李之亮、徐正英笺注：《安阳集编年笺注》卷15《次韵和留守宋迪推官游宴御河二首》其一，巴蜀书社2000年版，第513页。

[2]（宋）王溥：《唐会要》卷87《漕运》，中华书局1955年版，第1597—1598页。

作用在中国古代尤其强烈。

国家军政局势直接影响城市形态的例子是因旱蝗、用兵西夏和皇帝忙于新法无暇顾及而久不修造的南京宫城。

宋、魏二州因优越的自然条件与发达的经济而兴，其升府建京却是出于政治、军事原因。北宋南京、北京恰好对应了所谓"国之大事，在祀与戎"，即不同的功能定位使两座京城分别具有"祀"与"戎"的特点。前述宋真宗在强化意识形态和构建精神信仰的"大中祥符策略"中令全国修圣祖殿，又因视宋州为王朝肇基之地而改其圣祖殿为鸿庆宫，供奉祖宗圣象，是为原庙。同时南京还有高辛庙、阏伯庙、双庙等祠祀，在北宋国家意识形态中占有重要地位。这些就是南京"祀"的特点。大名府也有"祀"的特点，但身为"北门锁钥"，它担负着守卫首都东京的重任，是河北防线的重要一环。大名府升北京的直接动因即来自于一次宋辽间的军事行动。宫城、子城、外城三城环套的格局与"卧牛"状的屈曲形外城城墙，都是为了构建城市本身的防御体系，充满了"戎"的特色。

另一方面，虽然坊市制被冲击使得居民有了更自由的城市生活，但作为陪都，两座城仍具有强烈的礼制色彩，如南京城内一堵隔墙将皇家宫城、原庙与一般居民区截然分开。北京城中，韩琦、文彦博等士大夫修建园林亭宇，并允许人们入内游玩。这种类似特许的亲民之法本身即是等级社会的产物。

（三）文化因素

主政南京、北京两地的官员，因士大夫身份而司牧地方、理政安民，又因文人身份而追求风雅。在南京，有应天府学、五老堂、照壁堂、十二新亭、庄子祠、海雁桥等，北京的园、林、堂、亭等较南京更为丰富、众多。众多建筑建成，彼时的文人士子也不吝文才笔墨，以诗词文章寄怀抒意，使两座京城形成了浓浓的文化气息，使城市的非物质形态也更加多姿多彩。

与南京城相比，在促成北京城城市形态形成的文化因素中，还有一较为特殊者，即堪舆学思想。堪舆之术者，仰观天文，俯察地理。宋人认为，天上有星宿主宰版筑之事，"土功吏二星在壁宿南，一曰在危东北，主营造宫室，起土之官动摇，则版筑事起"[1]。因此宋人在城市营建工作中非常重视占卜活动。至于地上，前述北京大名府城呈"卧牛"状，但"卧牛城"并非只是大名府城。北宋东京城也是一座"卧牛城"，《三朝北盟会编》曰"（东）京城如卧牛……善利门其首也，宜化门其项也"[2]。营建城池，之所以以牛为仿生对象，因牛五行属土，土克水，以消除水患，如《如梦录》曰："城以卧牛名者，城枕大河，牛土属，土能克水也。"[3]北京大名府城也像东京城一样建为"卧牛"状，除去军事防御因素，更是在饱受黄河水灾肆虐的同时取此克制水患的寓意。

（四）历史遗留因素

北宋承接战乱已久的五代时期，基本统一了传统的中原政权

[1] （元）脱脱等：《宋史》卷50《天文三》，中华书局1977年版，第1026页。

[2] （宋）徐梦莘：《三朝北盟会编》卷66《靖康中帙四十一》，上海古籍出版社1987年版，第498页。

[3] 孔宪易校注：《如梦录》卷2《形势纪·附录》，中州古籍出版社1984年版，第6页。

统治区，政治较为平稳，对建城工作持消极态度。王无咎"城池之所以备豫，廨舍之所以兴居，仓库之所以出纳，以及台榭厩驿亭圃之区区，宜革而革，宜修而修，此差可以缓，而不可废者也"[1]的言论即体现了这种态度。

如此情况下，北宋南京、北京城都不是像隋唐长安城那样的择地新建之城，而是在继承唐代城体的同时有所兴建，体现了"宋承唐制"的特点。前已述，南京城前述身即安史之乱中张巡所守的睢阳城，北京城前身则是唐魏博节度使乐彦祯展拓的魏州城。二城周围还分布着许多比城垣年代更久远的古迹，其中既有自古时沿存至宋，继续发挥功用者，如前文论述过但并未归进古迹一类的许多祠庙、寺观、堤堰等；也有古代兴盛一时，至宋仅残存遗迹者，如梁园。大量北宋以前的古物为时人所继承，又在北宋文官政治主导下被文人士大夫改造，不仅参与塑造了两座城市的空间物质形态，更极大地影响着城中居民的生活方式与精神风貌，还给后人留下了无尽的追思与遐想空间。

广义地讲，两座宋城的城垣和许多城市建筑都继承自古人，则整座城市在当时也都可看作"古迹"。它们在宋及以后的历史中继续存在，直到明朝毁于水灾，是中国历史连续性的一种印证。

（作者单位：陕西师范大学西北历史环境与经济社会发展研究院）

---

[1]（宋）吕祖谦编：《宋文鉴》卷84《抚州新建使厅记》，中华书局1992年版，第1192页。

宋代"常卖"再探

王红星　华　夏

"常卖"一词，在中国古代的史籍中通常有三种含义：一为经常贩卖之意；[1]二为曾经卖过某物之意，"常"通"尝"；[2]三为一种广泛出现于宋代的经济活动或其从业者，也叫"偿卖"。前两种含义的常卖只是一个表达某种经济行为频率或时态的简单词语，并无复杂的内涵；第三种含义的常卖则涉及宋代社会、经济、文化等多方面的问题，受到学者的关注和重视。早在20世纪上半叶就有部分研究中国古代文学的学者，在探究宋代的说话、讲史时，针对《东京梦华录》中"霍四究说三分尹常卖五代史"这条材料的句读问题展开了讨论。争论的焦点在于"尹常卖"究竟如何句读，"卖"字是和"尹常"连在一起为名，还是断开作为动词使用。当时赵景深等学者均理解为"霍四究，说《三分》；尹常，卖《五代史》"；而戴舒望和叶德均等则提出异议，认为正确的句读应为"霍四究，说《三分》，尹常卖，《五代史》"。为了证明其说，二人并对常卖进行解释，认为它是一种专称，特指街市叫卖零星

---

[1]　如《魏书》卷九五《徒何慕容廆传》载慕容廆弟孙慕容永，"徒于长安，家贫，夫妻常卖靴于市"。中华书局1974年版，第2063页。

[2]　如刘义庆《幽明录》载："项县民姚牛，年十余岁。父为乡人所杀，牛常卖衣物市刀戟，图欲报仇。"（王嘉撰，萧绮录，王根林等点校：《拾遗记（外三种）》，上海古籍出版社2012年版，第205页。

什物者。[1]

此后，对这条材料的句读几成共识[2]，更多的学者则转向于对常卖进行探究，但各家所说却颇不一致。比较主流的看法是沿用戴、叶的解释，认为常卖是贩卖日常杂物之人。[3]此外，还有多种不同的看法。比如，认为常卖是专门买卖艺术品之人，类似于今日的艺术品经纪人。[4]或认为常卖是"买卖旧货的小商贩"[5]。也有说"常卖"是苏州方言，指的是行脚商人。[6]可见，目前学界对常卖的解释还存在分歧，认识较为模糊。不仅如此，即便是主流看法，也还有进一步探讨的余地。比如所谓日常杂物究为何物？常卖到底是怎样经营的？更进一步追问，宋代为什么会出现常卖这种经济活动？等等。这些都是前人的研究未曾解决的问题。因此，

---

[1] 戴望舒：《释"常卖"》，收入吴晓铃编《小说戏曲论集》，作家出版社1958年版，第51页。叶德均：《释常卖》，《叶德均学术文选》，云南人民出版社2016年版，第181—182页。（原文1948年发表在《华北日报·俗文学》周刊）

[2] 亦有持不同意见者，如李敖批评台大中文系主任叶庆炳的《中国文学史》，就认为叶所谓"霍四究之三国故事，尹常卖于五代史话，必有精至独到之处"不对，"卖"字乃说书之意，并非跟"尹常"连在一起而成人名"尹常卖"。（《国民党的学术笑话》，《只爱一点点》，中国友谊出版社2006年版，第195页）

[3] 如台湾学者郑骞认为常卖是"以贩卖杂货为生者也"。（转引自杨焄《却顾所来径》，生活·读书·新知三联书店2018年版，第188页）《中国商业文化大辞典》亦解释为"市中以细微物叫卖之人"。（北京发展出版社1994年版，第145页）《"商中之商"：中国经纪人史》的作者则说："所谓'常卖'，是宋代市井串街叫卖日常杂物的小贩。"（大象出版社2017年版，第124—126页）

[4] 范建华：《中国文化产业发展史》，云南人民出版社2016年版，第388页。

[5] 程毅中辑注：《宋元小说家话本集》，齐鲁书社2000年版，第802页。

[6] 邵毅平：《中国文学中的商人世界》，复旦大学出版社2016年版，第133页。

笔者拟重新对常卖进行全面的探究，以期能够更进一步了解宋代的这一经济活动，以及由此折射出的某些宋代社会的面向。

一、"常卖"新解

对常卖的解释各说不一，很重要的一个原因或许是大家只引用了一部分文献进行研究，而没有通过尽可能多的案例去归纳、总结其实际的情况。比如叶德均的《释常卖》一文，是阐释常卖较为深入周详的一篇文章，但也只引用了三种材料。有鉴于此，笔者将目前所能查到的与常卖有关的案例，通过表格的形式进行梳理——不光是买卖的物品，还包括经营方式、买卖双方的情况、交易的金额和时空分布等内容——以尽可能多的案例和角度对常卖进行研究，或可得到一个较为准确的认识。具体统计内容见表1。

宋代"常卖"相关案例统计表

案例序号	常卖	买家或雇主	买卖之物品	交易金额	经营方式	年代	活动地点	文献出处
1	王青	晏殊	不详	不详	经纪人	仁宗朝天圣年间	开封	孙升《孙公谈圃》卷上
2	不详	黄庭坚	山水图	不详	流动贩卖	北宋神宗朝	开封	黄庭坚《山谷外集》卷十二
3	尹常卖	不详	《五代史》（书籍）	不详	不详	崇宁、大观以来	开封	孟元老《东京梦华录》卷五
4	不详	王提举敏文	元圭	千七百金	流动贩卖	政和二年	开封	蔡绦《铁围山丛谈》卷一

续表

案例序号	常卖	买家或雇主	买卖之物品	交易金额	经营方式	年代	活动地点	文献出处
5	不详	外宅宗室	珍图	厚价	经纪人	政和间	开封	邓椿《画继》卷十
6	朱冲	不详	微细物，毁弃、破缺、畸残器物	不详	流动贩卖、经纪人	徽宗朝	吴中乡市	赵彦卫《云麓漫钞》卷七、《吴郡志》卷五十
7	不详	释惠洪	诗编写本（《古意》乐府）	不详	流动贩卖	徽宗朝	某州客邸	释惠洪《冷斋夜话》卷二
8	不详	王安中	宝奁玉轴	不详	不详	徽宗朝	开封	王安中《初寮集》卷二
9	不详	范大珪	《雪图》	七百金	摆摊经营	约徽宗朝	开封相国寺	米芾《画史》不分卷
10	胡常卖	吴中士大夫	顾恺之画	不详	经纪人	约徽宗朝	吴中	米芾《画史》不分卷
11	婆子、董贵	董贵	珠花	钱两贯	流动贩卖	以徽宗朝为背景	开封	宋话本《闹樊楼多情周胜仙》
12	毕偿卖	贵人、高宗	古器书画	不详	不详	徽宗朝、两宋之际	开封、临安	徐梦莘《三朝北盟会编》卷二〇八
13	不详	不详	石卵	钱三十	常卖家	两宋之际	不详	施德操《北窗炙輠录》卷二
14	不详	明州士人	小玉印	五千之三	流动贩卖、店铺经营	淳熙中	临安	洪迈《夷坚支癸卷》第九

案例序号	常卖	买家或雇主	买卖之物品	交易金额	经营方式	年代	活动地点	文献出处
15	骨董牙侩孙廿二	巡检熊祖显	僧瓶	钱五百千	不详	淳照中	建康	洪迈《夷坚三志壬卷》第九
16	常卖翁	刘昌诗	带有印文的故纸	不详	不详	嘉泰壬戌	姑苏	刘昌诗《芦浦笔记》卷六
17	不详	贫士	药方册子	不详	不详	南宋光宗、宁宗时期	不详	张杲《医说》卷七
18	不详	刘克庄	小端砚	不详	不详	南宋理宗朝	临安	刘克庄《后村集》卷三十
19	不详	直龙图阁陈宓	高宗宸翰	五百钱	流动贩卖	南宋理宗朝	临安	刘克庄《后村集》卷一百三
20	沈大整	董瓒	番作癸鼎	二十五锭	不详	南宋末	杭州	周密《志雅堂杂》卷上
21	不详	海船老商	海井（奇货）	三百缗之二	店铺经营	南宋末	嘉兴华亭市	周密《志雅堂杂》卷上
22	不详	祖义	书帖《绛帖》	不详	流动贩卖	疑为南宋末	不详	陆友《研北杂志》卷上

上表共有 22 个案例，最早出现于北宋前期的仁宗朝，最晚为南宋末年[1]，其中又多集中于北宋末的徽宗朝，约占一半。常卖活动的地区则以北宋都城开封和南宋都城临安为主，皆为宋代经济最为发达、社会最为繁华之地区。此为常卖在宋代时空分布之大

---

[1] 宋以后各朝各代均有常卖，如清末帝师翁同龢就经常出入常卖铺。（《翁文恭公日记》稿本，不分卷）宋以后的情况非本文讨论之内容，故不论。

概。下面，笔者分别从常卖交易物品的类别与价格、交易双方的情况、经营方式等方面进行探讨。

1. 常卖物之类别与价格

先看常卖物的类别。根据统计表可将22个案例中的交易物品分为四类。第一，书画类，即书法作品和图画。如案例2的山水图、案例5的珍图、案例8的宝奁玉轴、案例9的《雪图》、案例10的顾恺之画、案例12的书画、案例19的高宗宸翰、案例22的书帖。第二，古器奇货类，如案例4的元圭、案例12的古器，案例13的石卵、案例14的小玉印、案例15的僧瓶、案例16带有印文的故纸（奇在印文）、案例18的小端砚、案例20的鼎、案例21的海井。第三，书籍类，如案例3的《五代史》[1]、案例7的写本《古义》乐府、案例17的药方册子。第四，其他零碎杂物，如案例11的珠花。在四类物品中，第一、第二类的书画和古器奇货所占比例最大，高达87%；第三类的书籍所占比例较小，仅为13%，第四类的零碎杂物所占比例则更小，只有0.4%。也就是说，书画古器乃是常卖主要经营的物品。

再看常卖物品的价格。不同物品之间的交易价格相差悬殊，并无规律可言，但总体来说偏高，非一般日常杂货可比。如案例4的一千七百金、案例9的七百金、案例13的数千、案例14的五千钱之三、案例15的钱五百千、案例19的五百钱、案例20的二十五锭，案例21的三百缗之二，最便宜的是案例13的钱三十

---

[1] 尹常卖虽然是讲《五代史》的说书人，但从他的名字来看，他应当是从贩卖《五代史》这类图书的小贩转行成说书人的。

（不过该案例的石卵此后增价至二十缗）。动辄成千上万的交易金额，未免夸张，但假如我们注意到这些物品多为旧时遗留的古玩珍宝或当时难得的物品后，或许就不觉得奇怪。在上表统计的物品中，古器古玩自不必说，书画也多是过去的名作（当然实际未必如此）。如案例2的山水图乃五代末名家李成所作，距离黄庭坚已百余年；案例9的《雪图》，"破碎甚古"，为唐代王维所作；案例10的顾恺之画，距宋则更是古远。第三类的书籍虽未必是"古董"，但大概也都是比较稀缺的版本。比如《古义》乐府，据作者惠洪描述，他曾馆于某州客邸，见常卖"破箧中有诗编写本，字多漫灭，皆晋简文帝时名公卿，而诗语工甚，有《古意》"[1]。就是日常杂物也非寻常所得，如案例11的珠花——"一朵珠子结成的栀子花"，乃富裕人家儿女陪葬的贵重物品。[2] 正因为常卖经营的多是古玩珍宝或当时难得的物品，所以往往能高价出售，这应该是他们获利的主要途径。

2. 常卖及买家的情况

常卖通过兜售古玩书画等旧货取利，但他们如何辨别古玩书画的真假、估算旧货的价值，以确保获利？这就有必要对常卖这一群体略加探究。上表整理的常卖大多姓氏不详，或有姓氏但无生平记述，唯案例6的朱冲和案例12的毕偿卖有较为丰富的记载，或可据此推知大概。先看朱冲，据《宋史》记载，他是苏州

---

[1] 释惠洪：《冷斋夜话》卷二，《故宫珍本丛刊》第474册，海南出版社2001年版，第13页。

[2] 宋话本《闹樊楼多情周胜仙》，收录于冯梦龙编撰的《醒世恒言》，中华书局2009年版，第180页。

人，"狡狯有智数，家本贱微，庸于人，梗悍不驯，抵罪鞭背"[1]。绍定《吴郡志》则说他"本以常卖为业"，"以过犯再杖脊而徒，后乃变业卖药"。[2]可知朱冲出自社会底层，应未受过多少教育，也不一定懂得书画古玩的鉴赏；但他狡狯有智数，必长于经商之道，故虽不懂鉴别，亦能从事这一行业，只是很可能因为不擅鉴赏而短于经营，这或许是他终被雇主置罪、改行做药商的原因。再看毕偿卖，他本名良史，蔡州人，史载他"略知书传，喜字学，粗得晋人笔法。少游京师，以买卖古器书画之属，出入贵人之门，当时谓之毕偿卖"[3]。与朱冲不同，毕良史不仅善于经营，而且具备鉴赏书画的能力。这两种能力的结合，使他成为稀缺人才，以致他被金人俘虏，南宋朝廷多次向金人索求，又因懂得鉴赏而官至高品。（详见下文）朱、毕二人的情形表明，常卖一般需要具备两方面的能力：一是要懂得经商之道；二是要有一定的古玩书画鉴赏能力。

常卖经营者的情形既已大致清楚，再来看看他们服务的对象，也就是买家或雇主的情况。从常卖兜售的物品来看，常卖多与官僚士大夫有关，多为满足上层阶级的需要。书画古玩自不待言，书籍也多为满足士人的需求。而从上表统计的买家信息来看，22个案例中也以官僚士大夫为主。如案例1的晏殊、案例2的黄庭坚、案例4的王提举敏文、案例5的王公贵人和外宅宗室、案例

---

[1]　脱脱：《宋史》卷470《朱勔传》，中华书局1977年版，第13684页。

[2]　范成大：《吴郡志》卷50，中华书局1985年版，第420页。

[3]　徐梦莘：《三朝北盟会编》卷208，上海古籍出版社1987年版，第1502页。

8 的王安中、案例 9 的范大珪、案例 10 的吴中士大夫、案例 12 的贵人（高宗）、案例 14 的明州士人、案例 16 的刘昌诗、案例 17 的贫士、案例 18 的刘克庄、案例 19 的直龙图阁陈宓，多是饱读诗书、身居显位的官僚士大夫。此外，案例 7 的惠洪是著名诗僧，与朝中士大夫、官员多有往来，亦属士人圈中之一员。案例 15 的巡检熊祖显虽是武官，却知书，且"颇负识鉴，无不能判别为何时物及有无款识也"[1]，具有深厚的文化素养及古玩鉴赏能力，非一般粗野武人能比。由此可知，文人士大夫、官僚贵族是常卖的主要消费群体。他们既有把玩古玩书画、奇珍异宝的兴趣和能力，也有一定的经济基础支撑。这也能够解释何以常卖物品价格高昂，因为这些物品主要的消费群体是这个国家的精英阶层，最富有的那一部分人。

3. 常卖的经营方式

关于常卖的经营方式，已有学者进行探究，一般归纳为沿街巷叫卖和自设店铺经营两种。[2]大体上此说不错，但据笔者分析，常卖的经营方式并不止于此，另外还有两种方式前人似乎没有注意到。其一，常卖还有可能在繁华的街市中，特别是专门买卖古玩书画的闹市中摆摊经营。如米芾《画史》载："范大珪……同行

---

[1]　洪迈：《夷坚三志壬卷》第九，中华书局 1981 年版，第 1533 页。

[2]　转引自杨熹《却顾所来径》，生活·读书·新知三联书店 2018 年版，第 188 页。刘芳：《汴京与临安：两宋文学中的双城记》，上海古籍出版社 2013 年版，第 218 页。

相国寺以七百金常卖处买得《雪图》。"[1]北宋的相国寺是汴京最繁华的市场之一，也是古玩书画买卖的重要场所，许多官僚士大夫都来此地搜集古玩。如著名金石学家赵明诚，他还在太学时，"每朔望谒告出，质衣取半千钱，步入相国寺，市碑文果实归，相对展玩咀嚼"[2]。寺中的常卖处不大可能是店铺，而应该是类似于今天的摆摊经营。其二，还有一种常卖乃是经纪人的模式，即达官贵人委托或雇佣常卖专门为他们服务。这样的例子有不少，比如《孙公谈圃》记载的王青，乃"晏元献公门下常卖人，自号王实头"[3]。又如《画史》载吴中一士大夫好画，见米芾家有顾恺之画，以为易得，遂对身边的侍史说："明日教胡常卖寻两本。"[4]听其语气，此胡常卖大概也属长期为此士大夫服务的经纪人式常卖。又上文提到的朱冲，他做常卖时，"庸于人"，显然也是经纪人。这种经纪人具体怎么操作，难以知晓，推测其主要业务有两个：一是为雇主寻找古玩书画、奇珍异宝；二是将雇主家的旧物拿去售卖，获取经济上的利益。至于这些雇主是以买卖古玩书画盈利为主，还是只为满足一己之雅趣，或以古玩书画为媒介贿取官爵，目前不好判断，大概各种动机都有，由此催生出作为经纪人角色的常卖这样一种职业。

---

[1] 米芾撰，刘世军等校注：《画史校注》，广西师范大学出版社 2020 年版，第 154 页。

[2] 洪迈：《容斋随笔》四笔卷 5，中华书局 2005 年版，第 685 页。

[3] 孙升：《孙公谈圃》卷上，中华书局 1991 年版，第 2 页。

[4] 米芾撰，刘世军等校注：《画史校注》，广西师范大学出版社 2020 年版，第 184—185 页。

值得注意的是，常卖的多种经营方式并非截然划分，很多常卖可能既有固定店铺，同时也出入街巷叫卖；作为经纪人的常卖同样如此。以洪迈记载的"鲤鱼玉印"为例，明州士人在临安旅舍资用不继，恰逢常卖小商路过店门，遂将玉印卖与小商，说明此商是沿街叫卖的。后来张去为看到挂在小商担上的玉印，命随从至小商宅中将玉印买下，则此小商之家也是买卖古玩的铺子。[1]又如朱冲，受雇于人，但也要外出叫卖，赵彦卫《云麓漫钞》就记有一则他博易于乡市中得到高僧款待之事。[2]应该说，无论是自设店铺，还是为达官贵人服务，抑或在闹市中摆摊经营，常卖都必须走街串巷、出入宅第，概因这一方式乃是他们获得旧货的主要途径。也因此，他们在外挑着担子、或提着篮子，必伴着"常卖"的喊叫声进行活动。这叫声不仅为了"卖"，吸引有钱人的注意；也为了"买"，提醒他人有常卖来收买旧货。

综上分析，再对照前人的解释，即知各家所说均不太符合实际。如认为常卖是贩卖日常杂物之人，然则古玩书画、书籍岂是日常杂物？显然不是，这些都是文人士大夫、达官贵人才能消费得起的"奢侈品"。许多学者得出这样的结论，主要是受宋人解释常卖的影响，如《云麓漫钞》谓"方言以微细物博易于乡市中自唱，曰常卖"。[3]《吴郡志》则曰："常卖者，收拾毁弃及破缺畸

---

［1］洪迈:《夷坚支癸卷》第九，中华书局1981年版，第1290页。

［2］赵彦卫:《云麓漫钞》卷7，中华书局1996年版，第121页。

［3］赵彦卫:《云麓漫钞》卷7，中华书局1996年版，第121页。

残器物沿门鬻卖者。"[1]然而，所谓"微细物""毁弃及破缺畸残器物"都只是很笼统的描述，未可与日常杂物等同起来。认为常卖是专门买卖艺术品之人，类似于今日的艺术品经纪人，此说已切中要害，但也不准确。首先常卖不只是经营古玩等艺术品，也卖书籍及其他一些日用品，只不过此非其主业；其次常卖也不独经纪人一种经营模式，还有一般独立经营的常卖，故不能纯以经纪人定义他们。认为常卖是"买卖旧货的小商贩"，不可说不对，但过于笼统。所谓旧货，既有锅碗瓢盆、衣服鞋帽等寻常旧货，也有琴棋书画、砚台纸笔等不太常见之物。常卖主要经营的是后者，和普通的收卖废品大为不同。至此，我们或可重新定义常卖：一种产生于宋代，或以经纪人的方式受雇于达官贵人、文人士大夫，或自设店铺，或于闹市中摆摊，出入宅第、走街串巷叫卖，以经营书画古玩、奇珍异宝为主，兼营书籍及其他日常杂货为辅的经济活动或其从业者。

最后附带谈谈常卖与"骨董行"或"古董铺"之关系。据《梦粱录》载，"如买卖七宝者谓之骨董行"[2]。所谓"七宝"，泛指各类古玩宝物，则古董行是有固定店铺经营古玩的商铺，它们与设店经营的常卖（常卖铺），笔者以为是同一类事物，只是叫法不同而已。上文提及的毕偿卖又被称作"比骨董"[3]，正是因为常卖

---

[1] 范成大：《吴郡志》卷50，中华书局1985年版，第420页。

[2] 吴自牧：《梦粱录》卷13，山东友谊出版社2001年版，第176页。

[3] 徐梦莘：《三朝北盟会编》卷208，上海古籍出版社1987年，1500—1501页。

与古董商有时是等同的。

二、"常卖"产生的社会历史背景

常卖自宋代出现以来一直延续到清末，成为百姓日常生活中一种重要的经济活动，与文人士大夫等上层阶级更是息息相关。但是常卖为什么会广泛出现于宋代？这是一个值得探讨的问题，因为在寻找答案的过程中，我们或许能够窥探到宋朝在社会、经济等方面发生的某些变化，丰富我们对宋朝的理解。但这也是一个不易解决的问题，毕竟一种新事物的产生并非一蹴而就，往往经历过漫长的演变发展，常卖想必亦是如此。因此，要寻得一个比较满意的答案，必须将常卖置于一个比较大的社会历史背景去考察。

首先可以比较明确的是，常卖的出现与宋代经济的发展、商业的繁荣当有直接的关系。这一点从常卖活动的区域分布情况即可看出端倪。在北宋，大部分常卖案例出现于首都开封，另有两例出现在吴中（今苏州地区）；到了南宋，则大部分出现在首都临安，此外建康、嘉兴各有一例。（见上节统计表）这些城市都是宋代经济发达地区，尤其是开封和临安，不仅是两宋的政治中心，也是宋代北方市场和东南市场的中心，无论是交通、物品供应，还是人口、市场需求等条件都领先于其他地区或城市。[1] 这些以大都市为中心的区域性市场的形成，容易催生各种各样的服务性行

[1] 漆侠：《宋代经济史》，上海人民出版社 1987 年版，第 940—943 页。

业，常卖当是其中只一种。这是常卖产生大的经济背景。除此之外，结合相关史料来看，笔者认为唐宋时人收藏古玩艺术品之风气、北宋末徽宗朝政治政策的推动也是促使常卖广泛出现于宋代的重要原因。

1. 唐宋时人收藏古玩艺术品之风气

据目前所能查到的文献来看，常卖最早的案例出现于宋初的仁宗朝。《孙公谈圃》曰："王青，晏元献公门下常卖人，自号王实头。"[1]此晏元献公即晏殊（991—1055），主要仕于仁宗朝。王青是他门下的常卖人，善相术，曾为晏殊女儿看相，择取夫婿，提及富弼将中举之事，不久富弼果然高中大科。[2]考富弼于天圣八年（1030）以茂才异等登第，则王青作为常卖为晏殊女儿看相时在天圣八年或之前不久，也就是说最迟至天圣八年常卖即已出现。但考虑到这一行业漫长的演变发展期，则它的源起或可追溯到更为遥远的唐代，与唐宋时人尤其是文人士大夫热衷于收藏、买卖古玩艺术品之风气有很大关系。

中国古人收藏古玩艺术品的历史悠久，及至盛唐，随着书法、绘画等艺术的繁荣发展，渐渐兴起一股以书画艺术品为主的收藏、品鉴之风。关于这方面的内容，唐人张彦远（815—907）在《历代名画记》中有详细的记载。该书卷二"论鉴识收藏购求阅玩"提到唐代有通过搜访、进献书画以求官爵、锡赉的风气，作者并列举了以下例子以证其说：

---

[1] 孙升：《孙公谈圃》卷上，中华书局 1991 年版，第 2 页。

[2] 孙升：《孙公谈圃》卷上，中华书局 1991 年版，第 2 页。

开元中有商胡穆聿，别识图书，遂直集贤，告讦搜求。至德中，白身受金吾长史，改名详。时有潘淑善，以献书画拜官。辽东人王昌，括州人叶丰，长安人田颖，洛阳人杜福、刘翌，河内人齐光，皆别识、贩卖……建中四年，徐浩侍郎自云昏耄，奏男璹，前试国子司业兼太原县令窦蒙，蒙弟检校户部员外郎汴宋节度参谋泉，并皆别识，敕并用之。贞元初，有卖书画人孙方颙，与余家买得真迹不少，今有男盈在长安。顷年又有赵晏，皆为别识也。[1]

这条材料值得注意的是，张彦远列举的这些人，很多既具备书画鉴赏能力（即所谓别识），又懂得经商贩卖，和宋代的常卖已十分相似，只不过唐代的别识未必专以经营书画为生，而仅仅将其当做求取官爵的一种途径。有进献则有收藏，所以张彦远又载"又有从来蓄聚之家，自号图书之府"，并举了邠王府司马窦瓒、韩侍郎愈、中书令晋公裴度、李太尉德裕等二十余位藏家为例。[2]总之，唐代收藏、品鉴、贩卖书画之风已然十分兴盛，而其中为了官禄奔波贩卖书画之"别识"或许正是常卖最初始的形态。

到了宋代，古玩书画收藏之风随着文化的繁荣而更加兴盛。王国维曾评论说："汉唐元明时人之于古器物，绝不能有宋人之兴

---

[1] 张彦远：《历代名画记》，浙江人民美术出版社2011年版，第34页。

[2] 张彦远：《历代名画记》，浙江人民美术出版社2011年版，第34页。

味，故宋人于金石书画之学乃临跨百代。"[1]确非虚言。而且，宋代的古玩收藏和唐代已大不一样，即除了雅好书画之外，宋人收藏的古玩种类更加多样丰富，尤其是随着金石学的兴起，金石古器收藏也成为文人雅士的热爱。这一点从上节统计的常卖物品类别也可得到佐证，在第二类古器奇货中，案例4的元圭、案例13的石卵、案例14的小玉印、案例15的僧瓶、案例16带有印文的故纸（奇在印文）、案例20的鼎都可归之于金石类。蔡京之子蔡绦记录北宋士人清玩金石古器之风的兴起，有很好的总结。他说过去的上层阶级对于古器金石不大以为事，到了宋朝才逐渐重视起来，先有刘敞著《先秦古器记》，起来倡导，复有欧阳修撰《集古录》，遂成风气，又有苏轼、蔡襄等人附和，"由是学士大夫雅多好之，此风遂一煽矣"[2]。

于是随着开封这类大都市商业的繁荣、古玩收藏风气的兴盛，以及古玩艺术品种类的多元化，越来越多的官僚士人收藏古玩，买卖古玩艺术品之风亦逐渐兴盛，乃至出现了专门交易古玩艺术品的市场。[3]如此，则一方面官僚士大夫阶层热爱清玩和收藏，出现一个巨大的需求市场；另一方面文人士大夫作为士农工商之首，受传统观念之束缚，又不便于从事专门的古玩艺术品买卖活

---

[1] 王国维：《宋代之金石学》，收录于《王国维考古学文辑》，凤凰出版社2008年版，第117页。

[2] 蔡绦：《铁围山丛谈》卷4，中华书局1983年版，第79页。

[3] 关于这方面的内容，可参考秦开凤《宋代古玩艺术品市场初探》（《前沿》2012年第9期）、孙垂利《宋代收藏略论》（《美术教育研究》2015年第5期）等文章。

动，遂使原先既懂经商又具备古玩鉴赏能力的那部分人（唐代所谓"别识"）终于转变成以经营古玩艺术品为生的常卖。假如这一分析距离事实不太远的话，那么可以大胆推测，最早的常卖乃是专门为文人士大夫、达官贵人服务的经纪人式常卖，以后才逐渐独立，脱离官僚士大夫成为一个普遍的行业。

2. 北宋末徽宗朝政策的推动

常卖在北宋初仁宗朝即已出现，但此后很长一段时间并不多见。上节表中统计的案例，从仁宗朝至徽宗朝仅有两例；然而进入徽宗朝后，有关常卖的记载却陡然多了起来，相关案例共有 10 例，约占宋代所有案例的一半。这是一个颇为反常的现象，暗示常卖的广泛出现或与徽宗朝的朝政有关。事实上的确如此，常卖的广泛出现与北宋末徽宗钟爱古玩、动用国家力量搜集天下珍宝的政策有很大的关系。

宋徽宗在宋代诸帝王中是一个异类，他本非皇储，只因偶然的机会登上皇位，在位期间又以爱好艺术、耽误政事而闻名。徽宗在即位之前像大部分宗室一样，过着衣食无忧的日子。受时代风气和周边环境[1]的影响，徽宗对书法、绘画等艺术产生浓厚的兴趣。他的这一兴趣爱好，对他即位以后的统治政策有很大的影

---

[1] 比如徽宗的姑父王诜就是一位艺术品收藏家和技艺娴熟的画家、书法家。又当时的宗室成员在出仕立业方面多有限制，故往往醉心于学养艺术，许多宗室成员都热爱艺术品的收藏和品鉴。如据邓椿《画继》记载："政和间，有外宅宗室，不记名，多蓄珍图，往往王公贵人令其别识。于是遂与常卖交通，凡有奇迹，必用诡计勾致其家，实时临摹，易其真者，其主莫能别也……"（人民美术出版社 1964 年版，第 123 页）

响。首要的一点就是他动用举国之力搜罗天下古玩书画、奇珍异宝，臭名昭彰的"花石纲"就是这一举措的产物。当然，徽宗此举并不完全出于个人的爱好，正如有学者指出的那样，徽宗启动这些大型项目的动机并不仅仅出自审美，而是一个统一的礼仪和仪式形态方案的一部分。通过重新创立上古礼乐（此所以要搜集古器）、修建壮观豪华的花园，徽宗期望用宇宙的原力来令他的国家和谐。[1]也就是说，徽宗费力搜刮天下古器珍玩并不单纯是一种自私腐败的耗民之举，在某种程度上，它也是一项维护统治的政策。

很难说徽宗的这一政策有多大的积极意义，但负面的作用却很直观。受此政策的影响，徽宗朝野上行下效，兴起一股通过进献古玩书画获取职官爵位的不良风气。两宋之际的施德操记载了一个颇具代表性的例子，说政和间余杭万氏有一奇特的水盆，冬天以水浇灌，竟能长出各种各样的花儿来。当时天下遍奏祥瑞，徽宗又喜好玩物，各地进献异宝之人"颇皆得爵赏"。万氏以为"吾之盆天下至异，使吾盆往，当出贡献上，蒙爵赏最厚"，遂进之。结果"及盆入，乃不复成花矣，几获罪"[2]。又如政和二年（1112），提举王敏文从常卖人担中以一千七百金的价格买得丁晋公家物元圭，进献给宦官谭稹，谭稹复上供给徽宗。[3]此风之盛，

[1] 崔瑞德、史乐民主编：《剑桥中国宋代史》第七章"徽宗朝、钦宗朝与北宋的灭亡"，中国社会科学出版社 2020 年版，第 551 页。

[2] 施德操：《北窗炙輠录》卷下，《哈佛燕京图书馆文献丛刊》第 24 种，广西师范大学出版社 2018 年版，第 200—201 页。

[3] 蔡绦：《铁围山丛谈》卷1，中华书局 1983 年版，第 9 页。

终引起部分官员的不满，发声指责，如朱梦说进时务策曰：

> 又尝见缙绅之士，竞欲取媚于权门之子，悉与市廛易古器，鬻画图，得一珍异之玩，即盛价而求售，争妍而乞怜，倘合其意，美官要职指日可得。儒衣儒冠而为侯门之偿卖，恬不为耻……[1]

径将儒衣儒冠比喻成为侯门服务、不知羞耻的偿（常）卖，可见当时士人通过搜罗古玩贿求官禄风气的普遍。

在这种风气的刺激之下，以往默默无闻的常卖有了施展身手的机会，获得很大的发展，部分常卖乘着这股风气顺利发迹，取得巨大的成功，最为典型的就是前文已经提及的朱冲、朱勔父子及毕良史。朱冲的情况上文已有介绍，他原是受雇于人的常卖，因得罪雇主而转做药商。然而，朱冲与子朱勔最终发迹依靠的还是他们常卖的本事。史载崇观之际，"徽宗颇垂意花石，京讽勔语其父，密取浙中珍异以进。初致黄杨三本，帝嘉之"[2]。朱冲遂以献花石，得三班奉职。[3] 此后朱冲父子不断蹿升，朱勔更成为徽宗搜罗东南珍宝、代理"花石纲"的总负责人，官居显位，乃至"东南部刺史、郡守多出其门"。[4] 从默默无闻到被提拔进入蔡京政府，朱勔父子何以能

---

[1] 徐梦莘：《三朝北盟会编》卷159，上海古籍出版社1987年版，第1154页。

[2] 脱脱：《宋史》卷470《朱勔传》，中华书局1987年版，第13684页。

[3] 李心传：《旧闻证误》卷3，中华书局1985年版，第36页。

[4] 脱脱：《宋史》卷470《朱勔传》，中华书局1987年版，第13684页。

够快速发迹？实因他们本是经营古玩的常卖，虽未必真正懂得鉴赏，但长期浸淫在常卖这个行业，必然熟悉个中情况，搜刮古玩珍宝自是轻车熟路，具有极大的优势，故能满足徽宗的需要，获得重用。

毕良史是另一个成功常卖的典型，尽管他的事迹主要见载于两宋之际，但他显然也是徽宗朝网罗天下古玩珍宝政策催生的"硕果"。上文已经提到，毕良史年少时即在京师游荡，出入贵人之门，买卖古器书画，且小有名气，人称"毕偿卖"。建康之乱后，毕良史又依靠他常卖的本领获得高宗的信任，顺利进入朝廷。《三朝北盟会编》载此事曰：

> 遭兵火后，（良史）侨寓于兴国军。江西漕运蒋杰喜其辩慧，资给令赴行在，遂以古器书画之说动诸内侍，内侍皆喜之。上方搜寻古器书画之属，恨未有辨其真伪者，得良史甚悦，月给俸五十千，仍令内侍延请为门客，又得束修百余千。[1]

后来宋金议和，金人归还三京之地，高宗令良史权知东明县（属山东）。他到县后，"乃搜求京城乱后遗弃古器书画、古今骨董，买而藏之"。不久金人败盟，良史被俘，在宋廷的多次索求之下才回到朝廷。他南归时，"尽载所有骨董而到行在"，高宗大喜，遂改京秩。[2]

---

[1] 徐梦莘：《三朝北盟会编》卷208，上海古籍出版社1987年版，1500—1501页。

[2] 徐梦莘：《三朝北盟会编》卷208，上海古籍出版社1987年版，1500—1501页。

朱冲、朱勔父子和毕良史可谓中国古代史上最成功的常卖，而他们的成功显然与徽宗搜罗天下古玩珍宝的政策，以及由此兴起的古玩收藏、买卖之风大有关系。尽管像他们这样成功的常卖并不多见，但结合徽宗朝陡然增加的常卖案例来看，我们有理由相信，受徽宗朝政策影响而得到发展的常卖必定不在少数。宋话本《闹樊楼多情周胜仙》中有一段涉及常卖的情节，曰：

> 原来开封府有一个常卖董贵，当日绾着一个篮儿，出城门外去，只见一个婆子在门前叫"常卖"，把着一件物事递与董贵，是甚的？是一朵珠子结成的栀子花……董贵道："要几钱？"婆子道："胡乱。"董贵道："还你两贯。"婆子道："好。"董贵还了钱，径将来使臣房里……[1]

巧合的是，这出话本故事的背景正是徽宗朝，起头就说"如今且说那大宋徽宗朝年东京金明池边，有座酒楼，唤作樊楼"云云。故事虽然是虚构的，然而不正反映了徽宗朝因政策影响而促使常卖普遍化的事实吗？

结　语

宋代的常卖究竟是买卖日常杂货之人，还是专门经营艺术品

---

[1] 宋话本《闹樊楼多情周胜仙》，收录于冯梦龙编撰的《醒世恒言》，中华书局2009年版，第180页。

的经纪人？抑或是普通的行脚商人？过去关于常卖的解释众说纷纭、模糊不清。本文通过对宋代二十多个相关案例的全面梳理和多角度分析后，对常卖有一个较为清晰的认识：它是一种产生于宋代，或以经纪人的方式受雇于达官贵人、文人士大夫，或自设店铺，或于闹市中摆摊，出入宅第、走街串巷叫卖，以经营书画古玩、奇珍异宝为主，兼营书籍及其他日常杂货为辅的经济活动或其从业者。

常卖的产生与普遍化经历了一个颇为漫长的过程，是在唐宋时期的文化风气、商业发展和国家政策等多方面因素综合作用下的结果。它最早的雏形或可追溯到唐代的"别识"，这部分人既善于贩卖经商，又懂得书画古玩鉴赏，为了获得官爵而奔竞于权门之家。到了宋代，随着士大夫群体的扩大、商业的发展、古玩种类的多元化，以及古玩收藏、买卖风气的进一步加剧，出现了一个以士大夫群体为主的古玩艺术品消费群体，进一步催生了专门为这些士大夫群体及官僚贵族服务的经纪人式常卖，以后逐渐脱离士大夫群体，成为一个独立的职业。北宋末徽宗朝，在为重建礼仪和意识形态而推行广收天下古玩珍宝之政策的推动下，常卖获得很大发展，有普遍化之趋势，并逐渐成为百姓日常生活中一种重要的经济活动，一直延续到清末。

（作者单位：王红星，暨南大学；华夏，沧州开放大学）

宋代都市赏菊时尚追踪

孙君恒　关颖颖

宋代市民赏菊花越来越成为时尚。《东京梦华录》《梦粱录》《武林旧事》《山家清供》等对赏菊有所记载。涉及菊花的著作，还有范成大的《范村菊谱》、史正志的《菊谱》、张峋的《花谱》、张宗海的《花木录》、刘蒙泉的《菊谱》、史铸的《百菊集谱》、任王寿的《彭门花谱》、周序的《洛阳花木记》等。当时的诗词、瓷器，也可以反映出人们对菊花的喜爱。

一、都市赏菊流行

东京，成为赏菊的中心。宋朝的都城东京处处有菊花：宫廷（政界）、商铺（商界）、老百姓家里（民间）等，菊花很常见。宫廷，争插菊花枝、挂菊花灯、开菊花会、饮菊花酒，宫廷里的菊花不计其数，有记载说"于庆瑞殿，分列黄菊，灿然眩眼"，"点菊灯略如元夕"。皇室为了赏花，宫中特地的对不同的花园进行装饰，从而讨得皇帝皇后的欢心，可见宋朝帝王对菊花的青睐。酒肆，为了招徕生意，美化店面都要用菊花装饰起来，做菊花门、菊花窗，别具一格。老百姓爱菊者众，遂孕育出赏菊的风尚，又反过来推动养菊技术和赏菊水平的提高。当时东京已能培养出一株百数朵花的立菊，还能用小菊结成宝塔、门楼等艺术景观，在此花费很大心思，耗费不少钱财，宫廷赏菊过度豪华讲究甚至有些铺张浪费。暮秋时节，各地名菊荟萃于京都，一比高低。《东京梦华录》载"九月重阳，都下尝（赏）菊，无处无之，酒家皆以菊花缚成洞户"，"禁中与贵家皆早尝菊"，"士庶之家亦市一二株玩尝"。

北宋都城东京，培植和玩赏菊花的情况很普遍。当时民间热爱菊花的情形，据《东京梦华录》记载，几乎是家家户户爱菊、养菊，甚至有斗菊现象，盛况空前。最著名的有金玲菊、喜荣菊等品种，酒家皆以菊花装饰门面，形成一道亮丽的风景。诗人苏东坡在他的《东坡杂记》里说东京的菊花的品种很多，从八月起一直开到十月，他还提出一件重要的材料，即当时所以有许多异种菊花，是由于用其他的草卉接成的。其实，开封赏菊花在唐代已经初具规模，开封禹王台的前身梁园，在唐代就已经是白菊集萃之地。唐代大诗人刘禹锡的咏菊名篇《和令狐相公玩白菊》中有名句"家家菊尽黄，梁园独如霜"。

洛阳，养菊、赏菊很早。这和洛阳的气候和土质适合种菊花有关系。刘蒙《菊谱》里就说洛阳风俗喜欢养花，菊花的品类也比其他地方多。苏轼送给朱逊之的诗《赠朱逊之》里说洛阳人善于接花，岁出新枝，而菊品尤多，每年都有新的菊花品种出现，当时市场菊花交易火爆，新品种物美价廉，适合了市场对菊花多种多样花色品种的需要，菊花非常流行，真是不亦乐乎。从北宋起，菊花越来越成为皇室和一般市民玩赏的一大对象，这是和当时城市工商业经济的发展和市民阶级的兴趣分不开的。当时城市富家有很多专门养菊花的，种植花卉的精细分工，非常有利于菊花的培养和在社会上大力推广。

苏州，培养菊花也很著名。苏州在宋时重要的商业城市，宋范成大的《范村菊谱》里就说到苏州花匠精耕细作，善于修剪菊花，使得一根上出几十朵花……由于花匠的用心培植，常常变出新种来，花朵奇特优美，引人入胜。他在一人家看到七十种菊花，自己只搜集到三十六种。史正志的《菊谱》说，他在苏州看到二十七种菊花。

临安，官方和民间赏菊非常兴盛，超过北宋。在赏菊方面，南宋临安的城市风貌，成为每年的惯例。《武林旧事》（卷三"重九"）指出当年宫廷在重阳节展出菊花，场面宏大，白天看菊展，晚上看菊灯，可谓日日夜夜有菊花："庆瑞殿分列万菊，灿然眩眼，且点菊灯庆瑞殿分列万菊，灿然眩眼，且点菊灯。"南宋的《武林旧事》记载当时的帝王德寿宫宋孝宗奉亲之所的香远堂、荷清深堂，有竹、松、菊三径，菊、芙蓉、竹成为备受青睐的花木。宫廷内的娱乐，也有以菊花名称命名的曲目呈现："小刘婉容进自制《十色菊》、《千秋岁》曲破，内人琼琼、柔柔对舞。"（《武林旧事》卷七"乾淳奉亲"）南宋吴自牧的《梦粱录·九月》再现了杭州菊花的品种繁多的场面："年例：禁中与贵家皆此日赏菊，士庶之家，亦市一二株玩赏。其菊有七八十种，且作重九久。"南宋时期的《梦粱录》卷十八记载那时的杭州："菊，品最多，有七十余种。"在重阳节前的中秋，杭州赏菊都已经开始，老百姓围绕菊花主题游园、交友、宴请、作乐。"八月仲秋，湖山寻桂现乐堂，赏

秋菊；社日糕会众妙峰，赏木樨。中秋摘星楼，赏月，家宴。霞
川观野菊，绮互亭赏千叶木樨。"到重阳节更是将赏菊获得推向高
潮，秋高气爽时节，瓜果飘香，人们大饱眼福，也大饱口福，"九
月季秋，重九家宴，九日登高，把萸把菊亭，采菊苏堤上，玩芙
蓉珍林，尝时果景全轩，尝金橘满霜亭，尝巨螯香橙杏花庄，新
酒芙蓉池，赏五陈刻三色拒霜"（《武林旧事》卷十"张约斋赏心
乐事并序"）。

北方的幽州（今北京一带）居民，也有赏菊的风俗。彭蕴章
《幽州土风》中记载，重阳节那日，街头会有卖节日吃食的，吆喝
着"菊花酒，鹿舌酱，九日登高卓阜帐"，显然饮菊花酒、吃鹿舌
酱已经成为幽州一带的重阳节的风俗。《辽史》中多次提到了重
阳节宫廷中赏赐菊花酒的场景："统和三年重九，骆驼山登高，赐
群臣菊花酒。四年，重九登高，于高水南阜祭天，赐从臣命妇菊
花酒"。

二、菊花品种与培育

菊花的品种，是由唐宋到明清经过从野生到人工培植，从简
单几种颜色变成几十种，又变成几百种，从单瓣变成重瓣，一直
为广大人民所爱好的。万龄、桃花、木香、金铃、喜容等品种，
已经成为宋代名菊。人们又给不同品种的菊花起了许多非常美丽
富有诗意的名字，如金芍药、黄鹤瓴、紫袍金带、火炼金、洒金
红、报君知……菊花的名称非常雅致，形形色色，都是很美妙的

命名，增添了菊花的魅力。

刘蒙的《菊谱》（1104）是最早记载观赏菊花的一本专著，记有菊花品种26个。范成大的《范材菊谱》（1018）记载有35个品种，其中的"合蝉"、"红二色"是管瓣出现的最早记载。其后，花色又出现了绿色的"绿芙蓉"和黑色的"墨菊"。在栽培上对菊花的整形摘心、养护管理和利用种子繁殖获得新品种等都有了进一步的经验。

宋代人已有培养菊花的科学方法。宋代诗人陆游写的《老学庵笔记》就把养菊花的方法分为九个项目，就是养胎、传种、扶植、修葺、培护、幻弄、土宜、浇灌、除害，也就是说关于保护旧根，培植新芽，修理枝叶，创造异种，以及施肥、土壤、浇水和消除害虫各方面都作了详细的研究。宋朝栽培菊花更盛，随着培养及选择技术的提高，菊花品种也大量增加，这是从药用而转为园林观赏的重要时期。在此期间的菊谱，对所栽的品种即以花色归类，并对花形也有较详细的记载。宋朝爱菊的人士觉得菊花不该只囿于古板的花盆中，于是便充分发挥自身的心灵手巧，将菊花变幻出了不同的造型和品种。

宋代菊花栽培，更为广泛，已从庭园露地栽培发展到盆栽，且已采用嫁接技术。范成大的《范村菊谱》中说："关下老圃，伺青苗尺许时，去其颠，数日则歧出两枝，又歧之，每出益枝。至秋，则一千所出数千百朵。"并提出"种菊九要"即养胎、传种、扶植、修葺、培护、幻弄、土宜、浇灌、除害的栽培方法。苏轼（1037—1101）的《东坡杂记》所述："近时都下菊花甚多，皆以他草接成，不复与时节相应，始八月终十月，菊不绝于市。"这说明当时菊花的摘心整形、栽培管理和嫁接技术，已达到一定的水平，在赏菊的品位方面也不断提高。菊与梅、兰、竹，被人们誉为"四君子"，散文家苏洵（1009—1066）的"骚人足奇思，香草比君子，况此霜下杰，清芳绝兰芷"，把菊花比为君子豪杰。韩琦（1008—1075）的"莫嫌老圃秋容淡，犹看黄花晚节香"，更是借菊舒怀。宋代赏菊赛菊活动越来越盛行，且已有菊花的专著问世。现存最早的当推宋代刘蒙撰写的《菊谱》，其中记述菊36品，分为黄色、白色与杂色几个品种。其后菊花专著渐多，有史正志的《菊谱》，记有名菊27种；范成大的《范村菊谱》，记有名菊35种；沈竞的《菊名篇》，记有名菊90多种；史铸的《百菊集谱》，记有名菊160多种。由此可见，菊花品种在迅速增加，菊花育种工作发展很快。[1]

三、菊花成为饮食

菊花，成为饮料。菊花茶，成为日常饮品，家喻户晓；菊花酒，也在宋代都市之中随处可见。战国屈原即把秋菊列为抗衰老的仙药，入馔当餐，在《离骚》中吟道："老冉冉其将至兮，恐修名之不立。朝饮木兰之坠露兮，夕餐秋菊之落英。"被称作"延寿客"的菊花，至汉代已成为饮菊花酒的习俗。唐宋以来，史料记

---

[1] 倪月荷、汪觉先：《菊花栽培与鉴赏》，上海科学技术出版社2000年版，第2页。

载更为具体，如唐代《艺文类聚》云："世人每至九日，登山饮菊花酒。"《西京杂记》更著其酒制法："菊花舒时，并采茎叶，杂黍米酿之，到来年九月九日始熟，就饮焉，故谓之菊花酒。"宋代酒肆装饰菊花，并且饮菊花酒，与赏菊相辅相成，超过以往时代，《东京梦华录》载："九月重阳，都下赏菊……酒家皆以菊花缚成洞户。"

菊花，成为美食。菊花气味芬芳，绵软爽口，是入肴佳品。其吃法很多，鲜食、干食、生食、熟食，焖、蒸、煮、炒、烧、拌皆宜，还可切丝入馅，菊花酥饼和菊花饺都自有可人之处。宋代的美食食谱《山家清供》中记载了菊花花卉制作成的美食紫英菊羹汤等，介绍菊花粟饭，久食可以明目延龄。食物加入花卉，能够保留花卉本身的余香，或甘之如饴或食之苦涩，保留食物原本的自然风味，为宋代世人提供了一种别样的美食。菊花饼、菊花鱼、菊花菜肴，逐步推出。宋代世人常常将菊花等花卉作为食品原料之一，用来烹饪，改善色、香、味，食物往往外观与口感俱佳，同时兼具养生健康的功效，备受人们喜爱。（见表1）《东京梦华录》卷四指出："凡饼店有油饼店、有胡饼店。若油饼店即卖蒸饼、糖饼、装合、引盘之类，胡饼店则卖门油、菊花、宽焦、侧厚、油碢、髓饼。新样满麻，每案用三五人捍剂卓花入炉，自五更卓案之声远近相闻。唯武成王庙前海州张家、皇建院前郑家最盛，每家有五十余炉。"南宋时期的《梦粱录》卷十六记载当时杭州的小吃店菊花饼已经司空见惯，成为老百姓喜爱的食品。

表 1　菊花饮食名称简表

序号	菊花食品
1	菊花茶
2	菊花酒
3	菊花粥
4	菊花糕
5	菊花肴
6	菊花羹
7	菊花饼
8	菊花饺

菊花的食用与药用价值，得到同等关注。菊花性甘味凉，体轻气弱，泡茶之后芳香幽雅，回味悠长，作为保健饮料，经常服用对于中老年人是很有好处的。菊花可以清心明目，有"常饮菊花茶，到老眼不花"的谚语，都说明了菊花茶的应用既有悠久的历史，又受到广大人民的欢迎。苏轼在《赵昌寒菊》里指出："轻肌弱骨散幽葩，更将金蕊泛流霞。欲知却老延龄药，百草摧时始起花。"诗人将菊花当作延年益寿的百草，苏轼的诗就是证据。

四、瓷器菊花图案

全国多地窑厂，出产菊花图案的瓷器产品，有很高的艺术价值和实用价值。（见图 1 到图 7）

图 1　北宋定窑模印菊花婴戏纹碗

图2　北宋耀州窑印花菊花碗
（台北故宫博物院藏瓷）

图3　北宋邓窑青釉菊瓣花口碗
（邓州博物馆藏）

图4　宋钧窑玫瑰紫菊瓣盏托

　　菊花，作为瓷器重要纹样之一，纹饰非常优雅、耐看，菊花纹花团锦簇，纹样秀丽，成为一景，留下了以菊花装饰瓷器的名品佳作，让人爱不释手。宋瓷的装饰题材，喜用菊花纹饰，纹样秀丽，线条流畅，体现了清新、典雅的艺术特色。菊花纹，在宋代成为瓷器众多花卉纹样中具有代表性的纹样之一，大量广泛应用在陶瓷装饰中，所涉及的窑包括定窑、耀州窑等众多名窑，装饰技法种类繁多。这些菊花瓷器，从目前的推断看，大多数来自官窑，设计精美、制作考究，是高级奢侈品、艺术品、消费品，主要服务于宫廷、达官贵人、富商，远非老百姓能够享用。菊花

图 5　宋代湖田窑六方　　图 6　北宋耀州窑青釉模印缠枝菊花
菊花纹带盖梅瓶　　　　　　　　纹碗

图 7　宋代白釉珍珠地刻划花菊花纹腰圆枕

纹装饰瓷器，在宋代进入了一个全面发展的阶段。

　　宋代陶瓷装饰手法质秀繁多，菊花装饰技法有刻划花、剔花、印花等，主要以刻划花、剪纸贴花为主。

五、重阳节赏菊习俗

　　重阳又称菊花节（菊花又称九花、黄花），赏菊成为重阳节俗的一部分。唐代的王勃诗句"九日重阳节，门门有菊花"。宋代的孟元老的《东京梦华录》显示出宋代赏菊已是非常流行的风俗了：

"九月重阳，都下赏菊，有数种。其黄白色蕊若莲房，曰'万龄菊'，粉红色曰'桃花菊'，白而檀心曰'木香菊'，黄色而圆者曰'金铃菊'。纯白而大者曰'喜容菊'，无处无之。酒家皆以菊花缚成洞户。都人多出郊外登高。"

每到重阳节，从宫廷到民间，人人都要到集市上去买些菊花，在家中赏玩；还要饮菊花酒，吃菊花饼，点菊花灯；人人头戴菊花，吟咏菊花，重阳节里满满都是菊花。重阳赏菊、皆举设菊花大会，倾城赏菊，并有诗文书画比赛，以畅秋怀，以助游兴。

赏菊花，随时随地，并非只有重阳节才有。前面我们谈及中秋节赏菊宋代已经流行，重阳节赏菊达到高潮，冬季也有赏菊的记录。苏轼的《赠刘景文/冬景》讲到有些菊花在冬季霜降时节仍然出现，展示了它们的顽强气节，是非常值得赞美的场景："荷尽已无擎雨盖，菊残犹有傲霜枝。一年好景君须记，正是橙黄橘绿时。"

至于在菊花方面的诗词唱酬，更是文人士大夫们的专长和喜好，宋代士人在此方面非常杰出。欧阳修、苏轼在菊花方面的诗词，赫赫有名，脍炙人口，成为千古佳话。北宋名人的咏菊佳作便不可胜数，苏东坡、李清照、王安石、欧阳修、黄庭坚、晏殊、朱淑真……他们的咏菊诗词是游人"相看两不厌"的美丽风景。由于菊花诗词研究众多，此文就不再赘述了。

总之，追踪宋代都市的赏菊习俗，回顾当时人们风花雪月的生活，非常有趣。菊花欣赏的习俗，在一定程度上反映出宋代社会经济的迅速发展，有条件进行高级的赏花活动。同时，也折射出宋代别具一格的市民生活的悠闲情调。试想若在老百姓吃穿住用等基本物质需要都无法满足的情况下，怎样有条件、有心思去赏花和花费大量的精力、时间、金钱去关注菊花呢？在当今中国，老百姓的日子越来越好，开封、杭州等地的秋季大型菊花展，成为一年一度的城市盛事，恰恰是太平盛世老百姓安居乐业生活丰富的体现。

（作者单位：武汉科技大学）

宋元许市的聚落形态与经济职能

蔡霁安

位于苏州城西北约三十里的浒墅关镇，其市镇历史可以追述到宋代出现的草市——"许市"（亦有"浒市"、"浒墅"等名），明清时期多称"浒墅"，是江南地区历史悠久的古镇。由于明清时期浒墅镇设置税关[1]并盛极一时，相关研究较为丰富。浒墅关研究发轫于日本学者香坂昌纪，其文对浒墅关的管理与商品流通进行了考察。[2]随后廖声丰、林子雅等利用宫中档就浒墅关商品流通、

---

[1] 朱元璋建明后，推行大明宝钞。由于随意滥发，宝钞不断贬值，物价上涨，百姓不愿使用。为解决财政困难，便在长江、运河等交通要冲设立回笼宝钞的钞关，对宝钞进行回收以提高钞价。浒墅钞关就是在这一背景下设立的。后钞法停止，仍设置如旧，对往来货物征税。清代的税关包括常关（又称榷关）和洋关，前者对国内贸易商品征税，后者对国际贸易商品征税。常关分为户部关和工部关。户关主要来源于明代的钞关，隶属户部，税收输户部供为国用；工关源于明代的工部抽分，主要征收竹木税和船税，供工部营缮之需。浒墅关入清后属户部钞关，由户部贵州清吏司管辖，此时浒墅钞关的性质已和常关无异。为行文方便，现统一称为税关，管关官员明代多称为户部主事，清代如道光《浒墅关志》称之为榷使，现统称为税使。（参见倪玉平：《清代关税的长期表现》，《清华大学学报》2018 年第 3 期）

[2] [日] 香坂昌纪：《清代浒墅关の研究》，日本《东北学院大学论集》，《历史学、地理学》分册，第 3、5、13、14 期，1972 年、1975 年、1983 年、1984 年。

与苏州织造之关系等方面进行了研究。[1]而在税关史的研究中，浒墅关也作为个案常被提及。[2]相比而言，浒墅镇发展演进的脉络则被忽略，相关研究散见于各类著作中。目前所见，刘石吉、樊树志、陈忠平等学者在他们的论著中对浒墅镇作了一定资料梳理，并根据"专业市镇"的学术范式将其定义为米粮市镇、交通市镇、编织业市镇、流通型市镇等。[3]这种对市镇功能探讨的划分方式固然体现了市镇研究的意义与价值，然而只强调了市镇发展的某一侧面，未免简单化。又如范毅军在梳理大运河与湖群低地区西部的市镇时认为，浒墅镇的兴起可以代表整个苏南地区与外地商业往来的强化，[4]但缺乏更深层次的分析。专文有二，夏维中对明清浒墅镇的发展和市镇经济进行了探讨，并借此说明交通位置的重要与税关的设立是浒墅镇繁荣的重要因素。[5]张海英认为明清时期江南地区各种专业市镇不仅经济上各有千秋，在行政管理上

[1] 廖声丰：《试述清代前期苏州浒墅关的商品流通》，《上海交通大学学报（哲学社会科学版）》2007年第6期；林子雅：《清代中期（1723—1850）浒墅关税收变化与经济地位之关系》，"社会·经济·观念史视野下的古代中国"国际青年学术会议暨第二届清华青年史学论坛论文集》（下），2010年。

[2] 较具代表性的有余清良：《明代钞关制度研究（1429—1644）——以浒墅关和北新关为中心》，厦门大学博士学位论文，2008年。

[3] 参见刘石吉：《明清时代江南市镇研究》，中国社会科学出版社1987年版，第161—166页；樊树志：《明清江南市镇探微》，复旦大学出版社1990年版，第250—251页；陈忠平：《明清时期江南市镇经济结构严谨》，硕士学位论文，南京大学历史系，1984年。

[4] 范毅军：《传统市镇与区域发展：明清太湖以东地区为例，1551—1861》，台北联经出版社2005年版，第166—167页。

[5] 夏维中：《明清时代浒墅镇的研究》，洪焕春、罗伦主编：《长江三角洲地区社会经济史研究》，南京大学出版社1989年版。

也各具特色。浒墅镇的不同之处是比较典型的以"关"御"镇",税关的设立运转带动了浒墅镇及周边地区的发展繁荣。[1]总体而言,浒墅镇的研究多集中在明清时期,对其宋元时期的演进脉络较为忽视。实则宋元许市的研究极具意义,主要体现在两点:第一,自日本学者加藤繁研究唐宋市镇始,市镇多从全国性或区域性视角进行量化研究,究其原委是个案史料匮乏,[2]研究亦少见;第二,浒墅关作为明清时期的重要税关,其税收量本居运河沿岸税关之首,至乾隆后期税收更仅次粤海关、九江关,居全国第三,成为税关史关注的重点。然而,对于税关为何设于浒墅,现有研究尚付阙如,而厘清许市的发展有助于解决这一问题。因此,本文聚焦于宋元时代的许市,在对许市地名进行文献梳理的基础上,关注其聚落演变与功能,并进行横纵向比较,尽可能复原其面貌,以期对这一时期江南市镇发展轨迹的研究有所深化。

一、宋元以来文献中的许市

现存对许市最早的记载出现于北宋朱长文的《吴郡图经续

[1] 张海英:《明清政府对浒墅关的管理与浒墅镇的发展》,唐力行主编:《江南社会历史评论》(第4辑),商务印书馆2012年版。

[2] 目前所见的个案研究有叶美芬:《从村落到市镇:南浔镇起源探微》,《浙江社会科学》2007年第6期;江城志:《唐宋时期草市到城镇研究——以雍江草市为例》,《城市探索》2011年第8期;杨果:《宋代的鄂州南草市——江汉平原市镇的个案分析》,《江汉论坛》1999年第12期;林德张:《宋元时期澉浦镇研究》,浙江师范大学2011年硕士论文;王旭:《新旧博弈:宋代新兴经济镇的崛起与外部竞争——以南浔、乌墩两镇为中心的考察》,《宋史研究论丛》2016年第2期。

记》（以下简称《续纪》）。该书编撰于北宋元丰年间，其卷下《往迹》云：

> 许市，在郡西二十五里。《图经》云："秦皇求吴王剑，白虎蹲于丘上，遂西走二十五里而失，剑不能得，地裂为池，因名其地为虎疁。"盖此地是也。唐讳琥，钱氏讳镠，故改云许市。[1]

从以上记载可见，至少在北宋元丰年间，许市已作为一个草市存在。朱长文认为，该地原称"虎疁"，后因避讳而改名许市。朱长文的这一解释，似需进一步辨析。始皇求吴王剑这一传说汉代已经出现，陆广微征引两汉史料云："阖闾冢在吴县阊门外。以十万人治冢，取土临湖。葬经三日，白虎踞其上，故名虎邱山。"[2]《吴越春秋》中也有类似记载。陆氏以此佐证虎丘山之来历，但仅止于"白虎踞其上"，并无下文。而到《图经》时故事发生衍生，交代了白虎的下落，即西走二十五里而失，此地遂名"虎疁"，形成了一个相对完整的故事链。然而，始皇是否发过阖闾墓并无确证。朱长文利用此一传说认为许市一带原称"虎疁"，似嫌武断。朱氏还进一步对"虎疁"名称变为"许市"提出了解释，认为"虎疁"因避唐高祖李渊祖父李虎与吴越王钱镠之讳而改名"许市"。实

---

[1]（宋）朱长文：《吴郡图经续记》卷下《往迹》，宋绍兴四年孙佑苏州刊本，第73页。

[2]（唐）陆广微：《吴地记》，江苏古籍出版社1999年版，第62页。

则避讳之说似难成立。首先，唐代讳"虎"而非"琥"，避讳多将"虎"字改为兽、武、豹、彪，[1]"许"字和以上改字的选用取向不合。如唐代"虎丘"因避讳改为"武丘"，唐人有诗云"武丘山下冢累累，松柏萧条尽可悲"[2]。"虎噂"若为避讳似以改称"武噂"更为可能。若真以"许"字讳虎，许市出现前应有"许噂"的之称，但却文献无征。同时，关于钱氏讳噂一说，史有元金履祥先世刘氏为避讳改金姓之记载。[3]未见有改"市"一说。而且"市"字或指商店林立之处，或指定时集合买卖的场所，[4]背后意味着商业的发展。在唐宋之际市坊制度还有严格划分的情况下，称市称坊都有严格的规定，因避讳而称聚落为"市"似不太合理。

"许市"名称的由来，或许与许姓大族聚居于此有关。一般来说，草市经济的发达往往导致一些地方权势意图掌握某些行业的交易权甚至征税权力，"凡买扑者，往往一乡之豪猾，既称趁纳官课，则声势尤甚于官务"[5]，富室大户常居草市也为常态，市镇因此得以创立与发展。正德《姑苏志》载阊门外彭华乡有许家桥，《宋平江城坊考》认为当地有许姓氏族的存在，桥因族名。[6]许姓

[1] 陈垣：《史讳举例》，中华书局1962年版，第147页。

[2] （唐）谭铢：《真娘墓》，黄勇编：《唐诗宋词全集》（第4册），燕山出版社2007年版，第1181页。

[3] 陈垣：《史讳举例》，第152页。

[4] [日]加藤繁：《唐宋时代的市》，《中国经济史考证》，台北华世出版社1981年版，第278页。

[5] （清）徐松：《宋会要辑稿》，《食货》卷16《商税岁额二》，上海古籍出版社2012年版，第6377页。

[6] 正德《姑苏志》卷十九《桥梁上》，第555页。

大族的存在，很可能是许市成"市"的关键因素。清人亦有径直称之为"许氏关"之说。[1] 道光《浒墅关志》亦证实清代有许氏家族的存在，[2] 虽不能证明两者为同系，却能为主姓创市提供一种可能性。

南宋范成大编撰的《吴郡志》亦有关于"许市"的记载，在该书卷13中记载了嫪氏女所产龙子回阳山省亲的故事，其云："自云从沙来，与船人钱十千，先付五千，余钱约至苏州阳山看亲处还。登舟，即令篙工悉睡，日暮抵许市。上岸去，盖已三百六十里矣。"[3] 此后，他在《吴船录》中又云："冬十月丁卯，朔。雨中行，不住。戊辰未，至浒市十里所，泊。"[4] 该书记载了范成大从成都回苏州一路的见闻，经过许市时又用"浒市"之称，可见两名通用。周必大《吴郡诸山录》也称："乾道丁亥五月戊戌朔乙巳午后，至浒市，登法华庵，望阳山在数里间，其下有澄照寺，今为朱谔右丞功德院，其旁龙母庙颇灵异。"[5] 《三朝北盟会编》中亦称"浒市"。另，宋知庐州军州事、主管淮西安抚司公事李大东有《宋定城令赵公圹志》，载定城令赵用于嘉定乙亥（1215）二月"葬于长洲县彭华乡浒墅之南冈"[6]。可见在两

[1] （清）许鸿磐：《方舆考证》（第18册）卷45，清济宁潘氏华鉴阁本，第135页。

[2] 道光《浒墅关志》卷14《人物本镇》，第241页。

[3] 《吴郡志》卷13《寺庙》，江苏古籍出版社1999年版，第181页。

[4] （宋）范成大：《吴船录》卷下，明治十三年求古堂刊本，第121页。

[5] （宋）周必大：《吴郡诸山录》，杨循吉等：《吴中小志丛刊》，广陵书社2004年版，第410页。

[6] 道光《浒墅关志》卷13《冢墓》，广陵书社2012年版，第216页。

宋时该地有许市、浒市、浒墅三种名称，其中"许市"见于北宋文献，出现较早，"浒市"、"浒墅"之名见于南宋文献，似为后出。[1]"浒"应一直读为"许"，后来才逐渐分化，不待传说所云乾隆皇帝下江南时才错将"浒"读为"许"。

元代高德基《平江记事》云：

> 许市，去吴县西二十五里，旧传秦始皇帝求吴王剑，白虎拒丘上，帝刺之，虎西走二十五里而没，地裂为池，因名其地曰虎疁。至南唐讳琥，钱氏讳镠，遂改名许市。后人讹旧音，于许字加点水为浒，市讹为墅，迄今两称之，不能辨云。[2]

显然，在高德基看来，浒墅之名系后出，乃因"后人讹旧音"所致。今日看来，"浒市""浒墅"之名，应与北宋朱长文所创之"虎疁"传说有关，皆为"许市"之美称。高德基关于"虎疁"的记述，则是沿袭《图经》的说法，其中所称"至南唐讳琥"，应是"唐讳琥"之误，"南"为衍字。另元人方回有诗《浒墅》云："太

---

[1] 《资治通鉴》记载，唐上元初年，刘展起兵叛乱，唐将李藏用率兵与李展部将张景超、孙待封"战于郁墅"，李藏用"兵败奔杭州，景超遂据苏州，待封进陷湖州。"（《资治通鉴》卷221，《唐纪》37，中华书局1956年版，第7101页。）清初学者顾祖禹认为，"郁墅即浒墅之讹也"。（清）顾祖禹：《读史方舆纪要》卷24，中华书局2005年版，第1165页。）清末学者许鸿磐和军事家胡林翼在所撰书中亦承袭了这一说法。此系以"浒墅"之名推测得出之结论。然而，北宋之前似无"浒墅"之名，若有，朱长文似不应不提及。

[2] （元）高德基：《平江记事》，王稼句：《苏州文献丛钞初编》（上），古吴轩出版社2005年版，第147页。

湖晚山雨，白鸟去冥冥。古冢多无后，荒祠岂有灵。异峰巉石骨，远树耸人形。兵革已苏息，废田蒲稗青。"[1]描绘了宋元之际兵革沧桑之后的情景，至此，浒地保持着两名并称的状态。

明正德年间纂修的《姑苏志》在不同卷下对许市有三种不同的称呼，分别是：许墅、许市、浒墅。并在卷18中介绍长洲县有四镇，分别为甫里、陈墓、许市和陆墓。此时虽仍以"许市"名之，但实际已升格为"镇"。而明代文人亦时称"浒墅"，时称"许市"，并不统一。明嘉靖年间编纂的当地第一本方志《浒墅关志》综合朱长文《吴郡图经续记》以来的各种记载对浒墅镇地名进行了如下解说：

> 浒墅镇，在苏州府治西北，隶长洲县二都七图彭华乡，去郡城三十里，一名许市。《吴越春秋》云："吴王阖闾葬虎丘山，以扁诸、鱼肠剑为殉。越三日，金精结为白虎，踞于其上，故名虎丘。"《图经》云："秦始皇求吴王剑，发阖闾墓，见白虎蹲于丘上，逐之，西走一十五里，失，剑不能得，地裂为池，因名其地曰虎疁。"至五代时，吴越王钱氏讳镠，因改为浒墅，俗呼为许市。民居际水，农贾杂处，为姑苏一大镇。[2]

---

[1]（元）方回：《浒墅》，嘉靖《浒墅关志》卷17《诗辞》，第492页。

[2] 嘉靖《浒墅关志》卷1《建置沿革》，民国影印明嘉靖十六年刻本，第11—12页。

《浒墅关志》引《图经》较朱氏《续志》所引多"发阖闾墓"一句，应为《浒墅关志》作者所加。关志所云"西走一十五里"应为"西走二十五里"之误。同时，关志又删去朱氏《续记》"唐讳琥"一语，径直认为"浒墅"之名来源于避吴越王钱镠之讳。明清时代"浒墅"这一地名更为流行，而嘉靖《浒墅关志》的说法为此后多数方志所沿袭。

明代万历年间，浒墅关税使王之都在所纂《浒墅关续志》中对该地地名的传统说法提出了质疑，称：

> 按经义，水际为浒野，田为墅，从地势名也。旧志牵引虎疁、虎丘为说，非其质矣。至调剑化为虎，地裂为池，尤谬悠不经，无足道者。[1]

王之都认为，"浒墅"之称乃从地势得名，"虎疁"之说谬不可闻，显示其不为传说所囿，独立思考的精神。但他的意见并未被后来的方志编纂者继承，此后的康熙《浒墅关志》云：

> 浒墅镇，在苏州府治西北，隶长洲县彭华乡，去郡二十五里，一名许市。《图经》云："秦始皇求吴王剑，发墓，见白虎蹲于丘上，逐之，西走二十五里，失，剑不能得，地裂为池，因名其地曰虎疁。"至吴越时讳镠，因改名浒墅。按

---

[1]（明）王之都：《浒墅图说》，万历《浒墅关续志》卷1，清抄本，北京大学图书馆藏。

经义，水际为浒野，田为墅。从地势得名。[1]

康熙志吸收了王之都关于"浒墅"从地势得名的说法，但仍然坚持从"虎疁"演变为"浒墅"之说。至道光《浒墅关志》时，则又将从地势得名之说删去，径承嘉靖关志之说云：

> 浒墅在江苏苏州府治西北三十里，一名许市，旧名虎疁。秦始皇求吴王剑，发阖闾墓，白虎蹲于丘上，逐之，西走二十五里，失。剑不能得，地裂为池，因名其地曰虎疁。至唐讳虎，吴越讳镠，改今名。[2]

可见，自北宋朱长文《续志》创为"虎疁"之说，即牢不可破，而为多数方志说沿袭。中间虽有王之都对其提出质疑，但影响甚微。这源于历代方志常有将市镇历史向前溯源的倾向，其实这也是乡镇志纂修过程中的一个共性。出于对家乡的热爱，方志对于本地的记载经常出现夸饰、攀附之现象。纪昀对此有过总结，称："相沿之通弊，则莫大于夸饰，莫滥于攀附。一夸饰，而古迹人物辗转附会；一攀附，而琐屑之事迹、庸沓之诗文相连而登。"[3]

　　以上征引了宋代以来各种关于许市地名的史料，加以辨析，

---

[1] 康熙《浒墅关志》卷1《乡镇》，第29页。

[2] 道光《浒墅关志》卷1《建置沿革山水》，第2页。

[3] （清）纪昀：《安阳县志序》，《纪晓岚文集》（第1册）卷8，河北教育出版社1991年版，第166页。

现略作小结：首先，浒墅最早应称许市，该市至少在北宋元丰年间之前已经出现，为江南草市之一。该草市之称为"许市"，应与该地许姓大族具有支配地位有关。至于"浒市"、"浒墅"等地名则为后起之名，应与朱长文《续记》提出的"虎疁"传说有关。这是因为，一方面，"浒"与"虎"同音，无论"浒市"还是"浒墅"皆可很好地囊括"虎疁"传说，可以使市镇的历史延长。另一方面，亦可能随着许市的发展，人口日益增长，原来据支配地位的许氏族人日渐势微，当地居民亦出现不满"许市"原名，而另求美名之冲动。"浒"与"许"同形，既可与"虎疁"相联系，亦可兼顾"许市"之旧名。"浒"在当地方言中至今读为"许"，应即与其来源于"许市"密切相关。

二、聚落空间形态的演变

唐万岁通天元年（696）苏州割吴县地分置长洲县，许市位于属长洲境内，属彭华乡管辖。其东西两侧分别有太湖与漕湖，两湖间河网密布。隋大业六年（610）炀帝"敕开江南河"[1]，运河南北走向，途经许市与当地河流在明清二都七图处形成十字港。然而，隋唐政府对运河江南段并未进行有效利用，入宋后始受关注，许市亦渐有兴起之迹象。

约在同时，僧人本一在许市兴建奉先庵，本一为何人不可考。

---

[1]《资治通鉴》卷181《隋纪五·炀帝大业六年》，中华书局1956年版，第5652页。

但此时许市西侧的阳山、大石山诸山上陆续出现不少寺庙。阳山上最早的寺庙出现于东晋，如支遁庵、南峰寺，多与名僧支道林有关，北峰寺、华山寺、文殊寺亦其所开。迄至庆历时，计有庙宇7座，若涵盖许市周围的寺庙，约不下10座。[1]事实上，江南许多市镇起源多与寺庙纠葛不清，仅一座寺庙就可带动四周形成村落。[2]据此看许市一带，由于寺庙的出现，大量宗教活动随之而来，带动早期西岸开发，许市形成村落甚至村市毋庸置疑。

从朱长文《续记》可知，该地已有一定人口聚集。但北宋时许市的聚落形态如何，却未有清晰记载，让我们从存世史料中一窥当时模样。两宋之交，宋金对峙，战争不断。庄绰在《鸡肋编》中留下了相关记载：

> 建炎三年（1129）七月，余寓居平江府长洲县彭华乡高景山北白马涧张氏舍。时山上设烽火，夕举以报平安。留月余，即过浙东，临行前书一绝于壁间云："昔年随牒佐边候，愁望长安向戍楼。今日衰颓来泽国，又看烽火照长洲。"十年冬，金人犯杭、越。明年春，由平江以归。白马涧去城十八里，张氏数宅百余区，尽被焚毁，独留余所居。于壁边题"耿先生到此不烧"七字。[3]

---

[1] 参见嘉靖《浒墅关志》卷13《祠庙》，第176—185页。

[2] 小田：《民间传说的社会史内涵——以一个江南市镇的成长历程为依托》，《河北学刊》2006年第1期。

[3] （宋）庄绰：《鸡肋编》，中华书局1983年版，第17—18页。

在苏州城中向北望去，第一座较为低矮的山即高景山，在许市西南，位于城乡交接处，在此设烽火台能同时兼顾城乡居民。庄绰于建炎三年（1129）在此居住月余，此时宋金关系紧张，每天傍晚都要点烽火报平安。然而建炎年号只使用了四年，文中的"十年冬"应为绍兴六年（1136），彼时金兵犯杭、越，待到庄氏次年归来时，受战争波及，其早前寓居的张氏宅已被焚毁。文中未交代"张氏"生平，仅就其有"数宅百余区"可见至少为当地富民大户，拥有大量的田庄。傅宗文指出，在草市蓬勃发展情况下，田庄和草市的分布应是犬牙交错、紧靠毗连的。这样庄主可以就近籴粜粮食，减轻长途运输过程中的费用，推动产品地租向商品转化。[1] 至于战火为何延及苏州城郊张氏宅，是因金兵南下，传其有长平之众，都官员外郎魏良臣等至常州见浙西江东宣抚使张浚商议对策，在许市与张浚会于舟中。随行人员果州团练副使王绘记录下这一过程，并云"某见浒市差到人夫，即时解舟"[2]，巡检之设，不仅表明许市控扼要害，还说明此地同时进行大规模拓殖，附近农田水利都得到了广泛开发和修整。由此构成一副苏州城郊开发、粮食交换、农商往来的图景。

赵宋王朝南渡后，大量劳动力随之而来，土地被广泛开发，城市工商业和市场活动，从州县城不断扩展到城郊地带，进而渗透到广大农村地区。南宋两浙路处于宋廷腹地，官僚、士子、豪

---

[1] 傅宗文：《宋代草市镇研究》，福建人民出版社 1989 年版，第 30—31 页。

[2]《三朝北盟会编》卷 163《炎兴下帙六十三》，上海古籍出版社 1987 年版，第 1179 页。

绅、大族云集，增加了对商品的需求，为城乡商品经济的进一步发展和市镇的兴盛，提供了有利条件。[1] 这一时期，许市的公共建筑明显增多，显示这是聚落发展的重要时期。南宋初年，官员王之道留宿许市时写有《题许市接待院壁》与《题许市施水坊》两诗：

其一：

一檐冬日送清温，疏竹萧萧覆短垣，来就老僧同曝背，不妨危坐默无言。

其二：

梦断蓬窗特地愁，卧闻溪水咶船头。夜航又逐东风去，重叹因人此滞留。[2]

绍兴年间，王之道上疏反对议和被贬，后居安徽相山。其在为官途中路经许市，滞留在此，留下两诗，反映了作者冬日中的羁旅与愁绪。诗中所云"接待院"多为僧人所建立，"延竮四方云水之客"[3]，所以"客若见若闻皆争相施舍，贫者出力，富者出财，巧者出技"[4]，正因其具有慈善功能，亦常受朝廷敕封。如绍兴二十八年（1158），虞并甫自渠州被召返临安，"因道中冒暑得疾，

---

[1] 吴业国：《南宋两浙路的市镇发展》，《史林》2010 年第 1 期。

[2] （宋）王之道：《相山集》卷 15，文渊阁《四库全书》集部 71，台北"商务印书馆"1982 年版，第 634 页。

[3] 《吴郡志》卷 36《郭外寺》，第 527 页。

[4] 《吴郡志》卷 36《郭外寺》，第 527 页。

泻痢连月"[1]，便宿于临安城北之接待院。坊则有店铺、里巷、牌坊等诸多含义，取名"施水"或与其近水有关，这和许市作为草市的身份吻合。接待院和施水坊的出现表明了两点：其一，许市是往来商旅休憩的落脚点，接待院在其中承担着一定的慈善、救济功能；其二，位于运河边的许市本应不缺饮水供给，而施水坊出现在此，应与接待院一起构成一个休憩、饮水之处，为往来商旅提供便利。

淳熙六年（1179），杨万里自常州回上饶，途经此地留下《将近许市望见虎丘》一诗：

> 浒墅人家远树前，虎丘山色夕阳边。石桥分水入别港，茅屋垂杨仍钓船。[2]

该诗营造了一副悠闲惬意的生活场面，诗中出现的桥梁，建于别港分水之处，或是许市见诸文献中最早的桥梁。直至庆元三年（1197），十字港处兴建一座普思桥。桥上碑记云："许市纪庆庵僧妙寿，施桥面石块，率众灰椿，功德报答四恩三有法界，众生同成妙果，伏愿亡者生天，见存获庆。"[3]跨运河桥梁的兴建显示和东岸有了往来，预示东岸乡村开始被纳入许市范围，同时表明一个突破乡都界限以贸易为中心的聚落实体开始逐步形成。又

---

[1]（宋）洪迈：《夷坚志》卷17，中华书局1981年版，第150页。

[2]（宋）杨万里：《将近许市望见虎丘》，《杨万里集笺校》，第650页。

[3] 嘉靖《浒墅关志》卷14《桥梁》，第187页。

此时江南城市发展突破城墙限制，城乡关系愈发紧密。宝祐五年（1257），政府将子城内公使酒库于移至平籴仓西，后又设醅酒库于城中乐桥西与许市，道光关志所载之竹青库即为酒库。[1]酒库是个酿造、批发的机构，通常有仓库区、生产区、贮酒区及专门之办公区。不少拍店、河脚店到此批酒售卖。一个酒库一年需使用数百万乃至上千万个酒瓶，因而酒库附近一般设有瓷窑，专门烧造供酒库使用的酒瓶。[2]可以想象，当时的许市围绕酒库形成了建筑群和商业区，今人所修新编《浒墅关志》用竹青塘指代西岸镇区，将其作为市廛繁密的象征，寓意今之浒墅能再现宋代的繁荣。陆游入蜀时路过许市亦感慨："居人极多。"[3]

运河东岸武丘乡曲逆侯庙的兴建或可揭示许市一带未在运河兴修之际快速崛起之原因，这似应与当地地势相对低洼而常遭水患有关。苏州地势东接海岸、西北地势低平，乃诸水向心汇聚之处。这一时期，政府更重视常熟等县水利，长洲县逊之不少，水患频仍。曲逆侯庙正是在这一背景下建立。该庙位于东岸中部，祀汉丞相陈平。彼时江南百姓常为水患所扰，故里社间多建庙宇进行压制。而乡里奉祀汉代功臣，应为当时江南地区的普遍现象。如嘉定县纪王庙之设，据方志记载，唐宋时期，"相传项籍为吴松

---

[1] 梁庚尧：《宋元时期的苏州》，《宋代社会经济史论集》（上），台北允晨文化事业股份有限公司 1997 年版，第 444、454 页。

[2] 李华瑞：《宋代的酒》，《文史知识》2004 年第 2 期。

[3] （宋）陆游：《渭南文集》卷 43《入蜀记第一》，舒大刚主编：《宋集珍本丛刊》（第 47 册），线装书局 2004 年版，第 366 页。

神，屡有风波之警"[1]。唐时沿江立汉功神七十二庙以镇之。吴淞江风急浪高，传闻是项羽化身所致，又称霸王潮。为镇压潮水，保两岸平安，当地人便在沿岸奉祀汉代功臣，纪王庙则因纪信而得名。久而久之，江南其他市镇亦出现奉祀汉臣镇压水患之现象，祭祀对象涵盖萧何、韩信、樊哙、张良等。宝庆（1225—1227）年间，东岸出现广福庵、观音庵两座寺庙，分别为僧人素定、善应所建。[2] 显然，大量信徒、商贩借宗教活动而来，为聚落带来了繁荣。寺庙以及围绕它们出现的坊巷，极可能形成许市初级市场的雏形，而曲逆侯庙及广福庵、观音庵很可能成为市场发育的起点。一般来说，聚落的形成和人口的聚居与寺庙的建立、拓展往往是同步的。[3]

元代史料留存甚少，因而许市元时状况难得其详。[4] 元至正（1341—1368）年间，"始于长洲县浒墅置抽分竹木场，税客商往来货物，多寡无定"[5]，官署位于运河西岸二都六图。表明许市在商品流通中的地位继续提升，许市亦应因此而由"市"升格为

---

［1］（清）闵萃祥：《纪王镇志序》，《式古训斋文集》卷上，《清代诗文集汇编》第771册，上海古籍出版社2010年版，第439页。

［2］正德《姑苏志》卷29《寺观上》，第857页。

［3］吴滔：《从"因寺名镇"到"因寺成镇"：南翔镇"三大古刹"的布局与聚落历史》，《历史研究》2012年第1期。

［4］道光《浒墅关志》称"府县志元职官独略"，而实际上，职官以外的部分记载亦少之又少。见卷13《冢墓》，第223页。

［5］乾隆《江南通志》卷79《食货志·关税》，凤凰出版社2011年版，第512页。

"镇"。[1]明代税关前身是抽分竹木场，相应规章也多袭元制，由此可作合理推测，元末许市与运河东岸曲逆侯庙一带极可能因设税关合并成浒墅镇，同属税关管辖，[2]形成新编《浒墅关志》中所云"以运河为中心形成上、下塘街，又以竹青塘、龙华塘组合成镇区南北二平方公里的街坊镇区"[3]。这一市镇范围之雏形发端于普思桥建立之时，其后在元代借设抽分竹木场时正式得到官方追认。而从上文可知，运河两岸聚落原是各自发展，分属不同乡，形成过程亦非均质而同步。设抽分竹木场后，往来船只大量汇集，繁忙时只能在河中等待交税并与沿河商铺发生贸易往来。久而久之，商业中心开始向运河岸边转移，这一趋势发端于宋元，一直延续至民国。[4]

---

[1] （宋）高承：《事物纪原》云："地要不成州而当津会者，则为军，以县兼军使；民聚不成县而有税课者，则为镇，或以官监之。"（宋）高承：《事物纪原》卷7，中华书局1989年版，第358页）说明在宋代，有课税是一地称"镇"的主要条件。延至明代，在江南地区凡设局收税和设巡检之处皆可称"镇"。嘉庆《安亭志》"远于城而民聚焉者曰聚，聚落曰村，聚货曰集，古未有以镇名者。夫镇者，重也，压也，至后世，凡地有税课者，亦谓之镇。"（嘉庆《安亭志》卷1《缘起》，上海古籍出版社2003年版，第2页。）另乾隆《澄海县志》云："民人团聚之所为村，商贾贸易之所为市。远商兴贩所集，车舆辐辏，为水陆要冲，而或设官将以禁防焉，或设关口以征税焉为镇，次于镇而无官司者为埠。此四者其定名也。亦有不设官而称镇，既设官而仍称村、称市者，从俗也。凡天下县邑皆然。"（乾隆《澄海县志》卷2《埠市》，国家图书馆藏）说明设局收税和设官禁防之地称"镇"，非江南一地为然。

[2] 嘉靖《浒墅关志》卷7《管辖》，第102页。其云："彭华乡功成里，即本关。浒墅镇属长洲县，管都五：一都、二都、三都、四都、五都。武丘乡采云里，本关下塘，属长洲县，管都四：六都、七都、八都、九都。"

[3] 新编《浒墅关志》，《概述》，第4页。

[4] 新编《浒墅关志》卷4《席草蚕桑》，第177页。

三、许市的功能分析

在聚落形成的过程中，作为一个草市的功能也逐渐具备，军事防御的设置、水利的兴修、苏州城的辐射与运河漕运之利使得许市成为兼具防御、漕运、货商往来等诸多功能的要地，因此元末政局动荡之际，政府仍在此设抽分竹木场，即后世税关之雏形，进行征税。

（一）军事要地

关于许市的地理位置重要性，明清人多有论及。如明人郑若曾《江南经略》云：

> 浒墅，在阊门外西北二十五里，南北运道之要冲也，户部分司在焉。居民稠密，钱钞出纳，无城堡可守。若寇从无锡而来，乃必由之道也。往年，倭寇五十三人自南京至吴县之横泾，为官兵所截，正由乎此。其南为枫桥，商贾骈集，乃入苏之正道也。又有虎丘、山塘泾，货物亦阜，乃入苏之间道也。浒墅有备，则寇自西北而来，均可以无患矣。[1]

这段史料虽讨论明代浒墅地理位置，但其中所论形势与宋元不差，并提出设浒墅镇营作为防守。明人童珮也有类似表述："嗟乎，许市当运河要冲，有关隘之阻，襟五湖而控东海，挟阳山西飞之势，

---

[1]（明）郑若曾：《江南经略》卷2下，黄山书社2017年版，第162页。

下临沃壤，南扼全吴郡，北走大江，舳舻、车马、道隘相望。"[1]
可见此地的军事意义。另外许市西北的阳山白墡，《祥符图经》
云："每岁官取万余斤，为钱塘宝兴监铸钱之用，又可圬墁，洁白
如粉。"[2]占据许市，对于掌控政府的经济命脉亦非常重要。

宋金对峙时期，许市的战略地位尤其突显。《三朝北盟会编》
卷163云：

> 二十九日，夜至浒市关，张浚舣舟集岸，遂往请见，舟
> 中坐语甚久，兼亦略及使指。浚云："适闻得奉使回，遂欲
> 同诣行在。徐思之，恐人疑惑。如二公到朝廷，必自有所以
> 处。"某见浒市巡检差到人夫，即时解舟。[3]

这是果州团练副使王绘在绍兴甲寅年（1134）的记录。另据《建
炎以来系年要录》载，是夜，都官员外郎魏良臣等至常州见浙西
江东宣抚使张浚，"良臣等至许市，遇枢密院事张浚于舟中。良臣
等具告以金人所言，且谓金有长平之众，浚谓曰欲同诣行在。徐
思之，恐人疑惑乃密奏使人为敌所怵，切不可以其言而动又勿令
再往军前恐我之虚实反为所得，浚遂疾驱临江，召韩世忠、刘光

---

[1]（明）童珮：《童子鸣集》卷6，浙江工商大学出版社2019年版，第270页。

[2] 洪武《苏州府志》卷2《山》，台北成文出版社1983年版，第153页。

[3]《三朝北盟会编》卷163《炎兴下帙六十三》，上海古籍出版社1987年版，第1179页。

世与议，且劳其军。将士见浚来，勇气百倍"[1]。上述史料中提及"浒市关"和"许市巡检"，表明该地军事的重要性。宋金对峙时期，战事频仍，南宋政府"凡沿江沿海召集水军，控扼要害及地分阔远处，皆置巡检一员"[2]，文中所云"浒市关"或指南宋初宋金交兵时孔扼姑苏西北水路要冲的巡检所在之地。同时，南宋政府"相度地形险隘、远近酌中处，置立堡寨"[3]，率兵戍边和维持治安。万历《长洲县志》云："（吴长寨）并建炎后置，即巡检寨。土军各一百四十四名，保伍中取之三丁籍一，亦名义兵。岁以十月起聚，教至正月中散。人日给钱百米二升。"[4]并就地垦殖、抵御水灾，令巡检寨，"遇有寇盗则聚在寨御捍，无事则乘时田作。其兵与民各处一方，不得交杂，庶得相安"[5]。许市巡检应是在这一情形下所设。同时期，常熟的许浦、福山等地亦设有巡检寨，兵员与许市相同。这一制度被元代承袭，在许市设有长洲巡检司。元代巡检司作为基层捕盗官员的性质更为显著，另有发布行政号令、征税等职责。[6]

（二）水利的兴修

一般来说，草市镇发展可分为三阶段，第一，点：最早在城

---

[1] 《建炎以来系年要录》卷82，清文渊阁四库全书本，中华书局1988年版，第1358页。

[2] 《宋史》卷167，中华书局1977年版，第3982页。

[3] 《宋会要辑稿》，《食货二》营田杂录一，第5591页。

[4] 万历《长洲县志》卷9《兵防》，台北学生书局，1987年版，第266页。

[5] 《宋会要辑稿》，《食货二》营田杂录一，第5591页。

[6] 李治安：《元代巡检司考述》，南开大学地方文献研究室编：《来新夏教授学术研讨会纪念集》，新疆大学出版社2002年版，第320—332页。

乡的个别地点出现；第二，线：在水陆运输线沿流、沿途出现；第三，面：成片出现，构成乡间市场网。[1]就两宋平江府而言，常熟县市镇发育最早，唐时已有青田镇、乌石镇，宋代有福山镇、庆安镇、许浦镇、梅李镇、涂松镇（元丰年间去镇为市）等五镇。市的数量也更多，有县市（后废）、梅李市（后升为梅李镇）、石闼市（后升为庆安镇）、练塘市、支塘市、甘草市、涂松市、杨尖市、直塘市，[2]构成成片的乡间市场网。其他几县比之稍逊，吴江有平望、震泽两镇，吴县有木渎镇，昆山有昆山镇、练祈市等。相较而言，长洲县境内只有许市一个草市，无镇，显示了长洲县市镇发展的滞后性。长洲县市镇发展的滞后，应与当地水利事业的滞后有关。隋大业六年（610）炀帝"敕开江南河，自京口至余杭八百余里，广十余丈，使可通龙舟，并置驿宫、草顿，欲东巡会稽"[3]。位于江南运河两侧的商业聚落渐渐有了兴起的迹象，长洲县境内的许市即是一例。

然而许市并未在运河兴修之初就快速发展起来。其原因似应与当地地势相对低洼而常遭水患有关。苏州地势东接海岸、西北地势低平，乃诸水向心汇聚之处。唐宋时期，政府更为重视常熟等县水利，长洲县逊之不少，水患频仍。宋代水利学家郏侨指出，常州、润州两州相比苏州地势为高，苏州东部势接海岸，位于两

---

[1] 傅宗文：《宋代草市镇》，第 136—137 页。

[2] 《琴川志》卷 1《叙县》，《宋元方志丛刊》（第 2 册），中华书局 1990 年版，第 1166—1167 页。

[3] 《资治通鉴》卷 181《隋纪五·炀帝大业六年》，中华书局 1956 年版，第 5652 页。

高之间，但遇大水"西则为常润之水所注，东则为大海岸道所障，其水潴蓄无缘通泄"[1]，并提出了解决措施，即由平江府管辖常州府无锡县之望亭堰闸，"谨其开闭"[2]，以绝常州轻废此堰之患，而"欲决常州润州之水，则莫若决无锡县之五卸堰，使水趋于扬子江，则常州等水患可渐息而民田可治矣"[3]，如此两地水患均能得到一定程度的解决。在郏侨的措施中，望亭堰的兴废和管辖是重点。望亭地处太湖、鹤溪、蠡湖汇合处，遇暴雨即成灾，唐代虽筑堰闸，然而常州府常轻废此堰，一旦出现洪涝灾害，大水势必流向苏州，而许市向西十五里处即是望亭，大水过境，许市首当其冲。在江南地区，运河漕运正常进行的前提是治理水患，故宋元诸臣有"运漕莫若治水患"之语。

郏亶曾言："天下之利，莫大于水田，水田之美，无过于苏州。然自唐末以来，经营至今，而终未见其利。"[4]南宋时期，大量河口、湖荡被围垦，港浦淤塞，故而一些官员试图整治围田，如乾道元年（1163），平江知府沈度开掘长洲、昆山、常熟等地围田以泄水势。[5]另许市等地巡检寨亦"捍卫江海，开浚港浦"[6]，整修当地水利，以保农田无虞。围田的扩张，是南宋迁都后对粮食需求增加的表现，围田的扩张又推动政府对水利的投入，这使得

---

[1] 正德《姑苏志》卷11《水利上》，第376页。

[2] 正德《姑苏志》卷11《水利上》，第376页。

[3] 正德《姑苏志》卷11《水利上》，第376页。

[4] 《吴郡志》卷19《水利》第264、269页。

[5] 洪武《苏州府志》卷3《水利》，第221页。

[6] 正德《姑苏志》卷12《水利下》，第394页。

江南的开发大大加快，范成大描述这种景象称"四郊无旷土，随高下悉为田"[1]。随着农田水利建设的加快，江南草市镇发展亦进入兴盛期，许市在南宋得到了快速发展。

（三）苏州城的辐射效应

许市的兴起亦与宋代苏州城西阊门的发展有关。北宋中叶，阊门一带四顾无人，十分荒凉。随着政府对运河的修浚和漕运的改革，阊门位置的重要性开始凸显。北宋设储存和籴米的北仓与南宋储存和籴米的百万东仓、西仓及宝祐百万仓，均设于阊门内侧，每年大量的和籴米进出，使得阊门内外成为米粮运输要地。[2]随之产生的米谷市场亦集中于城西阊门外的许市以及明清时期称为月城、枫桥的地区，这一格局一直延续到明清，显示出城市发展突破城墙限制、城市和乡村关系愈发紧密的情形。而明清浒墅关税收高低更与苏州商品流通之经济状况相对应，[3]可谓一荣俱荣，一损俱损。又上文言及政府移子城内公使酒库于平籴仓西，又设醋酒库于在乐桥西与许市，共同显示出城市发展突破城墙限制、城市和乡村关系愈发紧密的情形。

唐宋时期，苏州以竹、草为原料的编织业已十分发达。据范成大《吴郡志》记载，唐代苏州所贡有草席鞋、灯芯席、灯芯草等，宋代所贡有坐椅席、花席等。从唐至宋，苏州地区一直以草

[1]《吴郡志》卷2《风俗》，第13页。

[2] 梁庚尧：《宋元时期的苏州》，《宋代社会经济史论集》（上），第440页。

[3] 林子雅：《清代中期（1723—1850）浒墅关税收变化与经济地位之关系》，《"社会·经济·观念史视野下的古代中国"国际青年学术会议暨第二届清华青年史学论坛论文集》（下），2010年。

席和席草著称，并长期列为"土贡"之一。[1] 宋人吴曾云"姑苏之席，著名天下，不特今日，自古已然矣"[2]。从明清史料来看，在苏州府城范围内，虎丘草席起步较早，一直执苏州草席业牛耳，清代开始，浒墅后来居上。唐宋以来，苏州的米粮运输和草席业，从苏州城通过运河向西北部乡村辐射，延至临近的无锡新安、开化等地均受影响，这一过程发端于唐宋，持续至民国。

（四）运河漕运之利

隋代国祚短暂，运河开凿后并未进行有效利用。唐代始行漕运，都城长安位于关中地区，运粮方向自东南向西北，途中阻碍重重，江南"每州所送租及庸调等，本周正月二日上道，至扬州入斗门，即逢水浅，已有阻碍，须停留一月以上。三月四月后始渡淮入汴，多属汴河干浅，又船运停留。至六月七月后始至河口，即逢黄河水涨，不得入河，又须停一两月。待河水小，始得上河入洛，即漕路干浅，船舻隘闹，船载停滞，备极艰辛。计从江南至东都，停滞日多，得行日少，粮食既皆不足，折欠因此而生。又江南百姓不习河水，皆转雇河师水手，更为损费"[3]。显然此时运河的运输功能尚不完备，需借助淮河、汴河、黄河等转运漕粮。而在运抵永丰仓后，因渭水不便运航，还需牛车运送，转为陆运，耗费甚巨。玄宗时裴耀卿进行漕运改革，主要整修河段为东都至

---

[1]《吴郡志》卷1《土贡》，第6—7页。

[2]（明）吴曾：《能改斋漫录》卷15《方物》，中华书局1979年版，第457页。

[3] 杜佑撰，王文锦等点校：《通典》卷10《食货》，中华书局1988年版，第221页。

长安段，又忽视对江南运河的疏浚。

进入北宋，都城物资供应对江南的依赖更重，江南运河更受重视。庆历年间，发运使柳灏称："切以东南一方，诸路百郡，盐、粮、钱、帛、茶、银、杂物，凡所供国瞻军，尽由此河般运，若仍旧不加浚治，将见多滞纲运，有误岁计。"[1]为保障往来漕粮运输，发运司备有漕船六千只，每船载米三四百石，一年往返三四次，两浙路一年要往返四次。宋初政府以船十支组成一个运输队，称"纲"，由官员专门押送。[2]为防止漕船被侵盗，许多地区亦雇佣客船转运漕粮，并在沿途设有巡检催纲。以上措施促进了运河沿岸市镇的兴起。

为保障纲运进行，大运河水陆沿岸设有相关机构负责催征漕粮，"水路于排岸、催纲运、巡检司，陆路于洲县镇寨，即时批到发时日、附载物名数，或风水事故实状。通判督责催纲，巡尉差人防护，监赶出界，关报前路催纲官司。若风涛不可停船只，听押纲人从实声说事因、到发时日，结朝典状赴以次官司并批"[3]。长洲县境内有御前拱卫水步军寨、牧马寨与吴长寨，前两者位于城内，后者位于许市，并具巡检性质。漕船途经许市时，巡检差人防护，若遇纠纷和事故，需进行处理，并负责催促粮纲迅速离开。这一制度设计显然是运河功能日渐完备的重要体现。

---

[1]《宋会要辑稿》，《食货》46，第7044页。

[2] 全汉昇：《唐宋帝国与运河》，商务印书馆1944年版，第103页。

[3]《宋会要辑稿》，《食货》43，第6998页。

漕船押纲，"于法许载二分私物"[1]。有些押纲船为客船而非官船，为防止客船出问题，还有随纲座船，并行般运，但依然存在"名装官物十分，揽载私货"[2]的现象。随着粮纲运弊日深，出现空船，沿流居民收买官纲米粮，使漕粮中途进入市场，参与到粮食商品化过程中。这种行为虽受到政府打击，但屡禁不止。客船多由民间建造，可以推想，运河沿岸的许多市镇应设有港口，在客船破损或遇风浪之时进行修理与躲避，或雇船转输，市镇中亦应有相关行业人员的存在。两浙路每年漕船往来四次，又兼运他省货物土产，应十分繁忙，通过上文杨万里所云之"别港"与王之道"卧闻溪水啮船头"的诗句，可以想见许市船只往来的热闹场面。

许市地处大运河运道之上，为进出苏州门户。兹以范成大与陆游为例说明之。淳熙四年（1177）五月二十九日，范成大离开成都，经眉州、嘉州、叙州、泸州、恭州、涪州、忠州、归州、峡州，进入荆北路江陵、公安县，入鄂州、汉口、黄州、江州、池州。复进入江南东路的南京，两浙路的镇江、常州，最后到达苏州城北许市，过许市后入盘门。范成大沿途均走水路，沿途经岷江、长江，进入江南后转入运河，一路通畅，途中常经驿站和军事驻地，如松林驿、江院驿、安德镇、永康军、符文镇、罗护镇等，一路既提供商旅休憩，并负责对往来货物进行征税，构成西南到江南的官塘正路。许市位于这条水路上，成为进出苏州的

---

[1]《宋会要辑稿》，《食货》43，第6977页。

[2]《宋会要辑稿》，《食货》43，第6977页。

北大门。[1]

乾道五年（1169），陆游差通判夔州，因久病未愈，遂计划来年夏初从家乡山阴出发。他同样走水路，先北上，经临安、秀州、平江、常州、镇江、真州、建康，一路向西，途经芜湖、铜陵、池州、黄州、鄂州、江陵、石首、公安、嘉州、峡州、归州，最后抵达夔州。[2]陆游西行路线和范成大返苏路线基本一致，先沿运河北上，再沿长江、岷江而行，可见彼时水路的便利性远超陆路，运河沿岸市镇由此占得地利之便。

元代虽改漕粮为海运，但大运河仍然是南北货物流通的重要通道。元代对江南运河进行了多次疏浚，[3]并在平江路建江南都水庸田使司官署，该机构虽设立不常，但作为全国为数不多的都水监派出机构，长官品秩较高，为正三品，说明这一地区水利的重要地位。元末起义不断，朝政江河日下，却仍在各地设立征税机构，可见民间贸易实为利薮，而浒墅所设抽分竹木场则是运河水道畅通和往来货物商旅繁荣的标志。

四、聚落起源的多重因素及其对明清浒墅镇的影响

宋元时期是大量江南市镇的萌芽期，聚落形成过程各不相

---

[1] 参见范成大：《吴船录》卷下，明治十三年求古堂刊本。

[2] （宋）陆游：《渭南文集》卷43《入蜀记第一》，第363页。

[3] 如至正三年（1346）疏浚江南运河杭州段，对龙山至猪圈坝长达三十里的运河进行治理，收效显著，"于是河流环合，舟航经行，商旅由远而至，货物之价不翔，稚耄莫不皆喜，公私咸以为利矣"。（苏天爵：《江浙行省浚治杭州河渠记》，《滋溪文稿》卷3，中华书局1997年版，第36—37页。）

同。从上文可知，许地成市过程颇为复杂，对明清浒墅亦有所影响。兹以南浔、南翔为例与许市进行横向比较，并与明清浒墅镇进行纵向比较，借此分析许市在江南市镇中的特殊性以及对后世之影响。

（一）许市与南浔、南翔

南浔的发育过程与许市类似，其处湖州东部，分属浔溪两岸，原是各自发展。唐贞观元年（627），西岸浔溪村建有祇园寺，渐有人烟。东岸的南林村在无属地名之时借建于五代后周年间的所建之南林寺而得名。两宋之交，东岸兴建嘉应祠，民国《南浔镇志》云："建炎二年，金人陷扬州，高宗南渡，金人追之。帝至浔，惧追之，匿嘉应神祠中。月下俄见泥马忽动，跨之而行，遂入杭州。帝旧封康王，今褒能寺俗称康王寺。"[1]且不论该故事的虚构性，嘉应祠确实存在，并与南林寺比邻。围绕二者形成了盛大的庙会与集市。每年初夏至农历九月初五，"七社人烟"云集于此，"贸易者先期而至，手技杂戏毕集，报赛演剧无虚日"。[2]此时两岸交往愈发密切，乡人在浔溪之上搭设桥梁，南浔镇渐有雏形。宋金交战后，政府在此非军事要地设官建镇，是以浔溪东西两村合二为一成为南浔镇。南浔在宋代就完成了由村到镇的转换，在整个江南市镇发育史中已属较早一类。且因庙会的持续存在，聚落内部一直存在商业驱动力，吸引四周乡脚居民前来经商与贸易。在此过程中市镇格局逐渐明朗，镇分七巷，斯波义信称，这时南

---

[1] 民国《南浔镇志》卷14《寺庙三》（第3册），民国十一年刻本，第85页。

[2] （清）范来庚：《南浔镇志》，民国《南浔镇志》卷1《疆域》，第28页。

浔"已远远超过一般县城的规模而发展成为城市"[1]。

南翔镇的兴起则显示出寺庙在聚落兴起中的持续性影响。南翔南临吴淞江，有三条槎浦经过。其地理位置并不如许市、南浔居于运河这样的大动脉附近，是以南翔以及周围地区发育缓慢。可以想见，若无较大局势变动很难兴起。嘉定七年（1214），平江知府赵彦橚与提刑按察使王棐上疏借论昆山三害之机提出割昆山县东安亭、春申、临江、平乐、醋塘五乡二十七都置嘉定县，此时南翔属临江乡。赵、王的上疏丛侧面印证了当地之开发进度，这为南翔提供了发展机遇。同时南翔寺新建九品观堂和僧堂，可容纳数百僧人，带动南翔聚落的兴起。[2]元代是南翔发展的关键时期，至元二十八年（1291），大浮屠良珣"疏沦其断港绝湟，以宣潮汐之壅，夷其曲径旁溪，以便轮蹄之役。不数年，生意津然也。乃谋诸大弟子即翁宗具出囊金，倡于众，市膏腴以增岁入，更输粟之制以输上田，较昔之费什之一，力实倍之。于是阡陌日辟，仓库日充，僧堂聚斋，熙熙若众香之国"[3]。兴盛的南翔寺不断扩大势力范围。大德初年（1297），良珣在南翔寺东一里处另创大德万寿寺，"已囊土地、年粒入寺，永备营缮之产"[4]，泰定（1323—

---

[1]［日］斯波义信：《宋代江南经济史研究》，江苏人民出版社2001年版，第398页。

[2] 吴滔：《从"因寺名镇"到"因寺成镇"：南翔镇"三大古刹"的布局与聚落历史》，《历史研究》2012年第1期。

[3]（元）释宏济：《南翔寺重兴记》，嘉庆《南翔镇志》卷10《杂志寺观》，上海古籍出版社2003年版，第138—139页。

[4]（元）贯云石：《万寿讲寺记》，嘉庆《南翔镇志》卷10《杂志寺观》，第152页。

1328）年间，其徒孙又在西南处创立万安寺，"作法华道场、弥陀、观音之殿、说法之堂"[1]等，三寺形成鼎立之势。三寺修建之时，对周围河道进行了整治，初步形成了"四水为围"的格局。伴随着寺庙的建立与拓展，南翔聚落亦逐渐形成，两者呈现同步发展关系。而以南翔寺、大德寺、万安寺三者为坐标也奠定了明清南翔镇的基本格局，形成"东西五里，南北三里"的大镇。

影响南浔、南翔成长因素大致有二：一是政治因素，赵宋南渡与嘉定置县直接或间接地影响了市镇形成，尤其前者，对南浔由"市"成"镇"影响甚巨。二是庙宇的持续性作用。小田就指出："因为在江南，恐怕在全国也是如此：有块风水宝地，建了寺庙，有了香火，香火相继，村以寺名，便成了南林村。"[2]吴滔甚至认为，聚落的形成乃至人口的聚居与寺庙的建立、拓展完全有可能是同步的。如果我们认定有一类"寺庙型聚落"的存在，许多困惑便可迎刃而解。[3]

显然许市既有上述因素之影响，又更为复杂。它的发育可分为如下阶段：第一阶段约自唐至北宋，许市是苏州城北一处草市，阳山上的庙宇客观上带来了人流与商业往来，使许市早期存在着宗教底色。南宋又可分为巡检寨、酒库两阶段，两者都表明许市进入大规模拓殖时期，农田水利得到整修，建筑群商业区开始出

---

[1]（元）虞集：《万安寺记》，嘉庆《南翔镇志》卷10《杂志寺观》，第154页。

[2]小田：《民间传说的社会史内涵——以一个江南市镇的成长历程为依托》，《河北学刊》2006年第1期。

[3]吴滔：《从"因寺名镇"到"因寺成镇"：南翔镇"三大古刹"的布局与聚落历史》，《历史研究》2012年第1期。

现，具备成市的基本条件。[1]元代进入抽分竹木场阶段，许市在商品流通中的地位继续提升，亦因此由市升镇。另从上文可知，许市背后亦存在着主姓创市的底色，世家大族掌握着草市的交易权。其西北阳山又产白墡，掌握地区经济命脉。故许市发育呈现着多元而复杂的因素，这在江南市镇中较为少见，是以需要以综合化的眼光来看待这类市镇的兴起。尽管许市开发较早，但成镇过程颇为漫长，早在安史之乱时，本地已有百姓聚集，唐人李嘉佑自枫桥经许市到望亭，感慨人家尽空便是明证。[2]此时运河虽已修建，但由于河面过于宽广，反致两岸往来不便，这也能解释为何许市、南浔两岸各自兴建同类建筑。[3]同时考虑到苏州地势过低易生水患，许市的扩展始终受到制约。尽管元代设抽分竹木场进行征税，许市仍仅有一座跨运河桥梁，意味此时经济发展并未达到需要兴建多所桥梁保持两岸畅通的目的，故直到明代才进入许市发展的繁荣期。

（二）宋元许市与明清浒墅镇

现有研究指出，明清时代中长距离贸易背景下涌现出的市镇，相对于宋元时代的商业聚落更像是脱胎换骨，而非是简单的延

---

[1] 可参考斯波义信：《宋代商业史研究》，台北稻香出版社1997年版，第369页。

[2] 诗为《自枫桥至望亭人家尽空春物增思慨然有作》："南浦菰蒋覆白蘋，东吴黎庶逐黄巾。野棠自发空流水，江燕初飞不见人。远树依依如送客，平田渺渺独伤神。那堪回首长洲苑，烽火年年报房尘。"（嘉靖《浒墅关志》卷17《诗辞》，第272页。）

[3] 关于早期运河对市镇的影响，参见包伟民：《江南市镇及其近代命运：1840—1949》，第94—102页。

续。[1]故与宋元相比，明清之际政府对运河前所未有的依赖与复设税关，成为浒墅发展的主要驱动因素。尽管如此，镇区格局却仍蹈宋元，未有较大变动。

这一时期，两岸往来密切，普思桥已无法满足交往需求。在其南北分建南新桥和与兴贤桥，居民商贸也逐渐向运河两岸移动，促使形成两条主街。明代唤名佘公街，由税使佘立主持于嘉靖四十二年（1563）主持兴修，"河西者宽衍直达，凡缙绅舆马、商民负戴胥此往来。河东者宽达虽同，然夹以民居，乡遂之贸迁，南北之趋赴者取为变道"。[2]并在南新桥与普思桥周围形成两大草席业中心，三桥极大地方便船只停靠上岸进行采购，甚至关署前每日还有鱼市，异常热闹。从上文可知，尽管元代设立抽分竹木场，并由"市"升"镇"，但历经战乱，市镇并未完全建立。而诸多江南市镇兴起的过程均表明，修建店铺、桥梁和道路乃是市镇成立的前提，[3]而浒墅在明中期才完成这一过程。

明代税关关署建于元代抽分竹木场原址之上。景泰元年（1450），由在任税使王昱兴建。关署有明显的中轴线，象征权力，明确此处为国家机构，其内各类建筑对称分布在轴线两侧，次序井然。同时，关署四周也得到开发。税关本坐坤向艮，背负阳山，

---

[1] 吴滔：《从"因市名镇"到"因寺成镇"：南翔镇"三大古刹"的布局与聚落历史》，《历史研究》2012年第1期。

[2] （明）施霖：《佘公街记》，道光《浒墅关志》卷8《坊巷乡村　道路桥梁》，第132页。

[3] 吴滔：《赋役、水利与"专业市镇"的兴起——以安亭、陆家浜为例》，《中山大学学报》（社会科学版）2009年第5期。

临运河而建，考虑到征税之时，大量船只从各处而来，税关外"左以竹青桥，西入二里许，陡折而南行三里许，又陡折而东出，于署右之赵王泾桥环流方正之凿而池，若天造地设"[1]。另鉴于河流分叉支港众多，难免有偷漏税之情形，故另设小关，镇中竹青塘、龙华桥、胡匠桥与张家桥，均设栅座征税，与关署一起构成当地重要的建筑景观。而各类公共建筑多以关署为圆心分布在其四周。洪武初年，浒墅镇修建府城隍庙，后又建火神庙、金龙四大王庙、大悲庵等，位于关署两侧的毛家弄、茶亭弄内。税关西北又建有义塾，由嘉靖九年（1531）在任税使方鹏所建，只因浒墅百姓好利而华，于是创建义塾，冀以扭转风气。清代税使阿尔邦阿任期时与镇绅大加兴修义塾，共缮御匾，更正神位，重建崇圣祠与方公祠，又采纳形家之言，新建文星阁，两旁树龙门、凤池门，筑泮池之堤，增高宫墙，门外立官民下马牌。又将本镇孝子及先后登第者，榜其名于明善堂之楣，如此制度大备。"规模与郡县无别"[2]，承认义塾已有文庙之实。至谢韫玉作《重修浒墅文庙记》、凌寿祺作《敬集同志修治浒墅文庙即柬轮值洒扫诸公并谢单明府沄汪少尹志仁》时，义塾已在名义上完成从普通学校到文庙之转化。清代在义塾与大悲庵之间建有茅司徒庙、文殊庵、观音阁、火神庙、金龙四大王庙、大悲庵、路头堂等，一方面市镇内部空隙被不断填充，另一方面亦能反映出市镇主导权实则牢牢

[1]（明）王之都：《浒墅公署说》，万历《浒墅关续志》卷1。

[2]（清）王朝乾：《重修浒墅关义学记》，道光《浒墅关志》卷2《学校》，第28页。

握在税使手中，明代税使王之都曾坦言"职非有司"，然面对本镇出现的社会问题仍提出编立保甲、守望相助，如此便可弭盗安民。居民亦在本镇出现天灾时向税使求助，税使作为国家权力在地化的象征牢牢把控当地发展，填补了市镇的权力真空，体现在镇区格局上，便是各类建筑面向税关而建。

宋代竹青库历经战争后早已不存，但随着镇中税关一带建筑日趋饱和，各大家族纷纷在竹青库一带，建造房屋，主要有张氏、金氏、孙氏、许氏等。其中金氏既包括宅院，还有烈女祠和新祠。金氏应是当地一大姓，记载却寥寥，竹青里金家场因金氏得名。金氏在该地构筑金氏园，"其中亭榭之轩敞，廊径之缭曲，以及山池竹木之胜，皆甲一时"[1]。上文所言张氏亦居竹青桥畔四湖口，族人先以经商致富，后经捐纳为官，"三十余人尽名世"，至清代五子登科，为吴中盛事。在此过程中，张氏亦存在主宰市镇事务之心，是以在税关南侧兴建文昌阁，申时行有《兴贤桥记》，据该记可知建阁与桥之因乃形家言关南之水"散漫无统，风气旁泄"[2]，致人文不振，故有此举。于是当地张氏家族中张宏德、张宏谟、张宏祚三兄弟开放生河以迁水势，新开河名月牙河，并于河中取土筑基，建阁其上，名曰文昌，与税关并立。之后文昌阁一直成为本镇文化繁盛的象征，在市镇空间格局中占据重要地位。进入清代后，张氏在地方事务中的地位得到提升，承担粮长之责，负担全里之事，呼吁革除积弊，造福一方。然而张氏背后并无倚

---

[1] 道光《浒墅关志》卷12《第宅园林》，第208页。

[2] （明）申时行：《兴贤桥记》，道光《浒墅关志》卷8《坊巷乡村》，第136页。

仗，始终难以与税使抗衡。

东岸原宝庆年间所建之广福庵永乐五年（1407）遇火灾而毁。约四十年后的景泰年间，僧人文昇募资重建，焕然一新。至清时，广福庵改名龙华寺，俨然成为镇上居民聚居与活动中心。如本镇习俗，新年数日，"贩耍货者群集龙华寺，村妇儿女掷钱争买最为热闹，数日乃已"[1]，"初九天诞，乡人进香龙华寺、文昌阁尤甚"[2]，七月三十日地藏菩萨诞辰，妇人近则龙华寺烧香，远则小华山，岁已为常。围绕龙华寺，其他建筑亦逐渐出现。方鹏兴建义塾的同年，在龙华寺一侧建范文正公书院。万历十一年（1583），税使张世科又在距寺庙不远处设养正社学，它与建义塾、范文正公书院之目的一致，认为"榷关攸在，而民逐十一之利，争刀锥自润，其弟子亦相沿袭，求其通诗礼、敦孝悌"[3]。随后所建之庵桥、龙华桥、渔庄均因龙华寺得名。其中渔庄乃是镇中另一处宗族汇聚之所，居有凌氏、施氏，凌氏动乱时习武安邦，局势安定后又转而从文，同时注重经济基础，擅于治田，负责催征钱粮，参与市镇发展。施氏在明清两代均以读书科举为务，族中子弟文采斐然，又能安贫乐道，颇得贤名。然而东岸建筑较为杂乱，亦无规划，兴建在龙华寺周围也是出于其周围早经开发的目的。从各类建筑修建情况来看，西岸是浒墅镇的行政与教育中心，东岸是市民活动中心，双中心承担着市镇的不同职能，一直延续

---

[1] 道光《浒墅关志》卷1《建置沿革　山水　风俗》，第18页。

[2] 道光《浒墅关志》卷1《建置沿革　山水　风俗》，第18页。

[3] （明）金应徵：《建养正塾记》，道光《浒墅关志》卷2《学校》，第34页。

至民国。

不可否认，整个明清时期浒墅仍处于不断的变动与开发中，并随着人口增加和商贸需求不断新增公共建筑。然而家族聚居之地、寺庙、学校、祠堂大多以宋元建筑为坐标，兴建在其四周。这说明宋元时期的浒墅建筑分布十分零散，镇中有可再建之空间。久而久之，镇民便习惯向内发展，而非向外拓殖。西岸开发一直都快于东岸，不能不说受历史惯性之影响。商业往来在运河两岸稳步进行，并以横跨运河的桥梁为节点，形成鱼市、席市等。直至民国时期，浒墅镇沿大运河两岸的席店草行鳞次栉比，保持一镇两街、沿河分布的格局。然而，此时镇区整体面积并无扩大迹象，仍在宋元划定的范围内，故整个镇显得拥挤而热闹，"关之民比屋连甍，街衢阗喧，赇云屯，阛阓鳞次"[1]，这也成为许多江南市镇的缩影。

（作者单位：南开大学）

---

[1] （清）文祥：《重修浒墅关志序》，道光《浒墅关志》卷首。

范仲淹的教育思想与教育实践研究

张俊英　黄丽辉

范仲淹（989—1052），字希文，我国历史上著名的政治家、军事家、思想家、教育家、文学家，谥"文正"，世称"范文正公"，是中国历史上罕见的、杰出的、影响深远的人物。一生出将入相，名重竹帛；功业文章，传诵千古；人格道德，彪炳青史；壮志情怀，俎豆千秋。庆历三年（1043），范仲淹出任参知政事（副宰相），主持"庆历新政"，提倡州县兴学，奠定了我国九百余年地方教育体系的基础。其教育思想主要散见于其著作、奏疏、书信之中，给后人留下许多宝贵经验和启迪，对中国教育的发展产生了重大影响。

一、郡县立学、发展教育

范仲淹重视发展地方教育、建设郡县之学的思想其实早已有之，并非始于庆历新政的州县兴学。新政之前，范仲淹就曾多次建议朝廷要"劝天下之学，育天下之才"[1]。范仲淹认为人才培养离不开教育，而学校是造就人才的基地，提出"三代盛王，致治天下，必先崇学校，立师资，聚群材，陈正道，使其服礼乐之风，

---

[1]（宋）范仲淹：《范仲淹全集》，李勇先、王蓉贵点校，四川大学出版社2007年版，第237页。

乐名教之地，精治人之术，蕴致君之方"[1]。主张通过兴办学校来培养人才，进而移风易俗，实现天下大治。

大中祥符八年（1015）范仲淹初仕广德军（治今安徽广德）司理参军，为从九品职司治理狱讼的下阶文官，教育也并非其本职工作。广德与今江苏常州、浙江湖州接壤，地处皖南山区，文化比较落后，范仲淹到任不久，就在这里筹建校舍、开设学堂，延请鸿儒名士为师，发展教育。此后，"郡之人擢进士第者，相继于时"[2]，人们求学之风日盛，学校教育得到了不断发展。景祐元年（1034），范仲淹贬知睦州（今杭州淳安），到任不到半年，"拓庙西垣，建置学舍，树立讲堂"[3]，为睦州州学打下基础。景祐二年（1035），范仲淹移守教育并不兴盛的故乡苏州，奏请苏州立郡学，并把自己所得南园之地建为"义学"，希望"天下之士咸教育于此"[4]。在范仲淹的关怀下，"首建郡学，聘胡瑗为师"[5]，以兴学养士为政教之本，苏州府学名冠东南，文化教育活动从此得到了兴盛发展。后人评价曰"天下郡县学莫盛于宋，然其始亦由于吴中"[6]。景祐三年（1036），范仲淹贬知饶州（今江西鄱阳），在风

［1］（宋）范仲淹：《范仲淹全集》，李勇先、王蓉贵点校，四川大学出版社2007年版，第237页。

［2］（宋）汪藻：《浮溪集》卷一七《范文正公祠堂记》，中华书局1985年版，第137页。

［3］（宋）张方平：《张方平集》卷二十一，郑涵点校，中州古籍出版社2000年版，第311页。

［4］（元）脱脱：《宋史》，中华书局1977年版，第10271页。

［5］（元）脱脱：《宋史》，中华书局1977年版，第10271页。

［6］（清）李铭皖、谭钧培修，冯桂芬纂：《同治苏州府志》卷二十六"学校"，江苏古籍出版社1991年版，第615页。

景秀丽的妙果院迁建饶州郡学。宝元元年（1038），范仲淹知润州（今江苏镇江），面对州学房舍规模狭小，破败不堪的现状，进行了扩建修葺，聘博学之士 30 余人为师资，又请著名学者李觏讲学。宝元二年（1039），范仲淹改知越州（今浙江绍兴），再次邀请李觏到越州执教。此后在宋代，江浙文风之盛甲于全国。

庆历四年（1044），范仲淹向宋仁宗上书《答手诏条陈十事疏》，得到宋仁宗的大部分采纳，开始施行新政，"诏天下建郡县之学"[1]，创办地方教育，掀起了全国各地第一次真正的普遍办学热潮，"庠序之设，遍于宇内，自庆历始"[2]。全国办学兴学之风兴盛，取得了"人才众多，风俗美盛"[3]的效果。欧阳修曾评论说"诏下之日，臣民喜幸，而奔走就事者，以后为羞"，"宋兴盖八十有四年，而天下之学始克大立"[4]，"海域徼塞，四方万里之外，莫不皆有学"[5]。据许怀林先生统计，宋代文化最发达的江西路，州县有学 81 所，其中 56 所建于庆历以后，占 69%[6]。

庆历五年（1045），历时一年零四个月的新政失败，范仲淹被

---

[1]（宋）范仲淹：《范仲淹全集》，李勇先、王蓉贵点校，四川大学出版社 2007 年版，第 195—196 页。

[2]（宋）袁燮撰：《絜斋集》卷一〇《四明教授厅续壁记》，中华书局 1985 年版，第 148 页。

[3] 郑端：《朱子学归》，商务印书馆 1936 年版，第 121 页。

[4]（宋）欧阳修：《欧阳修全集》，李逸安点校，中华书局 2001 年版，第 572—574 页。

[5]（宋）欧阳修：《欧阳修全集》，李逸安点校，中华书局 2001 年版，第 634—635 页。

[6] 许怀林：《试论宋代江西经济文化的发展》，《江西师范大学学报（哲学社会科学版）》1980 年第 4 期。

贬出朝廷知邠州（今陕西彬县）兼陕西四路缘边安抚使，在贬谪之地，仍大力推行教育，他到任后就于邠州城南选址修建学社，建成了当时西北地区规模相当大的示范性官学，陶铸英才。庆历七年（1047），范仲淹又移守邓州（今邓州市区），在百花洲畔建花洲书院，常到花洲书院的春风堂讲学。范仲淹在各地为官，所到之处，均把兴学施教放在重要位置，并身体力行，大力推进各地兴学办校活动，以培养经世济民的统治人才，作为政府各级官吏的后备队伍。从此以后，兴学、讲学之风日盛，书院继续兴起。元代李祁曾说："学校之遍天下，自公始……开学校，隆师儒，诱掖劝奖，以成就天下之士。"[1]有章可循的学校教育从此为社会所重视，并逐步发展完善，奠定了我国九百余年地方教育体系的基础。范仲淹将发展教育与人才培养联系在一起，充分体现了高瞻远瞩和远见卓识，这一历史功绩将永载中国教育史册。

二、尊师重道、延请名师

教师是教育发展的关键。荀子曰："天地者，生之本也；先祖者，类之本也；君师者，治之本也。"[2]"国将兴，必贵师而重傅；……国将衰，必贱师而轻傅。"[3]唐代韩愈说："师者，传道、

---

[1]（宋）范仲淹：《范仲淹全集》，李勇先、王蓉贵点校，四川大学出版社2007年版，第1190页。

[2]（周）荀况：《荀子》，（唐）杨倞注，上海中华书局1936年版，第3页。

[3]（周）荀况：《荀子》，（唐）杨倞注，上海中华书局1936年版，第13页。

授业、解惑也。"[1]范仲淹也非常重视教师队伍建设，把"师道"的确立作为整个教育的重心，"师严然后道尊，道尊然后民知敬学"[2]，"奏举通经有道之士专于教授，务在兴行"[3]。

范仲淹认为教师对学校的兴衰，教育的成败有着举足轻重的作用，要办好学校，必须重视名师的发现和选拔，访求学识渊博、德才兼备、人品高洁、热心教育的人才充实教师队伍，范仲淹不遗余力地向朝廷推荐德高望重的名师、大儒到中央官学和地方官学中任教。范仲淹对教师有着很高的要求，要求教师不但要学识渊博，通晓经文经义，传授经旨词业和治国治人之道；还要才德俱佳，力行仁义道德，以身作则，培养学生的道德人格，发扬孔子"诲人不倦"的精神。

大教育家胡瑗是宋代学术开创者之一，自幼立下"以圣贤自期许"[4]的远大志向，治学严谨。在苏州、湖州郡学讲学时，总结出著名的"苏湖教法"，范仲淹向朝廷大力推荐，并聘请胡瑗担任导师。胡瑗订立的学规相当完备，管教部分尤其严格，重视修身养性，分别讲求经典大义和探讨实际学问，学生要研究经传的真义，培养治学的能力，学以致用。胡瑗的教学，明"体"（道德仁

---

[1] （唐）韩愈：《韩昌黎文集校注》，马其昶校注，马茂元整理，上海古籍出版社 2014 年版，第 47 页。

[2] 李学勤：《十三经注疏·礼记正义》，北京大学出版社 1999 年版，第 1066 页。

[3] （元）马端临：《文献通考》卷四六，浙江古籍出版社 2000 年版，第 451 页。

[4] （清）黄宗羲：《宋元学案·安定学案》，全祖望补修，陈金生、梁运华点校，中华书局 1986 年版，第 24 页。

义）达"用"（政事文学），学风优良，闻名天下。胡瑗的教育活动体现了范仲淹培养"经邦济世人才"的教育思想，这种教育模式使范仲淹得到不少启发和经验，也加强了兴学校改科举的信心。除胡瑗之外，范仲淹还荐拔了孙复、李觏、张载等志趣高尚、学识渊博、淡泊名利、热心教育、呕心沥血、关心学生的名师硕儒担任太学教官，培养了政治家富弼、著名将领狄青等。

范仲淹倡导"尊师重道，延请名师"的主张，对保障办学，提高教学质量起到了重要作用[1]。宋代中期的名臣贤士多出于胡瑗、孙复、李觏、张载门下，这些名师不仅学子众多，而且很多人都以他们为榜样，潜心求取学问，随时从他们的言传身教中学习做人。这些学子中不少人名彪青史，范仲淹和胡瑗、孙复、李觏、张载等人功不可没，这些著名的思想家、教育家为宋代教育的发展做出了重大贡献。

三、推崇六经、厉行名节

范仲淹的教育思想继承了孔子的基本主张，在教学内容方面对儒学经典最为重视，在课程设置上开设儒家六经：《诗》《书》《礼》《乐》《易》《春秋》。儒家六经可谓博大精深、包罗万象，范仲淹把"宗经"作为培养经国致世人才的首要内容，认为"六经"是智慧的源泉，是经邦治国、安邦临民、析疑辩难、奏事断狱之

---

[1] 刘晓筝：《范仲淹的教育思想与教育实践》，河南大学硕士学位论文，2007年。

百科全书。范仲淹认为要把国家治理好，没有比先培养人才更重要的了；培养人才的方法，没有比鼓励大家学习更重要的了；鼓励大家学习，没有比推崇儒家六经更重要了。即"宗经则道大，道大则才大，才大则功大"[1]。推崇儒家六经对于培养德才兼备的经世致用人才是很有进步意义，很有远见卓识的，这也正是教育的目的所在。

　　范仲淹在教育与选拔用人上一直坚持崇德尚才高度统一、德才兼备、以德为首的原则，推崇孔子之说，循其成法。"孔子之辨门人，标以四科：一曰德行，二曰政事，三曰言语，四曰文学。以四科辨之，思过半矣。"[2]即德才兼备者可以大用。德行，指道德品质操守，儒家的标准皆以道德为首；政事，为治政的能力，管理国家和地方的实际才干；言语和文学指口头和书面表达能力。古人常说的道德、文章、学问，加上才能，这是一个十分完备的高标准。范仲淹认为教育具有"激扬善恶，澄清天下"[3]改变社会风气的特殊功能，只有"慎选举之方"，"敦教育之道"[4]、在崇尚道德的前提下选拔德才兼备的贤良之士，才能化育士风，端正浇薄陋旧世风，使社会风气根本好转。

---

[1]（宋）范仲淹：《范仲淹全集》，李勇先、王蓉贵点校，四川大学出版社 2007年版，第 237 页。

[2]（宋）范仲淹：《范仲淹全集》，李勇先、王蓉贵点校，四川大学出版社 2007年版，第 156 页。

[3]（宋）范仲淹：《范仲淹全集》，李勇先、王蓉贵点校，四川大学出版社 2007年版，第 210 页。

[4]（宋）范仲淹：《范仲淹全集》，李勇先、王蓉贵点校，四川大学出版社 2007年版，第 210 页。

范仲淹一生崇尚道德，厉行名节，认为重才以重德为前提，倡导名教教化，为宋代士林新风作出了表率。《宋史·范仲淹传》："一时士大夫矫厉尚风节，自仲淹倡之。"[1]《宋史·忠义传序》也称范仲淹诸贤"以直言谠论倡于朝，于是中外缙绅知以名节相高，廉耻相尚，尽去五季之陋矣"[2]。范仲淹希望通过教育培养出来的人才应该是："通《易》之神明，得《诗》之风化，洞《春秋》褒贬之法，达礼乐制作之情，善言二帝三王之书，博涉九流百家之说者"[3]；"若夫廊庙其器，有忧天下之心，进可为卿大夫者；天人其学，能乐古人之道，退可为乡先生者，亦不无矣"[4]。范仲淹对人才培养的目标一向崇奉儒家：达则兼济天下，逆则独善其身，实现内圣外王的完善统一。

四、率先垂范、因材施教

范仲淹非常赞赏孟子的名言"得天下英材而教育之，一乐也"[5]，认为教学不仅是老师教，更重要的是学生学。天圣五年（1027），范仲淹守母丧于南京，应晏殊之请出掌应天府府学，主

---

［1］（元）脱脱：《宋史》，中华书局1977年版，第10271页。

［2］（元）脱脱：《宋史》，中华书局1977年版，第13149页。

［3］（宋）范仲淹：《范仲淹全集》，李勇先、王蓉贵点校，四川大学出版社2007年版，第191页。

［4］（宋）范仲淹：《范仲淹全集》，李勇先、王蓉贵点校，四川大学出版社2007年版，第191页。

［5］（宋）范仲淹：《范仲淹全集》，李勇先、王蓉贵点校，四川大学出版社2007年版，第220页。

持享有盛名的宋初四大书院之一应天书院，并任府学教席，编有《赋林衡鉴》，还为学生写下大量律赋，"求制礼作乐之才，尚经天纬地之业"[1]，至今此书的序文和不少律赋都保存在他的文集之中。范仲淹在《上执政书》中对士人"敦之以诗书礼乐，辨之以文行忠信"[2]。其旨在培养品学兼优、学用一致的士子，先后就读于此地的有张方平、孙复、石介等名流。"日于府学之中，观书肄业，敦劝徒众，讲习艺文，不出户庭"[3]。尊师重道，师道尊严，通过书院的教化而逐渐蔚然成风[4]。

司马光《涑水纪闻》记载：范仲淹为了深入了解学生、关心学生，经常住在学堂之中，"训督学者皆有法度，勤劳恭谨，以身先之。"[5]对学生进行启发诱导式教育，以激发学生的学习积极性，从学生的实际出发，推行教学计划，避免盲目性。"因材施教"是他这一教学思想的集中反映。孙复、张载、狄青等人情况各异，范仲淹以敏锐的眼光进行调查分析，对他们进行了不同的引导和教育，使他们最终成长为名臣、良将，在中国教育史上留下了光辉一页。范仲淹在兴教办学的教育实践与学生的教学互动中，开

[1]（宋）范仲淹：《范仲淹全集》，李勇先、王蓉贵点校，四川大学出版社2007年版，第508页。

[2]（宋）范仲淹：《范仲淹全集》，李勇先、王蓉贵点校，四川大学出版社2007年版，第210页。

[3]（宋）范仲淹：《范仲淹全集》，李勇先、王蓉贵点校，四川大学出版社2007年版，第862页。

[4]方健：《范仲淹评传》，南京大学出版社2001年版，第427页。

[5]（宋）司马光：《涑水纪闻》，邓广铭、张希清点校，中华书局1989年版，第182页。

始形成了自己的教育思想和教育理念，此后书院教育形成了良好风气，影响了整个北宋的学风和世风。

五、重视实学、经世致用

范仲淹所处时代，正值"危机四伏，内忧外患"[1]，急需大批用儒家思想熏陶的人才帮助建立和加强封建秩序，而把"宗经"作为教育的主要内容是时代的要求和社会的需要。但范仲淹虽然把儒家学说置于空前高度，却并不排斥荀、墨等其他学派，对儒、释、道各派教育中的积极成分也兼收并蓄。

宋初科举取士制度，沿袭了晚唐诗赋取士之风，进士以诗赋为主，明经以记诵为功，考生重诗赋而轻策论。范仲淹认为这样的科举制度不一定能够选拔出贤良，也难以选拔真正地人才，存在的弊端也日益明显。需要在考试内容上进行变革，以解决人才危机的局面。

为了选择经邦济世的实用人才，范仲淹力主改革、改进科举制度，并提出了改革科举考试的方法：进士考试分为策、论、诗赋三场，帖经、墨义并罢，"先策论，以观其大要"[2]，注重贯通道理和论析问题的能力；"次诗赋，以观其全才，以大要定其去

---

[1]（宋）欧阳修：《欧阳修全集》，李逸安点校，中华书局2001年版，第645页。
[2]（宋）范仲淹：《范仲淹全集》，李勇先、王蓉贵点校，四川大学出版社2007年版，第210页。

留，以全才升其等级"[1]。"诸科墨义之外，更通经旨"[2]，注重通经明理，使之与学校教育相一致。"三场通考去留，旧试帖经、墨义并罢。"[3]科举的评定标准是："进士以策论高、词赋次者为优等，策论平、词赋优者为次等。诸科经旨通者为优等，墨义通者为次等。"[4]策论、词赋全面衡量，优等者即放官，次等者不选。侧重经义与时政，强调论辩析理能力，可以真正选任"通经旨"、"明理道"的实用人才，具匡正时弊的积极意义。

范仲淹强调了开展实学教育的重要性，认为教育不仅要培养经邦治国之才，而且还要培养具有专业技能的实用人才。针对宋代边患重重、将帅匮乏、战事绵绵、人才重缺的现实，范仲淹的教育思维开明开放，提出"文武之道，相济而行，不可斯须而去焉"[5]，认为文武之道不可偏废，主张选择差堪造就之才，授之以文韬武略。不仅重视对文职官吏的选拔培养，而且设武举培养将才和文武兼备的将帅，培养大批智勇兼备、文武双全的人才以应北宋与西夏、与辽战争之急需。范仲淹发现作战勇敢的狄青，授之以《左氏春秋》，"青折节读书，悉通秦、汉以来兵术，由是益

---

[1]（宋）范仲淹：《范仲淹全集》，李勇先、王蓉贵点校，四川大学出版社2007年版，第210页。

[2]（宋）范仲淹：《范仲淹全集》，李勇先、王蓉贵点校，四川大学出版社2007年版，第529页。

[3]（清）徐松：《宋会要辑稿》，中华书局1957年版，第4271页。

[4]（宋）范仲淹：《范仲淹全集》，李勇先、王蓉贵点校，四川大学出版社2007年版，第529页。

[5]（宋）范仲淹：《范仲淹全集》，李勇先、王蓉贵点校，四川大学出版社2007年版，第200页。

知名"[1]，后来狄青成为著名的一代名将，建立了赫赫功勋。

范仲淹出身社会基层，深知民间疾苦，对医学等其他实学的理解颇为深刻，因此在改革教育时，创意开设医学专科，培养选拔医学人才。范仲淹在《奏乞在京并诸道医学教授生徒》中建议"乞于翰林院选医师三五人，于武成王庙召京城习医者，教以诊脉，并修合药饵"[2]，在京师和诸州遴选名医，"讲授《素问》《难经》等医典，召习医生徒听学"[3]，培育医学医务人才。范仲淹推崇前代"以医事为大""医师掌医之政令，岁终考其医事，以制其禄"[4]的医学行政管理和医学教育、考核制度，提出建立专门的医学教育机构，在首都及各地设置医科学校，通过系统训练，培养精通医术的合格医师。

范仲淹对医学知识评价很高，认为"看《素问》一遍，则知人之生可贵也，气须甚平也。和自此养，疾自此去矣"[5]。"果能为良医也，上以疗君亲之疾，下以救贫民之厄，中以保身长年。"[6]范仲淹自身就很重视医学知识学习，医学造诣很高，范仲淹之后

---

[1]（宋）范仲淹：《范仲淹全集》，李勇先、王蓉贵点校，四川大学出版社2007年版，第911页。

[2]（宋）范仲淹：《范仲淹全集》，李勇先、王蓉贵点校，四川大学出版社2007年版，第641页。

[3]（元）马端临：《文献通考》卷四六，浙江古籍出版社2000年版，第431页。

[4]（宋）范仲淹：《范仲淹全集》，李勇先、王蓉贵点校，四川大学出版社2007年版，第641页。

[5]（宋）范仲淹：《范仲淹全集》，李勇先、王蓉贵点校，四川大学出版社2007年版，第670页。

[6]（宋）范仲淹：《范仲淹全集》，李勇先、王蓉贵点校，四川大学出版社2007年版，第1446页。

不少封建士大夫往往以自己研究《黄帝内经》的造诣作为炫耀的资本。

六、结语

范仲淹认为教育的目的是培养德才兼备、经世致用的治国之材，通过教育培养一个人的思想道德修养和经国致世才能，教育对整个社会风气的影响具有重要作用。"今诸道学校，如得明师，尚可教人六经，传治国治人之道。"[1]因此"必首崇学校，而风化之"[2]，并提出了教育的指导思想：要把国家治理好，没有比先培养人才更重要的了；培养人才的方法，没有比鼓励大家学习更重要的了；鼓励大家学习没有比推崇儒家六经更重要了。即"宗经则道大，道大则才大，才大则功大"[3]，"重名器者，在乎慎选举，敦教育，使代不乏材"[4]，"行可数年，士风丕变。斯择材之本，致理之基也"。[5]提倡开展实学教育，培养一些具有专门知识、技能的实用型经邦济世人才，"至乃选用之际，患才之难，亦由不务，

---

[1]（宋）范仲淹：《范仲淹全集》，李勇先、王蓉贵点校，四川大学出版社2007年版，第529页。

[2]（宋）范仲淹：《范仲淹全集》，李勇先、王蓉贵点校，四川大学出版社2007年版，第335页。

[3]（宋）范仲淹：《范仲淹全集》，李勇先、王蓉贵点校，四川大学出版社2007年版，第237页。

[4]（宋）范仲淹：《范仲淹全集》，李勇先、王蓉贵点校，四川大学出版社2007年版，第212页。

[5]（宋）范仲淹：《范仲淹全集》，李勇先、王蓉贵点校，四川大学出版社2007年版，第220页。

而求获矣"[1]，以备用时之需。

范仲淹在近四十年的从政生涯中，心系教育事业，为官各地，全力兴学，坚持不懈地致力于发展宋代教育事业，为宋代学术的发展做出了卓越贡献。庆历兴学的初衷就在于大力发展学校教育，使士子在学生时期就"服礼乐之文，游名教之地，精治人之术，蕴致君之方"[2]，一旦步入仕途，便会"列于朝则制礼乐之盛，布于外则有移风易俗之善"，"王天下者，身先教化，使民从善"[3]，由此使王道兴。范仲淹一生荐举和培养了大批人才，不仅有出类拔萃的一流学者、教育家、思想家、政治家，也有智勇兼备的将帅，善于理财的经济学家，名重后世的文学家。

范仲淹高屋建瓴的教育理念和教育方略，在我国古代教育史上光耀千古。在办学形式上，书院制度的创办，官私学的合流，具有划时代的意义，书院教育也被教育史学者誉为中国教育的奇葩；在教育制度上，无论官私学，中央和地方学校，均淡化了等级观念，出现平民化倾向，从而推动了教育的普及，尤其基础教育的普及，宋代教育在人才培养和选拔上进行了反复实践和探索，教育科举改革的措施更是意义深远[4]。

---

[1] （宋）范仲淹：《范仲淹全集》，李勇先、王蓉贵点校，四川大学出版社2007年版，第195页。

[2] （宋）范仲淹：《范仲淹全集》，李勇先、王蓉贵点校，四川大学出版社2007年版，第429页。

[3] （宋）范仲淹：《范仲淹全集》，李勇先、王蓉贵点校，四川大学出版社2007年版，第152页。

[4] 白红梅：《范仲淹教育改革思想与实践研究》，陕西师范大学硕士学位论文，2014年。

　　宋代教育思想活跃，异彩纷呈，学派林立，理论建树十分出色，哲理思辨论题发人深省，范仲淹作为宋代教育的改革开创者，其兴学之功，教化之泽，荐才之德，以及杰出的思想实践，不仅在宋代教育史上光辉璀璨，而且影响深远。他被王安石誉称为"一世之师"，黄庭坚评其为"当时文武第一人"，朱熹赞誉其为"本朝第一流人物"，元好问认为范仲淹是"求之千百年间，盖不一二见"[1]的圣贤，对其推崇备至。"其功烈与日月争光"[2]，"前不愧于古人，后可师于来哲"[3]。范仲淹的教育思想与实践为我们今天教育的发展提供了经验借鉴。

（作者单位：张俊英，六盘水师范学院；黄丽辉，华北电力大学马克思主义学院）

---

［1］（宋）范仲淹：《范仲淹全集》，李勇先、王蓉贵点校，四川大学出版社2007年版，第1256页。

［2］（清）胡有诚修，丁宝书纂：《中国地方志集成（安徽府县志辑）：光绪广德州志（卷五十五）》，江苏古籍出版社1998年版，第800页。

［3］（宋）范仲淹：《范仲淹全集》，李勇先、王蓉贵点校，四川大学出版社2007年版，第1244页。

宋代火政制度探析

王荣亮

《汉书·五行志上》载："古之火正，谓火官也，掌祭火星，行火政。"[1]《左传·襄公九年》载："九年春，宋灾，乐喜为司城，以为政。"[2]唐代国子祭酒孔颖达向朝廷上疏："传言'以为政'者，以为救火之政耳。"[3]战国时，墨子在《墨子》一书中就火灾防范治理提出了许多独到主张，在《备城门》《杂守》《迎敌词》等提出一些火灾防范措施，既有建筑设置、房屋建造方面的具体要求，又有房屋建筑结构方面的明确规定，这成为中国消防技术规范的最初萌芽。《春秋》《左传》对宋、郑、鲁等国防治火灾措施予以详述，记载火灾23次，开创了国史记载火灾的先例，反映了儒家对防治火灾的重视。齐国政治家管仲主张"修火宪"，突出强调了火灾防范治理中的民本思想。汉朝君主发布诏书防范火灾，发生重大火灾时采取"素服、避殿、撤乐、减膳"等措施，下"罪己诏"深入"反省""修德"，广开言路，听取国人建议。建元六年（前135）夏四月，汉高祖陵寝着火，汉武帝闻之着白色冠服

---

[1]（东汉）班固：《汉书·五行志上》，中华书局1962年版，第478页。

[2]《左传·襄公九年》，上海古籍出版社2016年版，第677页。

[3]（北宋）宋祁、欧阳修等编：《新唐书》卷198《列传第一百二十三》，中华书局1975年版，第5456页。

五日，下"罪己诏"以表自责，[1]以后历朝都沿袭这一做法。宋代以前，国家并未设立专门救火队伍，火灾防范治理尚处于探索阶段，当火灾发生时因缺乏统一协调而贻误扑救。随着宋代"潜火队""望火楼"等设立，中国古代消防制度体系进入完善阶段。

一、宋代火政制度体系日趋完善的历史原因

宋代，朝廷从火政建设入手，从律令、制度、思想等方面完善火灾应对治理措施，推动中国古代消防进入一个重要发展阶段。

（一）劳动人民长期实践为宋代火政建设积累了经验

为有效防治火灾，宋代统治集团加大了严刑峻法、重典律令的适用，对放火失火予以惩戒。先秦时期，我国先民就注重火灾事前防范。殷商时颁布了"弃灰于公道者断其手"[2]的严刑峻法；《左传·襄公九年》记载："火所未至，彻小屋，涂大屋；陈畚挶，具绠缶，备水器；量轻重，蓄水潦，积土涂；巡丈城，缮守备，表火道。"[3]东汉时期，统治集团完善了"防患于未然"理论。荀悦提出："进忠有三术，一曰防，二曰救，三曰戒。先其未然谓之防，发而止之谓之救，行而责之谓之戒。防为上，救次之，戒为下。"[4]《左传·昭公十八年》载："（郑国）火作，子产

---

[1]（东汉）班固：《汉书·五行志上》，中华书局1962年版，第479页。

[2] 陈奇猷：《韩非子新校注》，上海古籍出版社2000年版，第586页。

[3] 李学勤主编：《春秋左传正义》，北京大学出版社1999年版，第861—863页。

[4] 张涛、傅根请译注：《申鉴中论选译》，巴蜀书社1991年版，第61页。

辞晋公子、公孙于东门，使司寇出新客，禁旧客勿出于宫。使子宽、子上巡群屏摄，至于大宫。使公孙登徒大龟。使祝史徒主祐于周庙，告于先君。使府人、库人各儆其事。商成公儆司宫，出旧宫人，置诸火所不及。司马、司寇列居火道，行火所焮。城下之人伍列登城。明日，使野司寇各保其征。郊人助祝史除于国北，禳火于玄冥、回禄，祈于四鄘。书焚室而宽其征，与之材。三日哭，国不市。"[1] 从上述材料可看出，郑国发生一次较大火灾，郑王亲自部署指挥，相关官员各司其职，救灭火时保持秩序，防止有人趁火打劫。郑王派人祭天敬祖，在灾后做好善后，对受灾百姓进行救济措施。整个国家迅速动员起来，井然有序，积极应对火灾。春秋战国时墨家对纵火者深恶痛绝，对失火和纵火皆处死刑，提出了"慎无敢失火者，失火者斩其端；失火以为事者车裂；伍人不得，斩；得之，除"[2] 的主张；秦汉魏晋时对失火有相关律令规定；唐代因社会生产力有了较大发展，火灾成为百姓日常生活的巨大威胁，朝廷对失火有了更为理性的惩罚措施和量化标准。《唐律》规定："诸失火及非时烧田野者，笞五十；延烧人舍及财物者，杖八十；赃重者，坐赃论减三等；杀伤人者，减斗杀伤二等。"[3]《全唐文》载："蜀多火灾，自古所患，俗以为常，无所惩

---

[1] 李学勤主编：《春秋左传正义》，北京大学出版社1999年版，第1373—1376页。

[2] 吴毓江撰、孙启治点校：《墨子校注》，中华书局1993年版，第916页。

[3] （唐）长孙无忌：《唐律疏议》，中华书局1983年版，第509页。

禁。"[1]柳宗元贬谪永州司马期间记载："永州多火灾，五年之间，四为天火所迫。"[2]中国先民在长期实践中总结出了把火灾防范置于救火前、注重防患于未然的经验教训，其思想价值对宋代完善消防制度具有重要历史借鉴。

（二）社会经济发展为火政体系建设提供了物质基础

随着社会经济的高度繁荣，宋代人口增长迅速，商业经济发达，在相对宽松人口迁徙政策影响下，平民由乡村到城市实现自由迁徙，形成了一批较大规模的城市，城市发展实现历史性飞跃。城市人口迅速增长促进了城市繁荣，也使城市管理难度加大，在这种历史背景下，一些前所未有的管理措施开始出现。在行政管理方面，随着坊市制在唐末的解体。北宋中期在军制厢基础上建立厢坊制，这种制度在组织结构和职能任务上具有军事色彩，主要表现为秘密侦探、缉拿走私等，成为朝廷控制社会底层的主要手段。厢坊制的建立改善了城市面貌，促进了商业经济发展，奠定了城市发展格局。随着商品经济的迅速发展和城市人口不断增加，十万户以上城市到北宋中期增至四十多个。开封、扬州、大名、应天、潭州等都是著名繁华都市。开封作为全国政治、经济中心最为典型，城市人口超过百万，城中店铺林立，共计六千四百多家，商品从日常用品到奇珍异宝均有供应，大街小巷

---

[1]（清）董诰等编：《全唐文》卷507《太中大夫守国子祭酒颍川县开国男赐紫金鱼袋赠户部尚书韩公行状》，中华书局1983年版，第455页。

[2]（唐）柳宗元：《柳河东集》卷30《与杨京兆凭书》，上海古籍出版社2008年版，第466页。

川流不息，一派繁荣景象。[1]北宋以后，城市开始打破坊市界限，交易昼夜均可进行。在开封市内，百姓可随处开设店铺，分为夜市和晓市，城内出现"瓦肆"，内有"勾栏"（歌舞场所）、酒肆、茶楼和戏坊等，热闹繁华，打破了传统意义上的坊市界线。[2]店铺可以随处开设，不再集中设置，这就增加了火灾防范治理难度。宋代因人口密集，建筑拥挤等原因，火灾明显增多，成为威胁居民生命财产的重要因素。北宋除沿用严刑峻法等律令预防治理火灾外，还建立了世界上首支专业消防队——潜火队，各府州将其在城市主要街角，明确责任辖区，机动灵活，解决了过去救火时政令不一、令出多头的混乱局面。潜火队首先创建于北宋开封城，完善于南宋临安城，截至淳祐十二年（1252），临安已有消防队二十隅、七队，共计五千一百多人，有望火楼十座。[3]北宋在继承发展唐代武候铺制度的基础上设军巡铺，开封"每坊三百步有军巡铺一所，铺兵五人"[4]。设置望火楼成为宋代火政一个伟大创举，这些高层建筑分布在城市各个角落，上有哨兵，下有屯兵，[5]这在维护城市公共安全、保护百姓财产生命具有重要现实意义，是古代劳动人民的一项伟大智慧。

---

[1] （元）脱脱：《宋史》卷63《五行二上》，中华书局1977年版，第2574页。

[2] （元）脱脱：《宋史》卷63《五行二上》，中华书局1977年版，第2575页。

[3] （宋）李诫：《营造法式》卷19，《大木作功限三·望火楼功限》，中国书店出版社2006年版，第2497页。

[4] （元）脱脱：《宋史》卷63《五行二上》，中华书局1977年版，第2576页。

[5] （宋）李诫：《营造法式》卷19，《大木作功限三·望火楼功限》，中国书店出版社2006年版，第2498页。

（三）火灾形势复杂特点促进了火政制度进步

北宋时期，开封、临安等出现了大量木质结构建筑，这成为当时城市建筑的主要特色，木结构建筑因其庄重典雅深受社会推崇，但容易着火的弊端也决定了其在火灾防范治理方面的难度。宋代是中国城市发展史上的关键期，高度城市化和商业繁荣也导致火灾频繁发生（见表1），这对消防制度也提出了新的更高要求。

表1　两宋时期全国主要火灾情况表[1]

时间	城市	火灾详情
建隆元年（960）	宿州	燔民舍万余区
乾德四年（966）四月	潭州	燔仓廪、民舍数百区，死者三十六人
天圣七年（1029）六月	玉清昭应宫	燔二千六百一十楹
庆历八年（1048）正月	江宁府	李景江南宫室、府寺一夕而焚
元丰四年（1081）六月	衡州	烧官舍、居民七千二百楹
淳熙七年（1180）二月	江陵府	燔数千家，延及船舰，死者甚众
嘉泰元年（1201）三月	临安府	燔御史台、司农寺、将作军器监、进奏文思御辇院、太史局、军头皇城司、法物库、御厨、班直诸军垒，延烧五万八千九十七家，死者五十有九人，践死者不可计。
嘉泰四年（1204）三月	临安府	燔尚书中书省、枢密院、六部、右丞相府、制敕粮料院、亲兵营、修内司，延及学士院、内酒库、内宫门庑、燔二千七十余家
嘉定四年（1211）十月	福州	燔城门、僧寺、延烧千余家、死者数人

[1]《宋史》卷63《五行二上》，中华书局1977年版，第2577页。

续表

时间	城市	火灾详情
嘉定十三年（1220）二月	安丰军	燔千余家，死者五十余人
嘉定十三年（1220）十一月	临安府	燔城内外数万家，禁驿百二十区
嘉定十七年（1224）四月	西和州	焚军垒及居民二千余家

根据《宋史》卷63《五行志》记载，宋代城市火灾具有如下特点：一是城市火灾数量明显增多。在两宋三百多年中，火灾高发一直伴随着商业繁荣和城市发展。开封府、临安府等重要商业城市火灾数量更多，每隔数月就有一次大火发生，这种大火一般持续时间长、规模大、扑救难度大。二是火灾分布广泛，着火场所遍及城中各处。《宋史》载："诸州言火者甚众。"[1] 纵观整个北宋，全国多个府州着过大火，大多为商业繁华之地，一年四季均有发生。着火场所遍及皇宫大院、官府衙门、寺庙道观和普通民居等，城市各种场所均有分布，呈现出杂乱零散、多点发生的特征。三是火灾损失相当严重，火烧连营现象突出。从表1中可看出，临安府仅一起火灾即烧毁民舍数以千计，百姓生命财产损失更是巨大，这种现象在以前历朝历代是不存在的，从火灾损失来看，宋代商业高度繁荣，经济活动活跃，火灾明显增多。

宋代城市火灾高发是有政治、经济、文化等方面原因所致，这一系列因素综合在一起导致火灾数量增多。从经济方面看，宋代经济活动活跃，人口急剧增加，城市规模扩大，人口大量涌入

---

[1]（元）脱脱：《宋史》卷63《五行二上》《五行二上》，中华书局1977年版，第2578页。

城市，房屋供应紧张。《梦粱录》载"临安城郭广阔，户口繁夥，居民屋宇高森，接栋连居，寸尺无空，巷陌壅塞，街道狭小，不堪其行"，住宅毗连又无寸尺之空的后果就是"多为风烛之患"。[1]建筑业呈畸形发展，建筑材料和房屋布局存在较大缺陷，加之府州缺乏统筹规划和火灾防范治理，造成城市火灾高发。史载，宋代城市建筑材料主要为木料、砖瓦和茅草等，以木结构为主，街道上房屋密集，集中连片，这极不利于火灾防范。为加强火灾防范，朝廷诏令民间对原有木建筑翻改，大中祥符五年（1012），朝廷下诏：川、陕诸屯兵草茅覆屋，连接官舍，颇致延火。宜令自今坏者渐易以瓦，无得因缘扰民。[2]宋高宗绍兴二年（1132），朝廷诏令：诏临安民居皆改造席屋，毋得以茅覆盖。[3]从上述史料看，为有效防范火灾，朝廷接连出台措施完善消防制度、加强火灾治理。平民百姓难以承受房屋改造的费用，甘冒着火风险使用木料茅草修建房屋，原因在于盖"非富家大姓不用瓦屋"[4]。从政治方面看，北宋官僚机构和军队规模庞大，存在冗官、冗兵和冗费，加之需要给辽和西夏支付"岁币"，财政负担巨大，这一切都落在百姓身上，百姓生活困苦。为改变积贫积弱局面，范仲淹

---

[1]（宋）吴自牧：《梦粱录》卷10《防隅巡警》，浙江人民出版社1984年版，第276页。

[2]（清）徐松：《宋会要辑稿·刑法》，上海古籍出版社2014年版，第127页。

[3]（宋）李心传：《建炎以来系年要录》卷61，绍兴二年十二月戊戌，上海古籍出版社2008年版，第2176页。

[4]（宋）唐庚《眉山文集》卷3《重修思政堂记》，台北"商务印书馆"1986年影印文渊阁四库全书本，第148页。

主导"庆历新政",王安石主持"熙宁变法",提出了一系列减轻百姓赋税负担、抑制官僚地主对农民盘剥和增加国家财政收入等合理措施,但因触犯顽固派利益导致两次政治革新运动失败,百姓依然没能改变赋税沉重的实际。在缴纳赋税后,百姓在建造房屋时无力全部购买砖瓦,仅能选茅草代替砖瓦建房,一旦着火后他们只能再次选择建造茅屋,"兵火之后,流寓士民往往茅屋以居"[1],形成恶性循环。从文化方面看,坊市制的废除促成了城市大发展的局面。在坊市制背景下,城市住宅被划成整齐居民区,街道建筑井然有序,即使发生火灾也不会造成火烧连营局面,坊墙能阻挡火势蔓延。宋代,因城市商业高度繁荣,大量人口涌入城市,北宋东京和南宋临安都是人口过百万的城市,扬州、广州等城市人口多达数十万,建筑布局不合理造成火灾数量明显增加。宋代拆除坊墙实行厢坊制,房屋紧凑,一旦着火容易借助风势蔓延,火烧连营,损失数以千计。

宋代,天灾人祸剧增造成火灾高发,宋仁宗天圣七年(1029),玉清昭应宫"火发夜中,大雷雨至晓而尽"[2]。元丰四年(1081),钦州因"大雷震,火焚城屋"[3]。宗教文化对宋人社会生活影响较大,宋人崇佛尚道,香火旺盛,皇帝大臣、平民百姓皆盛行烧香礼佛风气,道观寺庙分布城市各角,挤占了大量空地,导致街道和居住空间狭小,增加了许多致火因素。部分火灾是因

---

[1]（清）徐松:《宋会要辑稿·兵》,上海古籍出版社2014年版,第337页。

[2]（元）脱脱:《宋史》卷63《五行二上》,中华书局1977年版,第2579页。

[3]（元）脱脱:《宋史》卷63《五行二上》,中华书局1977年版,第2580页。

人的过失所致，如南宋临安一系列火灾可归因于"奉佛太盛，家作佛堂，彻底烧灯，燔撞飘引"[1]。宋代，许多火灾是人为纵火。宋真宗大中祥符八年（1015）开封府失火，就是由于"侍婢韩盗卖金器，恐事发，遂纵火"[2]。嘉定十七年（1224）西和州大火，也是由于人祸。《宋史》五行志认为："火患不息，人之火也。"[3]。

二、宋代火政制度具有许多创新进步之处

北宋以后，坊市制被厢坊制所取代，打破了城市封闭格局，城市管理制度更为开放，商业获得广阔发展空间，平民开设的各类店铺在城市各处不断涌现。城市人口激增和民居建筑稠密造成火灾频发，威胁到城市发展和百姓生活。鉴于城市面临的严峻火灾形势，宋代除沿用制定律令、实行火禁等传统管理手段外，还创造性推出了一些新的治理措施。

（一）潜火队的设置改变了政出多端的管理模式

宋代建立了世界首支专门灭火队伍——潜火队。《容斋随笔》载："今人所用潜火字，如潜火军兵，潜火器具，其义为防。然以书传考之，乃当为熸。《左传·襄公二十六年》，楚师大败，王夷师熸，《昭公二十三年》，子瑕卒，楚师熸。杜预皆注曰：'吴楚之

---

[1]（明）田汝成：《西湖游览志余》卷25《委巷丛谈》，上海古籍出版社1980年版，第1279页。

[2]（宋）李焘：《续资治通鉴长编》卷84，大中祥符八年五月辛巳，中华书局1980年版，第2356页。

[3]（元）脱脱：《宋史》卷63《五行二上》，中华书局1977年版，第2581页。

间，谓火灭为熸。'《释文》音子潜反，火灭也。《礼部韵》将廉反，皆读如歼音，则知当曰熸火。"[1]我们从上述史料可看出：潜火即灭火，这成为当时社会共同看法。从《宋史》记载看，"潜火"一词早在宋仁宗时开始出现，[2]最初仅出现在开封一地。及至南宋，潜火队在多个城市均已建立，各地方志对其位置、规模、职能等均作详述，如绍兴潜火队设在府衙西[3]，宣州潜火队设在府衙南[4]。京城和各府州潜火队人员组成略有不同，大内秘书省分别由殿前司、步军司、临安府将兵及厢军组成。[5]宫城外失火，朝廷诏令："自今临安府遗火，止令马步军司及府兵救扑。"[6]我们从中可看出，各府州潜火队由地方厢军等组成，管辖地界职能分工明确，"如是本隅地界，不候指挥，使即部领隅兵前去救扑，如是别隅地界，本将办集隅兵，听候临安府节制司关唤，方许出寨"[7]。各城按规模大小、人口多少设有一到数支潜火队，在考虑人口密度、商业繁华程度和着火多少等因素下部署城中各处，以备不时

[1]（宋）洪迈：《容斋随笔》上，中华书局2005年版，第478—479页。

[2]（宋）李焘：《续资治通鉴长编》卷354，元丰八年四月乙亥，中华书局1980年版，第5366页。

[3]（宋）施宿：《嘉泰会稽志》卷四《库务场局等》，台北"商务印书馆"1986年影印文渊阁四库全书本，第436页。

[4]（明）解缙：《永乐大典》卷15140，《队》引《宣城志》，中华书局1998年版，第24778页。

[5]（清）徐松：《宋会要辑稿·职官》卷18，上海古籍出版社2014年版，第144页。

[6]（宋）李心传：《建炎以来系年要录》卷56，绍兴二年七月乙酉，上海古籍出版社1980年版，第2388页。

[7]（宋）施谔：《淳祐临安志》卷6《军营》，台北成文出版社有限公司1970年版，第258页。

之需。朝廷通过确立潜火队责任辖区制度明确了职责分工，这一做法能够确保潜火队对发生在本辖区的火灾做到快速反应处置，提高了灭火的机动性灵活性。

（二）望火楼的设置是中国消防发展史上的巨大进步

北宋以后，为及时扑救火灾、降低火灾损失，朝廷加大了火灾防范治理，各城为在第一时间发现火情并做好处置应对，在城市各角建立望火楼，这是宋代火政制度的一大进步。《营造法式》载：望火楼有四柱，各高三十尺；上方五尺，下方一丈一尺。[1]《东京梦华录》载：每坊巷三百步许……又于高处砖砌望火楼，楼上有人卓望，下有官屋数间，屯驻军兵百余人。[2] 我们从中可看出，望火楼由砖砌成，坚固耐烧。楼上有专人值守，下有驻军。《梦粱录》载：盖官府以潜火为重，于诸坊界置立防隅官屋屯驻军兵，及于森立望楼，朝夕轮差兵卒卓望，如有烟燃处，以其帜指其方向为号，夜则易以灯。若朝天门内，以旗者三；朝天门外，以旗者二；城外以旗者一；则夜间以灯如旗分三等也……如遇烟救扑，帅臣出于地分，带行府治内六队救扑，将佐军兵及帐前四队、亲兵队、搭材队，一并听号令救扑，并力扑灭，支给犒赏；若不竭力，定依军法治罪。[3] 我们从上述史料看出，临安城立有多座望火楼，分别以隅代称。白天着火时，士卒在楼上以旗帜指引

---

[1]（宋）李诫：《营造法式》卷19《大木作功限三·望火楼功限》，中国书店出版社2006年版，第2477页。

[2]（宋）孟元老：《东京梦华录》卷3《防火》，黄山书社2016年版，第367页。

[3]（宋）吴自牧：《梦粱录》卷10《防隅巡警》，黄山书社2016年版，第954页。

方位，夜晚以点灯示意。根据楼上信号，所在地界士卒闻讯出动，查找着火方位，展开灭火，整个运作流程做到了科学合理。鉴于望火楼在扑救火灾方面的成功经验，各府州开始效仿建立。"淮南渐远波声小，犹见扬州望火楼。"[1]我们从诗中看出，望火楼除具有火灾预警功能外，还是城中重要人文景观。宋代火政制度具有许多创新之处，潜火队的建立使中国消防史上首次有了专门灭火队伍，望火楼的建立丰富了城市火灾预警体系，实现了"每遇有遗火……不劳百姓"[2]的目标。宋代潜火队由军卒组成，借助望火楼开展专门嘹望，及时发现处置火情。[3]北宋通过诏令改变了"政出多头、应灾慌乱"的弊端，为后世推进消防治理提供了重要借鉴。

（三）通过"寓治于法"对火灾责任人员进行惩戒

宋代开始运用律令来加强火政建设，在实践中总结出了一套行之有效的火灾防治经验。《宋刑统》载：着火后寄放赃物、包庇犯人之家当在规定时限内自首，否则被治罪；官员因失察失火、救火不力或不能捕获肇事者都要治罪，官员组织救火不力将受到惩处。州城失火，都监须到场组织救火，由通判进行监督，违反者各杖八十；都监、通判若已尽力仍延烧官私舍宅二百间以上者，都监、通判则被各杖六十，并上报朝廷听候处置；如烧三百间以

[1] 王献唐：《双行精舍校注水云集》，《湖州歌九十八首》，齐鲁书社1984年版，第478页。
[2] （宋）孟元老：《东京梦华录》卷3《防火》，黄山书社2016年版，第368页。
[3] 窦仪：《宋刑统（上）》，文海出版社1963年版，第266页。

上，知州将受同样处罚。[1]北宋时期，一些官员因火灾失察遭到惩处，如滑州节度使张建丰因火灾失察、履职不力被免官。《作邑自箴》《庆元条法事类》载：诸州县镇寨居民每十户结成一甲，选一户为甲头，乡邻间有互助救火的义务。将户主名录记于一牌，盖章画押后交由甲头保管。着火时，甲头召集各户，每户出一人救火。火灭后照牌点名，检查是否有人失职不来。若有人失职不救火，相关人员皆受惩罚。[2]南宋时，朝廷为防范火灾开始在城市采取重点保护政策，如在临安府重要建筑四周清出一定距离，以砖瓦为基本建筑材料，用以阻挡着火时火势蔓延扩散，称为"瓦巷"，不依令开通瓦巷者依律治罪，"命官降一官，民户徒一年"。[3]由此可见，宋代对火灾责任人员惩罚之严厉。

三、宋代火政制度对推进当代消防治理的历史借鉴

宋代火政制度特点主要表现在：重视火灾防治，设立防灭火组织，着火时组织扑救，灾后惩处肇事者、负责官吏和趁火盗抢等事故责任者。宋代火政制度体系是基于古代农业文明的社会特点，所颁内容措施在火灾扑救方面重要意义，这对推进当代消防治理具有历史借鉴。

（一）建立健全防灭火组织，完善城市消防体系

宋代在开封和临安均设防灭火机构，北宋称军巡铺，南宋称

---

[1]（宋）孟元老：《东京梦华录》卷3《防火》，黄山书社2016年版，第368页。

[2] 窦仪：《宋刑统（上）》，文海出版社1963年版，第276页。

[3]（清）徐松：《宋会要辑稿·刑法》，上海古籍出版社2014年版，第387页。

防火司。北宋开封的坊巷中，每隔三百多步就设有一所军巡铺，铺兵五人，夜间"巡警，收领公事"，在城墙高处建望火楼，令专人眺望，以便及时发现火情，尽早报警。望火楼下有官舍数间，驻兵五百余人以备救火。南宋临安府设"防火司"负责防灭火，立望火楼、"多差人兵""广置器用""明立赏罚"。[1] 军巡铺和防火司均配备救火工具，包括水桶、洒子、麻搭、斧锯、梯子、火叉和大索等，配专人看护，着火时发放救火器具，火灭后收回，是现代城市消防站的雏形。各府州均设防灭火组织，州县治舍及牢狱皆于天井四周置一大水缸贮水，每家门口放置水缸，如广南刘铢令民家置贮水桶，号"防火大桶"。[2] 除贮水外，还有灭火器具，这些器具须置于固定显著位置，以便着火时做到"仓卒可集"，避免紧急时"临期张皇，束手无策"。[3] 宋代火政包括京城和地方两套运行机制，京城救火力量主要是军队，由马步军殿前三衙和开封府各自带领军兵救火，不能携带刀剑等，以防趁机"邀夺物色"[4]，救火人员统一编号，扑救时发放器具，事后清点器具人员，确定无误后方能解散队伍。《宋刑统》载：百姓有报告救火义务，否则依律严惩；《宋会要辑稿·刑法》载：仁宗天圣九年前规定京师由巡警救火，百姓不需参与，但考虑着火实际，为减少损失，朝廷于天圣九年（1031）规定百姓在巡警未至时可救火；《东京梦

---

［1］（清）徐松：《宋会要辑稿·刑法》，上海古籍出版社2014年版，第389页。

［2］（元）脱脱：《宋史》卷66《五行四》，中华书局1977年版，第5788页。

［3］（宋）陈襄：《州县提纲》卷2《修举火政》，上海古籍出版社2014年版，第137页。

［4］（清）徐松：《宋会要辑稿·刑法》，上海古籍出版社2014年版，第391页。

华录》载：京师救火"不劳百姓"。我们从以上材料可看出，北宋火政主要力量是军队，百姓仅配合参与，朝廷认为百姓未受专业训练，缺乏统一指挥，为避免不必要伤亡，百姓一般不参与救火。如遇火势过旺难以扑灭时，潜火队根据火势方向大小将周围建筑拆除，清出一定距离开辟隔离带，以阻火势蔓延，[1]这种救火方法一直沿用至今，成为当前消防站灭火救援战法之一。这对我们以灭火救援能力标准化建设，推动消防服务均等化和促进城市消防救援能力换挡升级具有重要意义。

（二）从源头加强对火灾的事前防范和管控治理

宋代统治集团重视着火前的防范治理，尽量避免火灾发生，配备足够的救火人员和装备，一旦遇火发生，能在第一时间组织救火，将损失降至最低。宋代在火灾防范治理方面做了大量有效工作：第一，通过严苛律令规范百姓日常用火，从源头控制方面着手加强火灾防范治理。宋人在生火做饭、取暖照明和节庆放鞭炮等都离不开火，稍有不慎即引发火灾，造成火烧连营的严重灾害。厨房是引发宋代城市火灾的重要火源，府州要求辖区百姓常扫厨房，除去多余柴草埃墨，除去灶前剩火，防范火从厨房着起。朝廷还规定，照明火烛须及时熄灭，"将夜分，即灭烛"，以防夜深人困马乏之际引起火灾。第二，官府会提示在着火多发地加强火灾防范。"茅屋须常防火，大风须常防火，积油物积石灰须常防火"，"余烬未灭，能致火烛"，[2]上述场所均需加强火灾防范。第

---

[1]（清）徐松：《宋会要辑稿·刑法》，上海古籍出版社2014年版，第393页。

[2]（清）徐松：《宋会要辑稿·刑法》，上海古籍出版社2014年版，第395页。

三，朝廷在全国范围内倡导以砖瓦代替木头盖楼建房，以增强建筑物抗火能力。北宋前期，为防雨保暖，百姓房屋多用茅草覆盖屋顶。茅草具有易燃性，一旦遇火燃烧就会形成燎原之势殃及邻里周围，造成火烧连营，引发社会矛盾。为防范火灾，朝廷倡导在修建房屋时用瓦片代替茅草，开封府对军营、衙门、民居等进行改造。因瓦片价值远高于茅草，普通百姓很难承受这笔高昂费用，只有富裕人家才能做到，朝廷这一计划推行起来难度较大，最后被迫终止。由上可见，宋代官府注意从源头入手，加强百姓的防火意识，避免火灾的发生。这一历史经验对于我们当前健全社会动员参与消防工作机制，鼓励企事业、社会团体等依法有序参与防灭火等工作，健全完善社会组织和个人有序参与消防工作机制，增强政府与社会组织在城市消防工作中的互动具有重要借鉴。

（三）国家和社会依法追究火灾相关人员法律责任

宋代，朝廷通过律令对火灾肇事者处罚区分为失火与放火，失火是因疏忽大意导致火灾发生，放火则是故意而为之。失火与纵火目的不同，所受责罚也自然不同。各府州对放火犯从严从重处罚，即使在大赦天下时也不减免。部分火灾肇事者为逃脱制裁处罚，着火后即逃跑。为及时将火灾肇事者缉拿归案，朝廷制定了严明的赏罚政策，发动百姓相互举告，捉拿肇事者归案。官府根据百姓提供线索捕到凶手后即给予赏钱，这就提高了举告积极性。若不能及时将放火者捕获，官员将被治罪。朝廷在对官吏进行惩罚的目的是为引起他们对火灾防范扑救的重视，使朝廷律令落到实处，督促各级官吏积极履职，以减少火灾损失。宋代律令规定：对着火时趁火打劫者予以严厉惩处，如建隆三年（962），内酒坊失火，坊与三司相连，工徒"突入省署"，乘火为盗者有五十人，皆"命斩于诸门"，后经"宰臣极谏"，还是三十八人被斩。酒坊使左承规、副使田处岩纵酒工为盗，坐弃市。[1]宋代依律惩处火灾肇事者和责任者的做法为当前严格消防执法提供了重要借鉴，随着全面依法治国的实施，我们通过运用法律消除了一系列火灾隐患，惩处了一些火灾肇事者和渎职人员，为推进当代消防治理现代化提供了良好社会环境。

宋代注重火政建设，首次建立潜火队这一专门灭火队伍和用于火灾瞭望扑救的望火楼，成为现代消防站的雏形，制定了军营防灭火法令，发明了唧筒用作救火器具，成为消防泵浦的雏形，在火灾扑救中的战术思想、组织分工及火场纪律方面也积累了许多有益经验，其防患于未"燃"及重点防护思想对推进当代消防治理具有重要历史借鉴。

（作者单位：内蒙古大学历史与旅游文化学院）

---

[1]（南宋）李焘：《续资治通鉴长编》卷二，中华书局1980年版，第107页。

当代发展研究报告

郑州大都市区及国家中心城市建设背景下古都开封现代化发展的路径

王永苏　李少楠

古都历史传统保护与城市现代化建设之间不能互相矛盾和抵触，而应该相互依托、相辅相成，协调发展。本文立足于郑州大都市区及国家中心城市建设背景下开封城市的发展定位，探讨古都开封现代化发展的路径。通过梳理借鉴国内外古都现代化发展的经验教训，结合开封自身发展特点和城市功能定位，我们认为开封古都现代化应将历史文化的保护和现代新城的建设有机结合。老城区内应尽快通过区划调整统一成一个市辖区进行统一规划保护和开发利用，按照修旧如旧、丰富内涵的原则进行保护性开发，做大做强"宋文化"品牌；新城区按照现代化城市高标准进行建设，完善城市公共基础设施和公共服务设施，吸引聚集高端制造业和现代服务业。新老城区形成相互辉映、协调互补的格局，共同支撑古都开封走向现代化，发挥其在郑州大都市区核心区中应有的功能定位。

一、古都开封的历史地位及影响

开封，古称老丘、大梁、陈留、汴州、东京、汴京、汴梁等，简称汴，地处中原腹地、黄河之滨，西与省会郑州毗邻，东与商丘相连，南接许昌和周口，北隔黄河与新乡相望。开封具有"文物遗存丰富、城市格局悠久、古城风貌浓郁、北方水城独特"四大特色，迄今已有 4100 余年的建城史和建都史。作为中原地区华夏文明重要的发祥地，开封是我国第一个世袭制王朝——夏朝最重要的国都之一，继夏朝之后，战国时期的魏，五代时期的梁、晋、汉、周以及北宋和金，均在此建都，素有八朝古都之称，孕育了上承汉唐、下启明清、影响深远的"宋文化"，宋朝都城东京城也曾是当时世界第一大城市。自夏朝起，开封长期作为中原地区的政治经济文化中心，发挥了独特的历史作用。开封是名副其实的"八朝古都"、中国八大古都之一，是影响深远的历史文化名城，它也是世界上唯一一座城市中轴线从未变动的都城，城摞城遗址在世界考古史和都城史上少有，开封的重要历史地位应该得到充分认识和肯定。

第一，开封是先夏时期人文始祖活动的重要地区，是早期华夏文明重要的发祥、传承地之一。根据可靠文献记载和文化层遗迹分析，早在 4000 多年以前，开封一带就长期是先夏时期人文始祖带领部族人民开展活动的重要地区，黄帝、炎帝、颛顼、虞舜等，均与开封有着不解之缘。先夏时期人文始祖及先民们在开封地区的活动，为开封乃至中原地区的开发贡献了力量，他们是孕育中原文明的先驱，是中华民族文明历史的创造者。

第二，夏朝长期定都于老丘（开封），对当时社会的发展和中原地区的开发产生了重大影响。古文献记载和近年来我国学术界关于"夏商周断代工程"的研究成果表明，我国第一个世袭制王朝——夏，先后相传14世、17王，约至公元前1600年为商所灭，先后存在了近500年。夏朝的政治中心，也即都城，曾十次迁徙。第七任王杼在其即位五年时，把国都由"原"（今济源）迁至老丘。夏以老丘为都历经杼、槐、芒、泄、不降、扃等六王，长达250余年，成为夏朝定都时间最长的都城，这一段时间，恰恰是夏朝由稳定发展到兴盛繁荣的重要阶段。作为第一个世袭制王朝的重要都城，夏都老丘存在的意义和影响是巨大的，其时间之早、规模之巨、对后世的影响之大，超过了夏代任何一个都城。在当今我国的八大古都中，只有开封早在夏朝就曾经有过如此辉煌的建都历史，仅从这一点来讲，开封确实抢占了古都文明的先机。在夏朝以开封为都的200余年间，从政权巩固到稳定发展，进而走向兴盛繁荣，推动农业和手工业经济较快发展，统治范围也持续扩大，向东达"东海之滨"，东南则达江淮地区。这一阶段不仅对中原地区的开发至关重要，同时也大大增强了夏代对后世的影响。

第三，战国时期的魏都大梁，对开发中原和全国大一统局面的形成起着非常重要的作用。魏都大梁是开封建都史上第二次成为都城。据考证，大梁城东西长达10里，人口曾达30万，是与秦都咸阳、楚都郢城、齐都临淄、赵都邯郸齐名的大都城。大梁的城市建设对后世的影响、对中原地区政治经济发展的影响都是巨大的。以大梁为中心所产生的思想文化，在当时以及后世都产生过不可估量的作用。在当时的都城大梁，产生了一大批政治、经济和思想文化方面的精英人物。如庞涓、孙膑、商鞅、范雎、张仪、吴起、信陵君等等。魏国的一大批志士仁人，各自发挥作用，客观上促进了社会发展，有利于结束战国时期分裂割据的局面，对国家走向融合统一产生了影响。

第四，从隋唐重镇到五代东都，汴州作为新的政治中心的崛起，对促进民族融合与社会发展产生了重要作用。五代时期的后梁、后唐、后晋、后汉、后周，除后唐外皆定都开封，契丹正式建都的辽国也在开封。五代后期，汴州开封"控引汴河，南通淮泗，北接滑魏，舟车之辐辏"；后周东京"华夷凑集，水陆会通；时向隆平，日增殖盛"；"坊市之中，邸店有限；工商外至，络绎无穷；僦凭之资。增添不定"。以至周世宗柴荣继位不久便"发畿内及滑郑之丁十余万，筑新罗城"，后周时的东京，规模已十分宏大。周世宗柴荣实行了一系列改革措施，促进经济发展和社会安定。他北攻契丹，南下南唐，占据南唐江淮十四州，使后周的国力大为增强，为北宋结束分裂割据局面、实现全国最终统一奠定了基础。

第五，以东京开封为中心的北宋王朝，将我国封建社会推向了前所未有旳辉煌，它所孕育的大宋文化影响深远。赵匡胤以兵变形式取代后周政权，建立了北宋王朝，北宋王朝以东京开封为国都，历经九帝168年。东京不仅成为全国的政治、经济、文化中心，也是当时世界上人口最多、经济文化最为发达的世界大都市。据历史资料记载，东京城的人口最多时达150万；北宋时的国民生产总值为265.5亿美元，占世界经济总量的60%。北宋东京城与隋唐的长安、洛阳不同，它是在旧城的基础上改建而来，城市商业经济的空前繁荣，人口的众多，对东京城的布局产生了重大影响。东京城有三重城垣围护，皇城居中，外为内城，再外为外城。外城、内城均为商业区和居民区；这种由外城、内城、宫城三重城构成的都城布局为元明清都城所仿效，对后世的城市建筑影响很大。北宋中期以后，随着城市商业贸易的迅速发展，人口的不断增加，传统的坊市制度开始崩溃，代之而起的是坊市合一的城市布局。以东京开封为中心的北宋王朝及其创造的大宋文化，体现在政治、经济、文化、社会等诸多方面。包括开明的政治文化、活跃的思想文化、繁荣的商业经济文化、创新发展的科技文化、百花齐放的诗词与书画文化，以及先进的建筑文化、通俗普及的民俗文化等。大宋文化对华夏文明的贡献和影响是巨大的。而东京城对后世京城影响极大，金朝的中都（今北京）就是仿照了北宋东京城的建设规制，并为元朝大都（今北京）所吸取。站在中华文明的大厦上审视大宋文化，它完全可以与汉唐文化和后来的明清文化相比肩，正是它们共同构成了华夏文化的支柱和精髓。

第六，由金朝都城到元朝省治——开封城市地位的重大转折。汴京开封的正统地位和巨大影响，使得它始终是宋金争夺的核心要地。金朝在取得对中原地区的有效统治后，就设想将其政治中心南移汴京，不断加强对汴京的管理和经营，汴京始终是北方最重要的城市。元朝攻占金南京后，改设南京路为汴梁路，又在此设河南江北行中书省（河南省），还把汴梁作为进攻南宋的基地。

此时开封虽下降为中原地区的中心城市，但地位依然十分重要。

明清时期，作为中原首府的开封，在全国仍占据非常重要的地位。明代开封人口最多时达 40 万，虽然不能与北宋东京同日而语，但在当时全国 13 个省会城市中仍位居前列。清朝建立之初，开封城十分萧条，清康熙初年重新修筑了开封城池，外迁人口逐渐回流，城市生机初现，手工业和商业渐趋恢复。此后，开封依然成为中原八方货物贸易的集散地。清代中后期，各地以商人为主纷纷在开封设立同乡会馆，有山陕甘、两湖、两广、山东、江苏、浙江、江西等，最多时达数十家。新中国成立之初，开封仍是河南省省会，直到 1954 年，省会迁移到郑州，开封城市政治地位逐步下降，但是其历史影响力一直没有减弱。

总之，开封 4000 多年城市发展的道路是曲折多变的，辉煌发展和沉默蓄势相互交替，在中国历史上有着非常重要的地位和影响力。新时期，在城市现代化发展背景下，尤其是在郑州大都市区及国家中心城市建设中，古都开封作为大都市区核心区的重要组成部分（重要支点）理应充分挖掘其历史文化，发挥应有的功能，走向现代化发展的道路。

二、城市现代化的内涵本质

城市的形成和发展是社会生产力逐步发展与高度集中的显著标志，也是人类社会进步的具体体现。关于城市化的含义，各界都有不同的定义。经济学家认为，所谓城市化，就是农村人口转变为城镇人口的过程，或者是指把农业人口变为非农业人口、农业活动向非农业活动转换的过程，即一种生产方式的转换过程。也有人把城市化看作是城市经济发展演变和产业重新组合的过程，主要是指由经济工业化、人口城市化、生活方式城市化所引起的人口不断聚集，城市规模不断扩大，城乡差别不断缩小的一种历史发展过程。城市地理学家则更注重从地域空间组织的变化出发，认为地球陆地表面某一地域内，城市性状态逐渐扩大和发展的过程，就是城市化。一些社会学的学者认为，伴随着产业革命，出现了人口脱离农村向城市集中的现象以及人类生活方式的转变，传统落后的乡村社会开始变为先进的现代化城市社会的自然历史过程。

虽然各领域专家对城市化概念理解的侧重点有所不同，但是比较共同的认识是，城市化是一个历史的、相对的概念，是经济社会发展的过程，也是社会现代化的发展过程。在现代条件下，城市化的本质是人类生产和生活方式由乡村型向城市型转变的历史过程。其中主要包括同时发生的两个过程：一是农业人口向非农业人口转变，向城镇集中，农村人口市民化，农村生产、生活方式和生活质量逐步城市化；二是城市区域的扩大和城镇数量逐渐增加，郊区农村逐步城市化。也就是说城市化不仅是农业人口转移为非农业人口，并向城市集中的过程，而且是城镇在空间数量上的增多、规模的扩大，功能和设施的逐步完善以及城市的经济关系和生产、生活方式广泛渗透到农村的过程。城市化内涵不单单是从量的方面来定义，而且要从质的方面做考察。它是生产要素的集聚、城市的集聚、资源配置方式、工业化的生产方式、产业结构的演进、生活方式等综合因素变更的结果。总之，城市化是一个相当复杂的概念，人口集中只是城市化的表面特征，生产方式的变更才是城市化的内在动力，而广义生活方式（包括政治、经济、文化、价值观念等）的变更则是城市化的综合结果。

城市现代化则是指新时期随着科技创新和经济政治体制改革，城市就业和经济活动逐渐市场化、信息化以及管理科学民主化，城市基础设施不断完善，居民物质文化生活不断改善，居民素质不断提高，生态环境不断优化，城市物质文明与精神文明实现高度统一，城市的经济、社会、文化以及生活方式等由传统社会向现代社会转变的历史过程，是城市发展内涵不断丰富的过程，最为核心的是实现人的现代化。

城市现代化是一个复杂而综合的概念，其主要内容包括：一是基础设施现代化。现代化城市是一种开放的系统，以交通、信息通讯、物流网络和能源供应为基础，高效的基础设施是城市实现现代化的物质基础。二是城市管理科学化。城市涉及居民生活的方方面面，包括经济、社会、文化、政治和环境等各个因素，是一个复杂的庞大系统，必须通过科学的城市规划和管理才能使这个有机体正常高效地运行。三是城市功能多样化。随着经济快速发展，城市结构不断分化，城市不仅具有经济功能，还具有政治、文化、交通枢纽、国际交流等功能。四是资源利用的集约高效化。当今社会能源、资源供应的日益紧俏已越来越成为各地经济转型升级的重要因素，现代化城市应具有合理的产业结构、快速反应的交通物流体系、智能化的信息网络和高素质的管理人才，并且能够实现资源、能源利用的集约化和高效化，才能满足城市发展对稀缺资源的巨大需求。五是产业结构高级化。发达国家的经验表明，现代化都市占主导地位的产业已不再是制造业，而是服务业。现代化城市在全国的城镇体系中更多地扮演高层次定制服务的提供者、创新的孵化器和商品分销者的角色。六是城市居民生活的高质化。现代化城市是人来建设的，也是为人服务的，现代化城市应该为居民提供高质化的生活服务，使居民有较高的生活舒适度。这主要体现在完善、充足的公共物品提供，主要包括：社会保障体系、便利的交通条件、娱乐设施、文化教育卫生等。

就开封而言，目前城市的现代化发展应该放在郑州大都市区及国家中心城市建设背景下去讨论，开封城市的现代化要适应大都市区发展的需要，在大都市区中扮演应有的角色，赋予应有的城市功能，满足人民对高质量生活的现代化需求。开封作为著名的"古都"、历史文化名城，有深厚的文化积淀和影响，不能按照普通城市现代化道路去规划建设，而现代化又是其必须走的道路，因此，在探索古都开封城市现代化道路时，应该正视深厚的历史文化积淀，梳理其在城市现代化发展中面临的问题与挑战，又要领会城市现代化的本质内涵，将历史文化资源与现代科技创新有机结合，走出适合开封发展的现代化之路。

三、古都开封现代化发展中的问题与挑战

古都现代化是在城市现代化的大背景下提出的，只是对于古都城市而言，比较特殊的是它面临着历史文化资源的保护和传承问题，在古都城市的现代化决策中，需要更加表现出对文化资源的敬畏。中国的古都现代化过程中，无论是城市规划、建筑设计等，都需要平衡三个关系，一个是真和假的关系，二是新和旧的关系，三是东（东方文化）和西（西方文化）的关系。随着现代社会的发展，人的习性和生活习惯都有新的发展变化，城市毕竟是人生活的场所，人已经现代化了，城也得现代化，但对于古都来说，其城又是个古城，如何将古城与人的现代化生活方式有机对接，是古都现代化过程中必须解决的问题。

就古都开封复兴和现代化发展而言，相较于其他古都，开封具有两个较为独特的困难。一是目前开封地表的宋代建筑并不多，而且，地理因素也发生了很大变化，比如宋东京时期包括汴河在内的水系已经难寻踪迹，这使得开封在进行以宋文化为底色的古都复兴时，会面临更多争议。开封城的古城复兴面临的另一个困难，是地下"城摞城"的地质条件，一方面造就了开封这个城市最具独特性的古都文化遗产，另一方面，也使得这个城市在进行现代化城市规划和发展中面临更多困难，如果开发和保护问题处理得好，将为这个城市赢得独特的城市文化发展资源，如果处理不好，将为这个城市带来巨大的发展遗憾。

除了上述两个困难外，开封在城市现代化过程中还面临着如

下几个主要问题及挑战：一是经济基础薄弱，仅靠文化旅游业发展难以支撑城市现代化建设所需财力；二是作为著名的古都和历史文化名城虽有一定的影响力，但没有挖掘和发挥其文化应有的价值，没有转化成大的产业链和产业集群；三是新城和老城发展不协调，新城按照现代化城市标准规划建设，与郑州对接，但进度缓慢，集聚效应没有显现。老城区规划建设比较滞后，目前仅停留在对历史文化资源简单保护上，没有挖掘其文化背后的价值，并且老城区脏乱差的面貌没有得到根本改变。这显然与城市现代化发展的要求很不相符；四是老城区保护开发历史负担较重，城区内仍有大量居民住户，搬迁安置成本较高。

四、国内外古都发展的经验借鉴

（一）国外古都发展的经验借鉴

不仅是中国，世界各国、各地区和各城市都面临着城市开发和旧城保护的冲突和矛盾。相应地，世界各国都不同程度地采取了历史遗产保护的措施。总体来看，处于较高经济发展水平的发达国家，他们不仅具有足够的经济实力，而且对历史文化遗产保护有着超前的理解和认识，形成了成熟的历史文化遗产保护意识。

1. 巴黎古都保护和发展的做法经验

说起国外的古都城市，人们都会想到罗马、开罗这些历史悠久的城市，但如果说起给人印象最深、城市风貌最完整的城市，那就是巴黎了。传承古都风貌，首先要处理好城市发展与古城保护的关系。巴黎很重视旧城保护，选择了在古城外建新城，对古城进行一系列整治。巴黎城市改造不局限于历史街区的保护，根据城市发展不断调整和更新。这种更新不是单纯的改变，而是继承了原来城市的精神，并在此基础上开发满足新需求的功能。

巴黎处理古都历史传统保护与城市现代化建设关系主要做法是：

第一，完善立法，通过法律形式来保护历史文化。1840年巴黎就成立了"历史建筑管理局"，并制定了《历史性建筑法案》，1887年颁布《纪念物保护法》，1913年颁布了《历史古迹法》，1930年制定了《景观保护法》，1943年通过《纪念物周边环境法》，1962年制订了保护历史性街区的法令——《马尔罗法》，即《历史街区保护法》；1983年颁布了《建筑和城市遗产保护法》，1993年颁布的《建筑、城市和风景遗产保护法》对其进行补充和完善。

第二，充分发挥民间文化遗产保护组织的作用。在资金保障制度方面，法国政府十分善于发挥民间文化遗产保护组织的作用。尽管文化遗产保护工作由文化部领导且许多重大决策均由文化部决定，但是到具体落实层面，基本是由文化部所属的古迹基金会、文化艺术遗产委员会、考古调查委员会等民间组织完成，由此法国政府可以节约大量的资金。为了充分发挥民间组织的作用，法国政府与许多协会都签订有协作契约，这样，民间组织在文化遗产的保护过程中的"责""权""利"三个方面可以实现较好的统一。

第三，从文物古迹到历史街区都进行严格保护。城市历史风貌绝不是单单通过文物古迹来表现，更多是通过文物周边的历史环境和成片的历史街区共同形成的特有的历史景观来体现。法国通过一系列法律法规，很早就对历史风貌保护范围做出明确规定。1977 年通过法令，巴黎古城保护规划规定，105 平方公里内的古城范围受到法律的严格保护。古城的保护不仅仅保护城市的历史建筑，更要保护而且合理美化城市的整体环境。在保护地段内，修建任何新建筑都必须经过严格的审批程序，需要经过若干次建筑方案的全社会公开和意见的反馈收集。与此同时，必须征询国家建筑与规划师的许可。如此一来就成功地将巴黎 18、19 世纪以来的古老建筑和历史环境原汁原味地保留了下来。

第四，积极进行文化遗产的再利用。文物遗产、历史建筑在法国是受国家保护，不允许拆除的，其主要改变方式为改建和加建，其中对列入国家保护级别的历史建筑"任何新的建设除有文化部的特别授权外都是禁止的"。因而对列级的历史建筑，其建筑活动以修缮为主，并在维护其建筑原貌的基础上常常被赋予新的使用功能，而不仅仅停留在其建筑外壳上。巴黎著名的改造再利用典型案例，就是将那座运营了将近四十年的奥赛火车站改建成奥赛博物馆，用来展示 19 世纪后半叶至 20 世纪前叶的艺术作品。改造后奥赛博物馆成为法国继卢浮宫和凡尔赛宫之后参观人数最多的国家博物馆。

第五，通过大力完善基础配套设施来支撑城市的新发展。作为国际化的现代大都市，巴黎市区拥有庞大的人口，交通堵塞是一大问题。为此，巴黎大力发展地铁，把大部分人员交通转入地下，地铁网密集而发达，为巴黎提供强大的运输保障。网状地铁结构形成后，城市的所有繁华地段都可乘地铁抵达，地面交通的拥挤现象自然得到缓解。同时，巴黎市政府高度重视小汽车带来的交通阻塞、噪音污染和环境污染，采取很多措施优先发展公共交通并提供补贴，资金来源是停车费和交通违章的高额罚款。巴黎市区地下世界除了灯火通明的地铁枢纽，还铺设有先进的城市排污系统，旧城街道的污水得以迅速排除。除交通和污水排放设施，巴黎的公共卫生、网络通信等设施也非常完善，为这座历史名城的城市功能现代化提供了良好的设施保障。

2. 东京古都发展的经验做法

日本首都东京位于日本最大的平原关东平原的南部，东京湾的西北岸，面向太平洋。东京全称东京都，是日本的政治、经济、文化中心，亚洲地区金融、贸易等交流活动的中心，也是现代化国际都市和世界著名旅游城市之一。东京处理传统古都保护与城市现代化发展关系的做法主要有如下几个方面：

第一，通过立法对传统历史文化进行保护，并建立科学的管理体系。日本采用国家与地方立法相结合的方式保护古都，其法律条文执行严格，且在不同的阶段反思和改进其原有的内容。日本的历史文化名城保护立法体系最重要的特点是以地方立法为主，计有：1919年的《古迹名胜天然纪念物保存法》及实施细则，1929年的《国宝保护法》，1950年的《文物保护法》，1954年、1968年、1975年进行了三次修改，1966年的《古都保存法》，

1980 年的《城市规划法》及《建筑基准法》，等等。日本的历史文化名城保护行政管理机构体系为阶梯型结构，根据法律实施管理，履行各种行政方面的事务。各个部门的保护范围职责明确，保护咨询又可以得到不同专家的建议，有利于研究工作的开展。

第二，建立多元化的资金体系。日本以国家投资带动地方政府资金相配合，并辅以社会团体、慈善机构及个人的多方合作。国家和地方资金分担的份额，由保护对象及其重要程度决定。比如，日本规定，对传统建筑群保存地区的补助费用，国家及地方政府各承担 50%；对《古都保存法》所确定的保存地区，国家出资 80%，地方政府负担 20%；由《城市景观条例》所确定的保存地区，一般由地方政府自行解决。资金筹措和分配使用方式根据实际情况由当地居民共同协商解决，在银行贷款、税收方面给予政策优惠。

第三，传统民俗和传统建筑保持有机结合。古都风貌通过城市的建筑形式、建筑物布局和城市格局等体现其古韵古风，而传统的文化习俗与价值理念则使得这些古建筑的功能得以表达。若两者不能相互结合，即使有数千年历史的城市，也不能真正体现古都的特色。东京虽然仅有数百年历史，却是典型的古都。东京的民俗风情浓厚，作为传统活动的年中行事被完好保留，传统节日也保留着原来的功能，传统节日的场面与几百年前几乎一样。比如，东京著名的浅草寺，90% 以上的游客是到这个寺庙来参拜和祈祷，旅游是其次；传统祭祀时节，上百万人集聚于神社参拜，同几百年前并无二样。

第四，疏解城市职能。既要保护古都传统历史风貌，又要进行现代化建设，这两个方面是一对矛盾，困扰着古都的现代化发展。东京采取了把现代化功能分流出去的做法：从保护古都风貌的立场看，摊大饼式的外延无限扩张的城市发展模式对古都保护非常不利。外延无限扩张会在不知不觉中全盘改变城市风格与传统格局，文物和传统景观被交通设施等现代城市设施挤占，古都就会渐渐失去传统特色。1958年，东京的"首都整备委员会"做出建设新宿、涩谷和池袋作为东京市中心区的副中心的决策，中心城市的一些职能被这些城市分担，城市圈变成多中心的规划结构。实践表明，东京旧城风貌因此保护得比较好。

（二）国内古都保护发展的经验借鉴

我国古城风貌的保护模式概括讲是两种：一种是在古城基础上建立新城，另一种是避开古城建新城。第一种是在古城的基础上建新城，一般都采用延续城市的格局，完善老城的路网等措施，这类城市的基础一般都比较成熟和完善，在新中国成立初期我国基础设施不健全的时期，在老城上建新城是有现实局限性的。代表城市有北京。第二种避开老城建新城的情况，一般是对老城基础薄弱、历史风貌比较完整的城市来实施的，需要修补与保护的城市。这类城市的代表有洛阳、大理、苏州等。

1. 北京古都发展的经验教训

北京是世界闻名的历史文化名城，随着现代化的发展，北京采取的是第一种发展模式，即，在明清北京城址上继续建立新的城市，这样的古都风貌保护和发展都是十分棘手的，北京的风貌保护过程中也遇到了许多是非，有些值得借鉴，有些可以作为对后世的警告。

北京城市风貌是在明清的基础上形成的，虽然近代以来经历了 100 多年的战乱，但北京城被完整地保留下来。在旧城基础上建新城是北京城市规划的基点，经过半个多世纪的发展和实践，今天已形成具有特色的古都风貌。北京的发展模式在新中国成立初期有一定争议。20 世纪 50 年代，以梁思成为首的整体保护北京旧城、离开旧城新建行政中心的主张没有被采纳。北京的城市建设最终确定了以旧城为中心的发展模式，城市用地开始以旧城为中心向四面拓展，在同一空间上既要保护旧城，又要建设现代化城市，这样一个基本的矛盾在实践中始终无法完全解决。改革开放以来，城市建设大力推崇以经济发展为中心，旧城聚集了诸如政治中心、文化中心、经济中心、交通中心、体育中心、旅游中心等众多功能。同一空间承担多种多样的功能，导致旧城的历史风貌不断丧失，交通压力与日俱增，规划绿地不断被占，环境压力日趋严峻。虽然近年来，北京旧城历史文化环境局部有改善，但整体的传统环境特征却是持续恶化，并日趋严峻。

相比巴黎，北京的城市更新显然是没有深远的考虑。与国外城市比较而言，我国城市更新发展常用的方法是以新的代替旧的，把旧物完全毁掉，再建新物。这种做法对城市风貌的破坏是毁灭性的，不尊重历史，无视文脉传承。巴黎在正确的处理方针之下，将现代建筑建在新区内，在古城区内的建筑都是与原有城市风格一致的，城市的整体风貌得到很好的保留和延续。

2. 西安古都保护发展经验借鉴

西安地处关中平原中部，北临渭河，南依秦岭，是历史悠久的世界历史文化名城。西安曾经是中国政治、经济、文化中心和最早对外开放的城市，著名的丝绸之路最早以西安为起点；"世界八大奇迹"之一的秦始皇陵兵马俑展示了这座城市雄浑、厚重的历史文化底蕴。悠久的历史文化积淀使西安享有"天然历史博物馆"之誉。文物古迹种类之多，数量之大，价值之高，位居全国前列，许多是国内仅有、世界罕见的稀世珍宝。西安古称长安，是浩浩千年古都，与意大利的罗马、希腊的雅典、埃及的开罗并称为"世界四大古都"，有"秦中自古帝王州"的美誉。

西安历史文化厚重，新中国建立之后，其城市发展随着现代化推进经历了曲折的过程。第一，新中国成立初期，西安城市建设采取了以旧城为中心，新城围绕旧城发展的城市更新模式。1954年西安完成了《西安市1953年到1972年城市总体规划》，这个总体规划是西安第一次总体规划，由于受苏联模式的影响，当时的城市规划设计比较强调对旧有基础的依赖，所以采取了以旧城为中心，新城围绕旧城发展的城市更新模式。在这次总体规划中，已避开汉长安城、唐大明宫等大遗址区域，为以后的遗址发掘与保护创造了条件。为了避免与古城和遗址保护相冲突，规划将文教区布置在城南，工业区布置在城东和城西，这样就形成了功能分明的西安市第一次总体规划。这一城市更新模式的选择固然与当时国内外政治形势、城市发展的迫切需要有关，客观上在一定程度上也促进了古都西安在新时期的城市经济与社会发展，但在取得一系列城市建设成就的同时，其弊端也日益显露，主要是随着城市基础建设的大规模开展，历史文物古迹、遗址不断受到破坏，不仅严重损害了西安城的古都风貌，而且导致城市中心负荷过重，引起了旧城区交通条件恶化、居住环境建设进展缓慢等一系列城市问题。

第二，改革开放后到20世纪末，西安开始注重对历史文物古迹的保护，提出了"旧城区为保护改造区，对古城墙及历史文物、遗址、有价值的街坊加以保护、修整"的理念。1978年西安市在总结过去二十余年城市建设经验教训的基础上所制订的第二次总体规划，提出了"旧城区为保护改造区，对古城墙及历史文物、遗址、有价值的街坊加以保护、修整"，强调保护、修整旧城历史文物古迹。第三次总体规划《1995年～2000年西安市总体规划》中，将历史文化名城保护放在首位，强调"保护古城，降低密度，控制规模，节约土地，改善中心，发展组团"的原则，提出将转变西安的城市结构和空间形态，对旧城区进行大面积的改造，同时，引入一些新的建筑形式，为城市景观增添了新的亮点。

第三，新世纪以来，西安更加重视古城的保护和发展，在规划中对古城的功能进行重新梳理，确定了新城和旧城不同的功能和发展规划。西安市第四次总体规划（2004～2020年）更加重视古城保护和发展，在规划中对古城的功能进行新的梳理和改善。首先将古城区内的行政机构外迁，现在迁至北边的经开区，新建筑已投入使用。其次引导老城区的居民向其他城区迁移，降低老城区人口密度，增强新城区活力。第三是将老城区作为一个整体进行保护，将其功能定位在商业和旅游业结合的第三产业上，使得老城区功能简单化，不负担其他城市功能。在这次规划中，西安强调保护传统城市空间和城市轴线，并将具有传统风貌的街区也划定在保护区范围内；在老城区内完善多种基础设施，例如步行街、观光区、绿地与小型开敞空间等。在城市总体形态上形成九宫格局、棋盘路网、轴线突出、一城多心的布局结构。

古都是西安不可多得的珍贵资源，也是西安最大的历史文化遗产。正是不断总结发展经验，在城市现代化进程中，不断调整城市发展思路和规划，才使得西安既保住了"古"的历史，又顺应了城市现代化发展的需要，出彩了"新"。

总之，城市传统历史文化的保护是城市文明的重要标志。在城市建设和发展中，必须正确处理现代化发展和历史文化传统保护的关系，尊重城市发展的历史，使城市的风貌随着岁月的流逝而更具内涵和底蕴。同时，城市是一个不断发展、更新的有机体，我们的任务是既要使城市经济社会得以发展，提高城市现代化水平，又要使城市的历史文化遗产得以保护，在工作中必须将发展与保护有机地结合起来，使现代化建设与传统历史文化保护相得益彰。

五、郑州大都市区及国家中心城市建设背景下古都开封的现代化之路

古都未来的发展不仅在现代化，也在历史感的重塑，在新旧

平衡中寻找更科学合理的城市发展思路。对于文化旅游市场日益成熟的古都开封来说，在历史与现代之间，如何让两个方面兼容并包走向双赢是未来能否持续健康发展的关键所在。尤其是在郑州大都市区及国家中心城市建设背景下，作为郑州大都市区核心区——郑汴港的重要一翼，理应承担现代化都市的功能，如何既传承发扬传统文化、充分获取传统文化的红利，又具有现代化的功能设施，是其发展需要关注的重点。

在古都追求现代性的发展道路上，传统与现代之间，并没有绝对意义上的割裂。随着时代的发展，古都现代化是一种必然，现代性并不一定要摆脱传统，保护历史风貌和历史生活方式，也一定不是现代性不如传统，只是如何保障有着历史风貌的文化建筑能够透过现代技术手段最大化地表达出来，让历史故事和建筑风貌不再是静止地停在过去的历史中。在保护历史、传承文化的基础上，又能使城市向现代化方向发展的关键在于城市的提质，而城市提质的关键又在于服务体系的完善和城市灵魂产业的构建。

因此，开封古都的现代化之路，应该在保护传承优秀历史文化基础上，积极利用现代科技手段，逐渐完善城市的服务系统和最大程度地开发文化这个灵魂产业，让更多静态的文化资源以现代科技手段逐渐走向动态化。核心思路是尽快通过区划调整将城墙以内 13.8 平方公里的老城区作为一个市辖区进行规划保护，讲好古城故事，按照修旧如旧、丰富内涵的原则进行保护性开发，尤其是要充分挖掘宋文化的积淀，将传统文化的保护与文化产业化开发相结合，还原北宋的辉煌；与此同时，在新城区（汴西新区）进行高标准现代化城市建设，不断完善现代化的城市公共服务设施和公共基础设施，吸引聚集以创新为驱动的高端制造业和以文化创意产业为代表的现代服务业。通过老城区优秀传统历史文化的挖掘再现曾经的辉煌，新城区聚集高端制造业和现代文化创意产业支撑城市现代化功能，最终形成郑州大都市区核心区中历史传承与现代发展相互融合、协调互补的古都开封新形象。

对于新城区高端制造业和现代文化创意产业的发展在其他专题里面已经进行了详细的论述，在此不再赘述。我们将重点分析古都开封现代化中扮演重要角色的老城区应该如何发展。具体来说，开封应该在传承和挖掘历史文化资源、做强做优文化产业、持续提升城市形象、不断完善城市功能等方面发力。应继续大力发展文化旅游业，尤其是在老城区13.8平方公里范围内，要深挖其文化资源，对历史遗迹遗址进行保护，老城内按照修旧如旧、丰富内涵的原则进行保护性开发，进一步完善交通路网、停车场等基础设施，提升城市品质和功能，严格落实全域保护、全域规划、全域管理、全域经营、全域旅游五个全域的发展理念，着力打造"宋文化"品牌，形成古城建设的独特魅力。使得老城区传统历史文化与新城区发展的现代文化旅游和现代文化创意产业相互辉映，形成大文旅格局，使开封真正成为郑州大都市区的文化旅游核心区，为大都市区吸引更多的人流，支撑郑州大都市区发挥文化旅游功能参与全国乃至全球的竞争。主要路径举措如下：

第一，保护优先。要重点保护真正具有历史价值的文化遗迹，对于价值一般、不具历史传承价值的遗址古迹可以整体拆除，为大力传承和弘扬宋文化腾出空间。城市建设中应坚持把"保护优先、新旧分治"作为基本原则，按照"规划一张蓝图、保护一把尺子"的要求，以最严格的标准和措施保护历史遗存，凡是对古城保护不利、影响古都风貌的项目，不管其经济利益有多大，都坚决不批、不建。同时，还要坚持把"适度开发、合理利用"作为推动城市可持续发展的关键举措，在设定文物保护"红线"的前提下，审慎推进老城区的城市建设和开发，坚决杜绝破坏性建设和过度商业化，重点对能够展现"大宋文化"的重大文化遗产遗迹进行保护修缮。鼓励和支持老城区的居民和单位向新城区搬迁，腾出空间用于复建历史文化景点，建设传承和弘扬宋文化的各类场馆、博物馆等，如宋词博物馆、宋代名人博物馆等等，使更多历史文化遗产重新展现在世人面前，实现保护文物、传承文化、改善民生、提升城市品位的有机结合。

第二，塑造特色。古都现代化的未来不仅在于建筑形式，重在历史本身的还原上。民族的也是世界的，厚重的历史既是开封最大的特色，也是发展的最大优势。应该坚持把"开放包容、古今相映"作为塑造开封"八朝古都"、历史文化名城等新形象的着力点。不断加强对以宋文化为特色的开封文化的研究，高度重视开封优秀传统文化传承发展，坚持挖掘、整理、保护和利用历史文化资源，扩大"宋文化"的影响力，致力于把宋文化打造成与汉唐文化、明清文化三足鼎立的知名历史文化品牌。继续强化"新宋风"的城市规划设计理念，并将其渗透到城市个性特质塑造、品质内涵提升的方方面面，用创新性思维、多元化视角和现代化工艺，积极构建个性化的城市风貌。

第三，产业支撑。产业是城市的命脉，没有产业支撑的城市，是缺乏基础的城市，也是不可持续发展的城市。就开封目前发展及其在郑州大都市区核心区中的功能定位来说，未来实现古都现代化的发展还应该重点实施文化与相关产业的深度融合。其一，坚持以文化为魂、旅游为体、商业为力、特色突出、优势互补的文化、商业、旅游一体发展模式，推动文化的旅游化、旅游的文化化、文化旅游的商业化，实现传统与现代完美结合、古典和时尚相映生辉，并在此基础上进一步助推各种现代服务业的发展。其二，要大力发展以文化创意为代表的现代服务业，利用现代科学技术手段，融入现代创新思维，将传统文化与现代创新有机结合，做大做强文化创意产业，形成文化产业集群。

第四，以人为本。城市让生活更美好，文化让城市更有魅力。文化在塑造城市的同时，也在塑造着生活在这座城市的人们。一方面，应坚持把传承保护历史文化与改善民生相结合。另一方面，要把"隐形文化显性化"，努力用各种优秀文化教育和影响人，让人们通过文物承载的历史信息，记得起历史沧桑，看得见岁月流痕，留得住文化根脉，进一步增强广大市民对城市文化的尊崇感和自豪感。

（作者单位：河南中原经济发展研究院／河南大学中原发展研究院）

开封市融入郑州大都市区的主要途径

张占仓

按照国务院 2016 年底批复的《中原城市群发展规划》，郑州大都市区以郑州为核心，包括郑州市域，开封、新乡、焦作、许昌四市中心城区和巩义市、武陟县、原阳县、新乡县、尉氏县、长葛市、平原城乡一体化示范区，占全省国土面积的 9.6%，集聚了全省近 20% 的人口和超过 30% 的经济总量，是中西部地区经济实力最强、发展速度最快的地区之一。作为独具特色的开封市，在贯彻落实省委省政府出台的《郑州大都市区空间规划（2018—2035 年）》中如何融入郑州大都市区建设的伟大实践之中，在构建郑汴港核心区中发挥更大作用，在全面落实习近平近期在河南调研时重要讲话精神走在前面，值得认真研究。

一、自身经济保持发展活力

中国作为全球一个人口众多的发展中国家，"发展是执政兴国的第一要务"，这是 40 年改革开放全国人民取得的特别重要的共识。河南作为全国欠发达地区，加快经济发展，实现中原崛起，努力在中部崛起中发挥更大作用，在中华民族伟大复兴中更加出彩，既是党中央的要求，也是全省人民的共识。

开封市作为全国八大古都之一，在中国发展历史上曾经影响巨大，特别是北宋时期人口达 170 多万，是当时全球第一大都市，为人类文明进步做出了重要贡献。新中国成立之后，曾经是河南省省会，发展基础比较好。1949 年，开封市 GDP 为 1.38 亿元，占全省的比例为 6.61%。开封的工业经济基础形成于新中国成立之初的"一五"和"二五"时期，是河南省重要的老工业基地。河南省第一台电视机、第一台电冰箱、第一辆自行车、第一台缝纫机、第一台半导体收音机都出自开封。1954 年，因迫于黄河水灾影响较大的预期，对大规模经济建设不利，河南省省会搬迁至郑州以后，对开封市长远发展影响比较大。

改革开放之初，开封市仍然有比较好的发展基础，当时老百姓最为关心的"三转一响"，全省只有开封市全部都能够生产。因此，开封市 1978 年的 GDP 占全省的份额是 5.89%。但是，10 年之后，1988 年开封市 GDP 在全省的占比已经降至 4.96%。此后，发展节奏与全省不同步，继续出现滞后现象，1998 年开封市 GDP 在全省占比仅为 4.38%。到 2000 年，经济发展步伐有所加快，GDP 在全省占比升至 4.48%。2005 年，GDP 在全省占比曾降至 3.83%，之后占比保持在 4.0% 以上，2018 年占比为 4.20%（表 1），基本发展趋势保持稳定。

表 1　郑州市和开封市代表性年份 GDP（亿元）及在全省占比

行政区划	1949 年	1978 年	1988 年	1998 年	2000 年	2005 年	2010 年	2015 年	2018 年
河南省 GDP	20.88	162.92	749.09	4308.24	5052.99	10621.56	23157.64	37002.16	48055.86
郑州市 GDP	0.90	20.31	81.50	620.32	738.02	1660.6	4000.0	7311.52	10143.3
占全省 %	4.3	12.47	10.88	13.40	14.61	15.63	17.27	19.76	21.11
开封市 GDP	1.38	9.60	37.14	188.6	226.4	407.0	930.22	1605.84	2019.67
占全省 %	6.61	5.89	4.96	4.38	4.48	3.83	4.01	4.34	4.20
合计占比 %	10.91	18.36	15.84	17.78	19.09	19.46	21.28	24.10	25.31

注：本表数据由笔者根据有关统计信息收集整理。

从新中国成立 70 年来或改革开放 40 年来开封市发展的整体情况分析，多种原因导致开封市在全省经济发展大局中的地位基本保持稳定，但是并不活跃。如果拿开封市与郑州市同时期的发展情况对比的话，郑州市在全省发展大局中快速上升的力量令人震撼。1949 年，郑州市 GDP 仅为 0.90 亿元，远远低于开封市，在全省的占比仅为 4.31%，1978 年郑州市 GDP 在全省的占比已经达到 12.47%，2018 年更是上升到 21.11%。这就是国家集中力量推动郑州建设国家中心城市的最充分的理由，也是郑州市为什么能够在国家中心城市申建过程中面对全国竞争激烈的大背景实现稳定胜出的奥秘！借鉴国际上大型超大型城市建设的经验，为了克服大城市病带来的不利影响，国家规划建设郑州大都市区。面对国家推动郑州大都市区建设的特殊历史机遇，与郑州融合发展的开封市、新乡市、焦作市、许昌市处在新一轮资源优化配置的红利期，如何抢抓机遇，统筹孕育出若干影响未来的重大项目，支撑各市的健康发展，可能是最为关键的大招。其实，无论是我们国家的整体发展，还是一个地方的发展，在一定的历史时期，统筹运作若干重大支撑性项目都是走向发展成功的必要举措。问题是任何机遇都是为有准备的人创造的，如何准备是当务之急！

近几年，开封市体制改革、管理创新、自贸区建设、旅游发展、资本运作等呈现出蓬勃向上的良好局面，而面对全球化的5G、AI、物联网等信息时代技术升级的浪潮、针对融入郑州大都市区建设需要什么样的重大项目支撑与衔接？可能急需进行高规格调研与科学论证。为此我们建议，抓紧聘请国家或国际咨询机构，依据开封市现有发展基础，深入、系统、全面研究支撑开封市未来发展的重大项目。一旦锁定具体项目之后，倾全市之力推动之，让这一批项目在开封市的沃土上茁壮成长，培育出当地新的强有力的经济增长点，就会有效克服郑汴融合过程中的虹吸效应，而进入双方共享发展机遇状态。这样运筹与推动，开封市未来与郑州大都市区融合发展就会大有希望。

二、积极承担部分国家职能

从宏观层面分析，开封市承担的国家职能之一，是影响深远的全国八大古都之一。当然，对于开封古都，更多的国家责任是务实地做好保护工作，让宝贵的历史文化资源在得到充分保护的基础上，科学适度地进行开发利用，进一步为当地经济社会发展创造财富。事实上，开封市自 20 世纪 90 年代初期开始，通过打造宋都一条街，让开封市在旅游事业上步入现代发展状态。后来，根据张择端著名的《清明上河图》打造的大型游乐项目清明上河园，以及近几年在全国已经形成较大影响的《大宋·东京梦华》实景表演，每年秋季举行的以龙亭为中心的为期一个月的开封菊花节，以公正执法、廉洁自律著称的包公文化等，都对地方经济社会发展形成新的重要支撑，也确实让开封在旅游领域因有北宋古都文化支撑而名扬海内外，成为开封市进一步发展的重要特色之一。

开封市承担的国家职能中，不得不提到的是"22 证合一"的改革，为我国商事制度改革探索出了新路，对全国体制改革影响比较大。其实，开封市对商事制度改革的大胆探索是一步一步走出来的。开封市作为全省商事制度改革试点城市，盯紧改革目标、强化措施保障、加快步伐进度，连年都有新举措、每年一个新台阶：2015 年 5 月 29 日在全省率先实行"3 证合一"商事制度改革，把过去半个月才能办结的事项压缩至三个工作日办结；2016 年 10 月 1 日全面实行营业执照、组织机构代码证、税务登记证等"5 证合一"，2017 年 2 月，经国家工商局批准，在"5 证合一"基础上，再次将分别由 12 个部门核发的另外 17 个证、照合一，形成了"22 证合一"的改革方案，先在中国（河南）自由贸易试验区开封片区试验，取得成效以后，在全市普遍推广应用。此项改革，触及了我们过去多年积累形成的体制性障碍，大大提高了商事效率，引起国务院总理李克强高度重视，并亲赴开封市实地调研，系统了解改革成效及仍然存在的深层次问题，为国务院全面推动商事制度改革奠定了非常好的政策法规基础和基层实践基础，被全国复制推广，形成了非常好的改革创新效应。

2019 年 9 月，习近平总书记在河南调研时指出，制造业是实体经济的基础，实体经济是我国发展的本钱，是构筑未来发展战略优势的重要支撑。要坚定推进产业转型升级，加强自主创新，发展高端制造、智能制造，把我国制造业和实体经济搞上去，推动我国经济由量大转向质强，扎扎实实实现"两个一百年"奋斗目标。习近平总书记这一次重要讲话，把制造业与实体经济的哲学关系讲的非常透彻，把实体经济与国民经济的关系也说得特别明白，为河南省制造业和实体经济下一步创新发展指明的方向。作为全省发展的核心区，郑州大都市区的发展，必须率先全面落实习近平总书记在河南调研时的重要讲话精神，带头在发展制造业特别是高端制造、智能制造方面进行战略部署，在实体经济发展上全面发力，为全面构筑未来发展战略优势提供重要支撑。作为郑州大都市区建设中与郑州市融合程度最深的组成部分，开封市理应主动担当重任，砥砺前行，充分利用原来工业基础较强的优势，抓紧时间制定"开封市制造业与实体经济发展规划"，全面实施创新驱动战略，以提高政府研发投入为切入点，引导激励全市更多资源进入创新平台，推动全市在仪器仪表制造、汽车制造、通用设备制造以及金融服务、信息传输、软件和信息技术服务等有良好发展基础的领域集中人力、物力、财力加快发展步伐，着力培养现代制造业产业集群，培育新的经济增长点，激活老工业基础中优质存量资产，壮大实体经济发展规模，促进地方经济高质量发展，既为开封市增强经济实力奠定发展活跃的制造业产业基础，也为郑州大都市区在更大的区域范围内提升核心竞争力贡献一份开封市独特的力量。

习近平总书记在河南主持召开黄河流域生态保护和高质量发展座谈会强调，保护黄河是事关中华民族伟大复兴和永续发展的千秋大计。黄河流域生态保护和高质量发展，同京津冀协同发展、长江经济带发展、粤港澳大湾区建设、长三角一体化发展一样，是重大国家战略。这个重要讲话完善了我国重大战略体系，把黄河流域生态环境保护与高质量发展提升到空前的国家重大战略高度，为黄河流域各地生态环境保护与高质量发展提出了历史性重任。按照习近平总书记这次重要讲话精神要求，作为历史上曾经受黄河泛滥影响最为严重、多次让黄河淹没全城、形成全球独特的"城摞城"现象、新中国成立以来在治理黄河方面业绩突出的开封市，要积极行动起来，由市委市政府主要领导牵头，围绕"加强生态环境保护""保障黄河长治久安""推进水资源节约集约利用""推动黄河流域高质量发展""保护、传承、弘扬黄河文化"五大专题，贯彻绿色发展理念，大胆作为，在沿黄地区生态环境保护与高质量发展方面筹划国家级与省级重大项目，为重大国家战略所蕴含的具体项目在开封市开花结果创造条件，为重大国家战略全面实施奉献开封的智慧与汗水，同沿黄其他地区一道扎扎实实努力，确实在生态环境保护与高质量发展的基础上，让黄河成为造福人民的幸福河。

以上几个方面，开封市要积极承担起来，需要为国分忧的家国情怀，更需要埋头苦干、敢于担当的新时代奋斗精神。勇于担起这些职能，才能在新时代高质量发展的浪潮中勇立潮头，在郑州大都市区建设大局中彰显开封市的风采。

三、代表国家在部分领域参与国际竞争

在部分领域代表国家参与国际市场竞争，关键表现是进出口总额的增长趋势以及进出口产品的核心竞争力。自从国家批准建设中国（河南）自由贸易试验区开封片区以来，开封市大胆改革创新，以其独特的竞争优势显示出越来越敢于走向国际市场的胆略与信心。

先是在体制改革创新上发力。中国（河南）自由贸易试验区开封片区正式获批，开封从内陆古城一跃跨入改革开放的最前沿，围绕加快投资便利化和贸易便利化，高度重视制度创新，在全国率先实行"22证合一"，并在此基础实行了"35证合一"，将审批时限压缩至3个工作日以内，形成了62个创新典型案例等，受到了李克强总理的高度肯定和赞扬，自贸区对开放型经济发展的"磁吸"效应明显增强，奠定了开封开放发展的后发优势。从2017年4月1日自贸区挂牌运行至年底，开封片区新入驻企业2100余家，新增注册资本500亿元，其中国际国内500强企业20多家，亿元以上企业59家，10亿元以上企业8家，外资企业18家。当

地全面启动了开封市口岸工作，协调海关、商检在开封设立办事处，扎实做好综合保税物流中心的申建申报工作，积极推进跨境电商平台建设，开封市被河南省政府纳入中国（郑州）跨境电子商务试验区拓展城市，开封电子商务产业园获批省级跨境电子商务示范园区，杞县、尉氏县先后被确定为河南省电子商务进农村示范县等，均为开放型经济发展提供了体制与机制支持。

2018 年，伴随中美贸易摩擦日益严重，国内外环境出现了重大变化，但开封市对外贸易依然总体平稳，稳中有进，进出口规模创历史新高达 119549 万美元，同比增长 67.85%，远高于同期全国增长 9.7% 的速度。其中，出口 101098 万美元，同比增长 58.40%，高于同期全国增长 7.1% 的速度；进口 18451 万美元，同比增长 1.49 倍，远远高于同期全国增长 12.9% 的速度。通过改革创新，开封实现了进出口动能的有序转换，进出口质量和效益有效提升，这是 2018 年进出口规模大幅增长的主要原因。一是传统优势产品增长动力强。以纺织业、家具制造业、化学原料和化学制品、农副食品加工业为主的传统出口优势产品继续保持较强增长动力，实现较大幅度增长，并将市场拓展至中东等新兴国家。二是进出口产品结构持续优化。部分高附加值机电产品和装备制造产品出口在 2018 年保持良好态势。如仪器仪表制造业出口同比增长 45.83%，汽车制造业出口同比增长 33.07%，通用设备制造业出口同比增长 34.78%。三是新兴服务贸易开始发力。开封市以金融、技术、运输、通讯、信息为主的新兴服务贸易正快速成长，如信息传输、软件和信息技术服务出口同比增长 46.34%；保险服务收入 3171 美元，同比增长 1.91 倍；运输服务收入 1065 万美元，同比增长 1.87 倍。

进入 2019 年以来，自贸区开封片区外贸进出口增长迅猛，外贸形势持续向好，为开封市经济发展提供了有力支撑。上半年，自贸区开封片区外贸进出口总值 8.88 亿元人民币，同比增长 374.87%，占开封市外贸进出口总值的 24.76%。其中，出口 8.75 亿元人民币，同比增长 378.14%，占全市出口总值的 27.38%。为什么在全球经济发展面临百年不遇的大变局面前，开封市开放型经济发展能够有这么样的活力呢？主要动力仍然来自改革创新。由于开封市没有海关机构、海关特殊监管区，致使过去开放型经济发展滞后。为补齐对外开放平台短板，打造内陆开放型经济高地，发挥自贸区示范引领作用，自贸区开封片区结合实际、勇于创新，在海关机构获批前，前置延伸海关服务功能，在自贸区开封片区管委会综合服务大厅增设海关窗口，先行开展 19 项基础注册业务，并率先开展河南省电子口岸入网联审优化改革试点，使开封像沿海发达城市一样，可以提供最便捷的海关通关注册业务办理服务。自贸区开封片区还接引沿海港口服务功能，利用"线上平台＋线下实体"模式，以汴欧外向型经济服务平台接引连云港港口一站式服务平台，叠加服务功能，延伸应用至自贸区开封片区，助力开封打通东向"海上丝绸之路"大通道，为"一带一路"服务。汴欧外向型经济服务平台通过海铁联运，上半年已助力河南奇瑞出口汽车 1.2 万余辆，平均每月使用标准集装箱 3000 余箱次。同时，自贸区开封片区搭建外贸综合服务平台，引进了河南德骊供应链管理有限责任公司等外贸服务企业，与本地外贸服务企业优势互补，为进出口企业提供海关注册备案登记、原产地证备案、商品检验检疫申报等业务咨询，以及产品检验检测、国际参展、外商谈判代理、租船订舱、报关报检的全程供应链服务和培训，积极引导企业"走出去"，促进全市开放型经济加快发展。上半年，开封市外贸进出口总值 35.87 亿元人民币，同比增长 51.46%。其中，出口 31.96 亿元人民币，同比增长 54.87%；进口 3.91 亿元人民币，同比增长 28.35%。开封市外贸进出口增幅、出口增幅均位居全省第一，开放发展的活力进一步展现出来。

开封市的经济社会发展的实践已经证明，改革开放与创新发展是我们可持续发展的最大动力。全面贯彻落实新发展理念，进一步在改革开放上下硬功夫，在实施创新驱动发展战略中出硬招，在制造业与实体经济发展迈出新步伐，昔日曾经在国际舞台上有重要影响的开封市，未来在国际市场上开放发展、高端制造、智能制造等均将大有希望，在中原崛起和中部崛起中将谱写出新的更加出彩的绚丽篇章！

（作者单位：河南省社会科学院）

如何把开封打造成为
"世界历史文化名都"略谈

李瑞军

中国共产党成立后,百年风雨砥砺,初心历久弥坚,中华民族迎来了从站起来、富起来到强起来的伟大飞跃。这是党中央立足党的百年历史新起点、统筹中华民族伟大复兴战略全局和世界百年未有之大变局、为动员全党全国满怀信心投身全面建设社会主义现代化国家而作出的重大决策。我们党的百年里程,是矢志践行初心使命的百年历程,是筚路蓝缕奠基立业的百年奋斗,是创造辉煌开辟未来的百年搏击。我们应该在工作中以实际行动弘扬红色精神、传承红色基因。做到学党史、悟思想、办实事、开新局,做到学史明理、学史增信、学史崇德、学史力行,鼓起奋斗新征程的精气神,共同创造美好的幸福生活。

一、打造开封"世界历史文化名都"提出的背景

(一)国家定位

黄河是中华民族的母亲河,黄河流域是中华文明的发源地和摇篮。她孕育了夏都老丘(开封)、商都景亳(考城)、周都镐京(西安)、魏都大梁(开封)、秦都咸阳、西汉长安、东汉魏晋洛阳、五代北宋东京等数十个上千年的国都名城,创造出了璀璨夺

目、缤纷多彩的文化篇章。

2019 年 9 月 17 日下午，习近平总书记到河南视察，来到郑州黄河博物馆，了解黄河流域文明发展、水患治理等历史变迁。他认真端详陈列的馆藏文物标本、历史文献和图片表格，同大家探讨交流，充分肯定中华民族在同黄河水患的斗争中展现出的不屈不挠、顽强拼搏的奋斗精神。

随后乘车又来到郑州黄河国家地质公园，他边走边看，听取沿黄流域生态保护、水资源利用、堤防建设和防洪形势等情况。在郑州临河广场的观景平台上，他眺望黄河，天高水阔，林草丰茂，一片勃勃的生机。习近平指出，新中国成立之初，毛泽东同志就发出了"要把黄河的事情办好"[1]的伟大号召。70 多年来，党领导人民开创了治黄事业新篇章，创造了黄河岁岁安澜的历史奇迹。实践证明，只有在中国共产党领导下，发挥社会主义制度优势，才能真正实现黄河治理从被动到主动的历史性转变，从根本上改变黄河三年两决口的历史惨痛状况。

18 日上午，习近平总书记在郑州主持召开了沿黄流域九个省区的主要负责人会议。在座谈会上发表了黄河流域生态保护和高质量发展的重要讲话，抒发了他对黄河流域怎样快速地提高人民生活的深深情怀和殷切期望。他在讲话中指出，黄河是中华民族的母亲河，他一直很关心黄河流域的生态保护和高质量发展。党的十八大以来，他多次实地考察黄河流域生态保护和发展情况，

---

[1] 见《兰考县志》，中州古籍出版社 1999 年版，第 92 页。

多次就三江源、祁连山、秦岭等重点区域生态保护建设提出要求。他说："2014 年 3 月，我到兰考县调研指导党的群众路线教育实践活动，专程前往东坝头乡张庄村考察，那里也是焦裕禄同志当年找到防治风沙良策并首先取得成功的地方。"[1]

他强调，要坚持绿水青山就是金山银山的理念，坚持生态优先、绿色发展，以水而定、量水而行，因地制宜、分类施策，统筹谋划，抓好大保护的方针。要坚持协同推进大治理，加强生态保护治理，保障黄河长治久安，促进全流域高质量发展，改善人民群众的生活。要坚持保护传承弘扬黄河文化，讲好黄河故事，让黄河成为造福人民的幸福河。

18 日下午，习近平听取了河南省委和省政府工作汇报，对河南各项工作取得的成绩给予肯定。他希望河南广大干部群众在省委和省政府领导下，坚定信心，埋头苦干，以优异成绩迎接新中国成立 70 周年，努力创造出无愧历史、无愧时代、无愧人民新的更大的业绩。

习近平总书记关于加强黄河生态保护治理、保障黄河长治久安、促进全流域高质量发展、改善人民群众生活、保护传承弘扬黄河文化、让黄河成为造福人民的幸福河这一论断，是他在既京津冀都市经济圈、长江经济带、粤港澳大湾区建设指示之后，提出的又一个重大的国家建设发展战略。这些创举是习近平总书记

---

[1] 见 2019 年 9 月 18 日上午，中共中央总书记、国家主席、中央军委主席习近平在郑州主持召开沿黄流域九个省区的主要负责人会议。在座谈会上发表的黄河流域生态保护和高质量发展的重要讲话。

亲自谋划、亲自部署、亲自推动的，是新时代推动形成我国全面开放新格局的重大举措，在我国发展大局中具有重要的战略地位，对打造和引领全国高质量的发展具有重要的历史意义。

同时，习近平总书记亲临河南考察调研并发表重要讲话，充分体现了总书记和党中央对河南工作的高度重视，对河南广大干部群众的关心和厚爱，对我省的发展具有重大里程碑的意义。

（二）省市决策

推动黄河流域生态保护和高质量发展，非一日之功。我们各级党委和政府应该迅速行动起来，及早制定出详细规划，拿出得力措施，保持历史耐心和战略定力，以功成不必在我的精神境界和功成必定有我的历史担当，既要谋划长远，又要干在当下，一张蓝图绘到底，一茬接着一茬干，确保我们在这盘大棋中，顺利完成党中央交给的各项任务，向上级呈上一个满意的战果，让黄河造福于人民。

黄河文化既历史悠久、源远流长，又内容丰富多彩、博大精深。她是中华民族及其祖先所创造的、为中华民族世世代代所演化而汇集继承发展的、具有民族鲜明特色和精神风貌的传统优秀文化，是中国历史上各种政治观念、思想意识形态等多种文化方面的总和。

在黄河优秀文化中，包含着精忠报国、清正廉洁、艰苦朴素、无私奉献以及自强不息、厚德载物、忧国忧民的思想。我们在落实总书记郑州讲话精神的工作中，要从增强"四个意识"、坚定"四个自信"、做到"两个维护"的高度，深刻理解习近平总书记到河南考察调研的重大意义，切实增强学习、贯彻、落实的责任感、紧迫感和使命感，做到以饱满的政治热情义无反顾地投入到工作中去，不推诿、不扯皮、不懒政、不怠政。

2020年8月29日，河南省人大常委会在北京举行《关于促进黄河流域生态保护和高质量发展的决定（草案）》专家论证会，来自全国人大常委会、国家发改委等单位的11位专家对其进行"体检"和"把关"。这是省人大常委会首次在京举行专家论证会，也是人大创新履职的一次有益探索。

经河南省委同意和省人代会批准，省人大常委会作出《关于促进黄河流域生态保护和高质量发展的决定》。这是河南落实党中央重大决策部署，扛稳保护黄河河南责任的必然要求，也是运用法治力量推进黄河保护治理的重要举措；是当年河南省人大常委会工作的重中之重。为切实做好这项工作，省人大常委会专门成立决定起草工作领导小组，同时，建立起草工作专班。起草工作正式启动后，省人大常委会成立6个专题调研组，分赴13个市30多个县（市、区），就黄河河南段生态环境建设、水资源节约集约利用、区域经济高质量发展、文化传承保护等进行全面深入调研，广泛听取意见建议取得的极大成就。其中，把开封打造成为"世界历史文化名都"就是其主要工作的内容之一。

2021年1月，开封市委就今后将如何推动全市生态环境质量持续改善，保持攻坚力度、延伸攻坚深度、拓展攻坚广度，突出精准治污、科学治污、依法治污，继续保持加强生态文明建设战略定力，处理好经济发展与生态环境保护关系。市委十一届十二次全会暨市委经济工作会议明确了开封市"十四五"时期绿色发展方向和发展定位，制定了宏伟蓝图。按照省委、省政府部署和要求，把开封打造成为"世界历史文化名都"是其内容的重要组成部分。

（三）市民期盼

中国共产党诞生一百年来、新中国建立70多年来取得的一切伟大成就，归因于一点就是中国共产党人坚持了"全心全意为人民服务""以人民为中心"的政治立场。实现黄河流域开封段生态保护和高质量发展，是开封人民群众的殷切期盼和向往。开封为八朝古都，历史文化深厚，特别是北宋文化，素有"两脚一踩就是北宋砖瓦，伸手一摸就是赵宋文化"的美誉。北宋文化在世界辉煌的文化史上具有巨大的影响力和难以撼动的历史地位。挖掘开封历史文化，讲好开封故事，把开封打造成为"世界历史文化名都"，保持高质量发展，是我们这代人义不容辞的责任。

（四）文化底蕴

开封迄今已有4100多年的建城史，文化资源丰富、底蕴厚重，是一座文化"富矿"。通过打造大宋世界文化名都，用旅游演艺和活动策划的方式，对开封文化进行包装、展示、传播，开封人在这方面走在了河南甚至全国许多城市的前面，市委市政府确定的这条路子走对了。同时，讲好开封黄河故事，传承、弘扬、保护、开发利用黄河文化，推动开封生态保护和高质量发展是我们当代人义不容辞的职责。我们必须汇聚正能量、最强音，用重笔浓彩绘出开封的新面貌，推动开封经济社会的迅速崛起，这是我们每个开封人责无旁贷的义务和责任。

二、打造开封"世界历史文化名都"的文化资源

（一）文化区位优势

开封位于河南省东部，地处中原腹地。历史上长时间是中原的政治、经济、文化中心。先后有夏朝，战国时期的魏国，五代时期的后梁、后晋、后汉、后周，北宋、金朝等在此定都，迄今已经有四千多年的建城史和多次的建都史，孕育出了上承汉唐、下启明清具有影响深远的"大宋文化"。它有"大梁、汴州、汴梁、汴京、东京"等古称，特别是宋朝的都城东京是当时世界上最大的城市，人口达到150多万。以文明程度而言，宋朝时期的世界，中国、印度、中东是领先的，而欧洲最为落后。我国古代"四大发明"中的活字版印刷术、火药和指南针出自北宋时期。

开封现在为河南省地级市，国务院首次批复的历史文化名城，是国家优秀的旅游文化名城。同时，也是沿黄"三点一线"黄金旅游线路中心城市和中原城市群的核心区城市之一。它的总面积6266平方千米，下辖兰考、尉氏、杞县、通许四县和鼓楼、龙亭、禹王台、顺河回族、祥符、城乡一体化示范六区，城区面积151平方千米。根据第七次人口普查数据，常住人口为482.40万人。2020年，因受新冠疫情影响，全市生产总值2371.83亿元，按照可比价格计算，比上年增长2%，增速高于全省0.7个百分点，居全省第13位。从经济数据上看，还有很大的上升空间。

因此，市委市政府在省委省政政府的领导下，提出把开封打造成为"世界历史文化名都"的战略决策，是前途光明而又切实

可行的。在实施过程中，我们除了有省市委强有力的领导、有各级政府机构强有力的执行力、有满腔热忱自愿参与的各界群众以外，还有开封得天独厚的区位文化优势。某种情况下也可以说，只有充分利用开封的文化资源优势，充分挖掘出大宋光辉灿烂的历史文化，才能起到把开封打造成为世界历史文化名都的作用，助推开封经济社会的快速发展，进一步缩小与先进市区的差距，重展开封雄风，重铸开封辉煌。

（二）北宋地标性建筑

城墙、城门　春秋时，郑庄公命郑邴在域内筑城，作为囤粮之地，寓意为开拓封疆之意，名曰开封。战国时，魏国在此建都筑城，名大梁，简称梁。秦灭六国时，大将王贲引黄河水灌大梁城，魏国城毁人亡，开封第一次陷入低谷。唐朝时，李勉任汴宋节度使兴建汴州城，后世合称汴梁，开封第二次复兴。

五代时期，梁、晋、汉、周四朝均定都开封，称其为东京，奠定了开封城墙城门的基础，开封中兴。开封城自后周开始扩建以后有三重城墙，即罗城、内城、宫城，每重城墙外都环有护城河。罗城又称新城，主要作防御之用，周长十九公里；南有五门，东、北各四门，西五门，包含水门；城门均设瓮城，上建城楼和敌楼。内城又称旧城，周长九公里，四面各有三门，主要布置衙署、寺观、府第、民居、商店、作坊等。宫城又称"大内"，南面有三门，其余各面有一门，四角建有角楼；城中建有宫殿，为皇室所居。

公元960年，赵匡胤建立北宋王朝，仍定都开封称为东京，开封从此进入全盛时期。宋太祖时，在唐汴州城及后周东京城的基础上，进行了大规模的整修和扩建，把周长五里的皇宫扩建成周回七里多，并对城墙城门进行了加固。扩建后的都城分为外城、内城、皇城三重，皇城内宫阙大都依照西京洛阳的建制，为都城达 167 年。这种宫城居中的三重城墙的格局至今未有改变，基本上为金、元、明、清的城墙所沿袭。

因此说，现在开封所遗留下的城墙、城门基本上是宋朝的遗迹，这是不能申报为明清城墙的原因之一。据说，开封现在的城墙被上级有关部门认定为是清代的城墙，这是大错特错的。谁都知道现在开封的城墙是在宋金元的城墙上由明清两代续接加高打造起来的。打造开封世界历史文化名都，我们用什么来文化支撑，只能以北宋文化为主。我们不能随意、无形中妄自矮化开封的历史地位，阉割开封辉煌的北宋历史文化。何况，现在开封市委市政府要把开封打造成为世界历史文化名都，作为振兴开封的一项重要工作来抓，纳入到了开封"十四五"的发展规划之中。我们自己不能挖了自己的根基，授人以柄，令人耻笑，罔顾后人，背离市委市政府的中心工作。况且，我们党在利用历史文化的工作中，历来有"古为今用、洋为中用、吸取精华、剔除糟粕"的主导原则。

铁塔　铁塔原在开宝寺中，始称开宝寺塔。又因其通体使用混似铁铸的褐色琉璃砖，从元代起民间就称其为"铁塔"。该塔位于开封市北门大街铁塔公园的东半部，始建于北宋太平兴国七年（982），素有"天下第一塔"之称。铁塔高 55.88 米，八角十三层，在 900 多年中，历经了 37 次地震，18 次大风，15 次水患不倒而巍然屹立。1961年，首批被国家公布为重点文物保护单位。

据史料记载，开封铁塔的前身是座木塔，位于开宝寺福胜院内，建成于宋太宗端拱二年（989），谓之福胜塔，用来供奉吴越国进贡的阿育王佛舍利。宋真宗大中祥符六年（1013），"有金光出相轮，车驾临幸，舍利乃见，因赐名灵感塔"。北宋神宗熙宁五年（1072）十月，日本国僧侣成寻曾在开宝寺福胜院等处习文拜佛。

铁塔历经宋、金、元、明、清五个朝代以及民国时期的漫长岁月，其间曾数次增补葺修。明洪武二十九年（1396），周王重修，塔内嵌置黄琉璃阿弥陀佛48尊，两旁有刻字可以佐证。又据近代考古大家关百益考证，在塔身数层的琉璃花纹砖面上，发现有明洪武、正德、嘉靖、万历及清乾隆等朝代维修的字样。

1938年6月5日，侵华日军对铁塔猛烈炮击，塔身中弹七八十发，北侧遍体鳞伤，第八、九层被打穿了外壁，留下了两个两米大的深洞。1956年，开封市人民政府建设科成立了铁塔修复委员会，由中央和省政府拨专款21万元，本着"修旧如旧"的原则，制定了维修方案。1957年6月开始动工，10月底竣工，安装了104个铁铸风铃，增装了洞门铁栏和避雷针。铁塔浸透着开封人的铮铮铁骨，像一位威武不屈的战士巍然屹立于古城，以崭新的面貌展现在世人面前。

铁塔虽然说经历过明、清、民国等多次的大型维修，其基座及八棱方池因黄河泛滥埋淤地下。我们总不能按照"城摞城"的定论，因为它多次经过整修，就说他是明清、民国时期的铁塔，更不是塔摞塔。

繁塔　繁塔，原名兴慈塔、又名天清寺塔。它位于古城开封东南繁台之上，建于北宋开宝七年（974）。该塔为我国四角形向八角形佛塔过渡的典型，它既是开封域内兴建的第一座佛塔，也是开封现存最古老的建筑之一，是全国重点文物保护单位。

相传，五代后梁高祖朱温曾在台上阅兵，又叫讲武台。后周显德二年（955）在台上建寺院，落成之日恰巧是周世宗柴荣的生日，这天也是"天清节"，便给寺取名天清寺。赵匡胤发动陈桥兵变后，后周恭帝曾逃到此处避难。

据北宋王瓘《北道刊误志》记载，宋开宝年间，重修天清寺时在寺内建了一座砖塔，名为兴慈塔，后称天清寺塔。因其坐落在繁台之上，故俗称繁塔。繁塔与铁塔的兴建方式不同，铁塔是北宋政府出钱、繁塔是由官僚倡导从民间募集资金修建的。前者建成时间短，后者时间长。现存繁塔里面洞壁上镶嵌的石刻中，有建塔捐献钱物者的姓名及日期为证。根据塔内碑刻内容记载，繁塔大约筹建于开宝中期，竣工于淳化元年（990），历经了20多年，元末天清寺毁于兵火，塔存。

明洪武十九年（1386），在天清寺原址上复建天清寺。明朝末年，黄河水淹开封，寺毁和尚离散。清朝初年，桂山和尚带领门徒利用河南巡抚张自德的威望，在繁台上重建寺院。寺院规模宏大，大门向南，寺殿数进，内有钟鼓二楼，正殿之后为繁塔。道光二十一年（1841），黄河决口，寺毁塔存。1938年，繁塔经受了战火的洗礼，如今塔身上还留有一颗日军炸弹。1982年，开封市人民政府对繁塔大修，替换佛砖374块、花边砖173块，使繁塔获得了新生。1984年9月18日，繁塔地宫被发掘。繁塔历经数次整修，我们总不能说繁塔是明清时期的产物，它是标准性的北宋建筑物，用"城摞城"的定义怎么解释。

相国寺　大相国寺位于开封市中心，源远流长，至今还远播清香。该寺是我国汉传佛教的十大名寺之一，在中国佛教史上有着重要的地位和广泛的影响。它因受帝王崇奉，地位如日中天，是我国历史上第一座"为国开堂"的"皇家寺院"。

它始建于北齐天保六年（555），原名建国寺。唐代延和元年（712），唐睿宗因纪念其由相王登上皇位，赐名"大相国寺"。北宋时期，相国寺深得皇家尊崇，多次扩建，占地达500余亩，辖64个禅、律院，养僧一千多人，是京城最大的寺院和全国佛教的活动中心。四大名著之一《水浒传》描写的鲁智深倒拔垂杨柳、八十万禁军教头林冲结识鲁智深等精彩的故事，相传就发生在其所辖之地。

明崇祯十五年（1642），大相国寺在一次人为的黄河决口中被大水淹没。清顺治十八年（1661）、康熙十年（1671）和乾隆三十一年（1766）皇帝多次下诏重修，乾隆皇帝亲题"敕建相国寺"匾额。道光二十一年（1841）黄河决口，大相国寺再遭厄运，损毁严重后重修。1992年8月，经开封市人民政府批准恢复佛事活动，复建钟、鼓二楼等建筑。整座寺院布局严谨，巍峨壮观。1993年，由新加坡灵山寺赠送的释迦牟尼真身舍利安奉于寺内。2002年，该寺被评定为国家AAAA级旅游景点。

据《如梦录》记载，相国寺这个地方原是战国时魏公子无忌

（信陵君）的故宅，后代曾在此兴建一座信陵亭，名为信陵坊。南北朝时期佛教盛行，北齐时在此兴建寺院，名建国寺，后毁于战火。唐初这里成了歙州司马郑景的宅园。

唐朝长安元年（701）名僧慧云从南方来到开封，用募化来的钱买下郑景的住宅和花园，于景云二年（711）根据从地下挖出的北齐建国寺旧碑兴建寺院。同时，将募铸的一尊高三米的精美弥勒佛铜像安置寺中。睿宗皇帝亲笔为这个寺院书写了"大相国寺"匾额。

唐天宝四年（745）由边思顺负责修建的排云阁宏伟壮丽，是相国寺里最高的建筑物，阁高 10 米，与当时扬州有名的西灵塔同样高。当时寺里有许多著名的壁画，如：吴道子的文殊维摩像，石抱玉的护国除灾患变相、车道天王像，智俨和尚画的三乘因果入道位次图，以及大书法家李邕和大画家韩干等为相国寺创作的优秀作品。此外，还有雕塑大师杨惠之的许多雕塑佳作，这些作品艺术水平很高，得到当时人们的高度评价和赞扬。

唐德宗贞元二十年（804），日本高僧空海赴长安学习佛法和文字，曾寄居于大相国寺中。他回到日本国以后，在弘扬佛法的同时，用中国汉字的草体偏旁创造出一种名叫"片假名"的日文字母和文字，至今还在日文中使用。后来，日本佛教界出于对大相国寺的钦慕，在京都也建立了相国寺，并承中土佛教之风，将禅寺中高等级者列为"五山十刹"，对日本文化的发展起到了重大的决定性作用。某种情况下，也可以说开封相国寺是日本国文字文化的发源地。

北宋时期，相国寺进入了最繁盛的一个阶段。宋太祖派大将曹翰征南唐打下江州[1]，从庐山东林寺运回五百个铜罗汉安放到相国寺里，被封为皇家寺院。太宗晚年还对相国寺进行了一次大规模的扩建，寺容规模宏大，庭院宽敞，正殿高大，花木遍布，僧房栉比。当时有名的画家高益、燕文贵、孙梦卿、石恪、高文进、崔白、李济元等都有杰作布展其中。相国寺每月有五次庙会，商人万余。从事杂技、戏剧、说书、卖艺的人比比皆是，十分繁华。《东京梦华录》记载有"相国寺每月五次开放，万姓交易"的盛况，可谓是"金碧辉映，云霞失容"。

相国寺不但是全国的名刹古寺，而且也是国际佛教活动的中心，许多国家的外交使节和僧侣都到过相国寺参拜和学习佛法。宋太祖时，出家为僧的天竺国王子曼殊室利[2]曾在相国寺进行佛事活动，并将相国寺的盛况写入自己的著作中。宋熙宁七年（1074），高丽崔思训曾带几名画家到中国，将相国寺的全部壁画临摹回国。徽宗时，曾将宋太宗写的"大相国寺"匾额赠送给朝鲜使者。可见，相国寺在当时的中外交往中有何等的重要作用，与佛国印度有缘。元代陈孚有"大相国寺天下雄，天梯缥缈凌虚空"的盛赞之语。寺内还藏有大量的稀世珍宝，如画圣吴道子、塑圣杨惠之和大文豪苏轼的真迹等等，是一座名副其实的文化艺术宝库和殿堂。

相国寺，始于唐朝，盛于北宋，后代虽说经过多个朝代的多

---

[1] 江州，今江西省九江市。

[2] 天竺国王子曼殊室利，即文殊菩萨，是汉传佛教四大菩萨之一，代表聪明和智慧。

次重建、扩建和翻修，按照开封当代部分文史学者"城摞城"的定论，我们也并不能说相国寺是明清时期的文物"寺摞寺"。如果把开封定位于"城摞城"，那么无形中就把开封明清以前的历史文化"摞"跑了，把辉煌的大宋文化也"摞"跑丢失了。如果没有北宋文化，开封怎么打造东方世界名都，摞几摞才能摞出大宋文化。如若继续持这种论调宣传开封，其后果必然是拣了芝麻，丢掉了西瓜。同时，这些定论与市委市政府近时提出的要把"开封打造为世界历史文化名都"的新举措背道而驰。如果没有北宋文化做主要支撑，就打造不出开封世界历史文化名都。再者，世界上所有的汉学家到开封都是奔着大宋文化而来的，我们切不可掉以轻心，不要走向歧途。

（三）遗址类建筑

龙亭公园　龙亭公园建于六朝[1]皇宫的遗址之上，由龙亭大殿、午门、玉带桥、朝门、照壁、朝房等建筑群组成。另有植物造型园、盆景园、梅园、园林景观等等。公园占地面积1038平方千米，其中水域面积710平方千米，包含杨、藩二湖。

龙亭公园遗址文化，有据可查的是唐德宗李适所建的永平军节度使治所藩镇衙署。五代时四朝将其改建为皇城，亦称之为大内皇宫。宋、金承之，宋作皇宫167年，至明为周藩王府。顺治十六年（1659），在此建房五千多间作为贡院。后因地洼积水，无法使用。康熙三十一年（1692），在周王府煤山上修建了一座万寿

---

[1] 六朝，是指"后梁、后晋、后汉、后周、北宋、金朝"。

亭，改煤山为龙亭山，简称"龙亭"。道光二十五年（1845）二月十九日夜，大风将大殿刮倒，咸丰六年（1856）重修。

民国十一年（1922），冯玉祥第一次主豫时拆去万寿观牌坊，逐散道士，打毁吕祖庙及火神庙中的泥胎神像后，即被调离汴京。民国十四年（1925），河南督军胡景翼对驰道进行增修，将龙亭东西两侧的上下蹬道改建为砖砌台阶，东侧山丘上修四方亭一座，并命名为龙亭公园。1948年10月24日，开封解放，龙亭回到了人民的怀抱。1953年，正式命名为龙亭公园。开封应该在宋金皇宫遗址上做做文章，通过考古挖掘，部分还原皇宫真相，申请一个国家级或者是世界级文化遗产。据说，开封作为八朝古都还没有一个国家级文化遗产，遑论世界级文化遗产了，实在是令人感到惋惜和遗憾。

天波杨府　天波杨府是北宋抗辽英雄杨业的府邸，原位于北宋首都东京城内西北隅、天波门的金水河旁，故名"天波杨府"。

1994年，依据《宋东京考》《如梦录》《祥符县志》等文献记载，在开封市城内西北隅，修建占地面积约六公顷的天波杨府。它是一座大型仿宋建筑群，集湖光山色，历史文化于一体，展现了杨家满门忠烈的人文和将门府邸建筑布局艺术的文化，是开封市极具特色的国家AAA级旅游景区。

开封府　开封府又称南衙，初建于五代后梁开平元年（907），已有一千多年历史。它位于开封市包公东湖北岸，是北宋京都官吏行政、司法的衙署，被誉为天下首府，是展现北宋府衙文化的地方，很多人文故事和景观在这里得到了体现，得到大家的好评和赞许。如今，它是国家 AAAA 级旅游景区。

据史料记载，北宋太祖建隆元年（960），陈桥兵变后赵匡胤以开封为国都，称东京。开封府建置不变，下辖开封、祥符、尉氏、陈留、雍丘、封丘、中牟、阳武、延津、长垣、东明、扶沟、鄢陵、考城、太康、咸平 16 个县，共有 183 任府尹。其中，尤以包公打座南衙而驰名中外。今日重建的开封府，占地 60 余亩，建筑面积 1.36 万平方米，与位于包公西湖的包公祠相呼应，同碧波荡漾的湖水相映衬，形成了东府西祠、楼阁碧水的秀美景观。

开封府题名记碑记载了二百余名开封府府尹的任职情况。其中，宋太宗、宋真宗、宋钦宗三位皇帝都曾潜龙在此，先后有寇准、包拯、欧阳修、范仲淹、苏轼、司马光、苏颂、蔡襄、宗泽等一大批杰出政治家、思想家、文学家、军事家在此任职。另外还有午门御街、徐府街、卧龙巷、州桥、宋门、曹门、金明池遗址等等有待进一步论证和开发……

开封文化厚重，源远流长，因篇幅所限不再一一列举。从现存的地标、遗址类文化来看，开封遗留下来的地名和遗址文化北宋的要占到 60% 之多。这些文化不但反映了北宋的文化而且在中国历史的长河里比较著名。它们随处可见，伸手便可以触摸到。何况还有卷帙浩繁、内容丰富的历史文献资料和民间传说，足以证明开封的历史文化主要是大宋文化。它是打造开封世界历史文化名都，取之不尽、用之不竭的物质和精神财富。因此，我们必须结合市委市政府的指示，重点挖掘宋朝文化，为早日打造出开封世界名都而服务。

三、打造开封"世界历史文化名都"的具体措施

第一，以学习贯彻习近平总书记重要讲话和指示批示精神以及党中央决策部署和省委书记的讲话精神统揽工作全局。把准工作方向，切实增强"四个意识"、坚定"四个自信"、做到"两个维护"。要坚持以党建高质量推动发展高质量，以党建为统领压实市、县、乡、村各级党组织主体责任为核心，以"正向激励＋容错纠错＋监督问责"为导向，以巩固基层党组织阵地为保障，落实落细"保底线、保民生、保运行，创环境、上项目、转作风、求发展"做好各项工作。健全完善体制机制，强化督导、考核奖惩激励机制推进工作。要科学处理好统筹兼顾与突出重点的关系、举轻若重与举重若轻的关系、全身心工作与劳逸结合的关系，以好身体、好心情干出好事业。要充满激情，敢于斗争，敢于担当，善于担当。要善于学习、勤于学习、勤于思考，坚持理论与实践相结合。

第二，以弘扬践行焦裕禄精神为动力，在工作中以身作则、负重前行。焦裕禄精神是我党治国理政思想的重要组成部分，同时也是我党红色理论宣传工作的一个突出表现和辉煌时期。作为焦裕禄精神发源地的开封，干部要深学、细悟、笃行习近平总书记提出的县域治理"三起来"和乡镇工作"三结合"的重要指示精神，大力传承弘扬焦裕禄精神，争做焦裕禄式的好党员好干部，带着焦裕禄同志的"三股劲"，奋力开启全面建设社会主义现代化开封的新征程。

第三，以加强党的思想组织建设为抓手，激励全市广大党员干部敢于担当作为、敢于奋勇争先，为开封在新征程中开好局、起好步夯实基础，凝聚强大的合力和动力。2021年是实施"十四五"规划、开启新征程的关键之年，也是各级领导班子展现换届新气象的关键之年。开封市关键之年怎么干，已经通过市委全会、市委经济工作会、市两会的谋划、策划、规划，确定了一系列目标任务。市级领导实行了分包县区机制，建立了12个联合推进工作领导小组和重点片区工作指挥部制度。县级层面建立了市委市政府重点工作周交办制度。百名市直干部到基层、百名基层干部到机关等上下交流、创先争优联动机制，在工作中充分沟通交流、互相取长补短。

第四，我们要以大力挖掘黄河、运河文化，特别是北宋文化为依托，迅速推进实施世界历史文化名都建设的重大工程，推动黄河流域开封段生态保护和高质量发展。要把推进实施世界历史文化名都建设纳入沿黄生态保护与高质量发展的大格局中，创新文化旅游载体。

四、打造开封"世界历史文化名都"应注意的事项

第一，要挑选精兵强将，选拔那些敢于担当、敢于作为并精通业务的人负责此项工作。做好近期、中期、远期工作规划，为打造开封"世界历史文化名都"打好坚实基础，做好强有力的组织保证。

第二，成立学有所长的专家学者队伍，众志成城地搞好调查研究，办好学术论坛，把学术成果汇辑成册，大力度地挖掘好开封市的历史文化资源。宣传、教育、文化等部门要打造平台、开辟专业栏目，做好宣传造势工作。

第三，利用市县区的行政资源，搞好拉网式的文物普查，做好历史文化代表性的文物古迹地理性坐标，迅速加以保护和利用。

五、开封人应该脚踏实地，坚定信心，再铸辉煌

打造开封世界历史文化名都，我们必须坚持以人民为中心的思想，强化尊重自然、保护生态的理念，挖掘好开封深厚的历史文化资源。北宋东京凝聚了开封的历史辉煌，宋文化是开封历史文化的精髓和灵魂。为进一步深入挖掘古都名城的历史文化资源，支持开封的社会、经济发展和文化建设，开封人应该脚踏实地、坚定信心、阔步前进，再铸辉煌。

以改革体制机制促协同提升郑州大都市圈建设影响力辐射力带动力研究

耿明斋　王永苏　张国骁

一、引言

现代化是以工业化、城镇化为核心的聚集发展过程。随着现代化推进，在某些特定空间就会形成区域核心城市，以及围绕区域核心城市密集布局的城市群和都市圈。已经完成工业化城镇化的欧美日本等发达国家，区域核心城市、城市群和都市圈都是典型的空间结构形态。我国以京、沪、广、深为核心城市的京津冀、长三角和珠三角三大城市群和都市圈已趋于成熟，以武汉、成都、重庆、郑州、西安为核心城市的长江中游、成渝、中原、关中城市群和都市圈也已具雏形。

聚集的基础是通过要素充分流动实现的功能共享、合理分工和更高效率，以及由此形成的核心城市、都市圈及城市群在更大半径范围内的影响力辐射力带动力。但由于行政区划分隔、利益多元、公共产品创造与供给独立等多种因素制约，要素流动及共享、分工和效率往往会遇到人为障碍，影响力、辐射力、带动力也会打折扣。我国在计划经济条块分割基础上发育的市场经济背景下，这种人为障碍更为严重。这也是"一体化"成为城市群和都市圈建设重点与难点的原因。

以郑州为中心的中原城市群，从 2003 年河南省委省政府发布《河南省全面建设小康社会规划纲要》确定为省域发展重大战略，到 2012 年国务院批复的《中原经济区规划》中将郑汴洛焦新许纳入中原经济区核心区，再到 2016 年底国家发改委印发《促进中部地区崛起"十三五"规划》和国务院正式批复《中原城市群发展规划》，正式提出郑州建设国家中心城市及涵盖开封、新乡、焦作、许昌四市的大都市圈，以及 2018 年省委省政府印发《郑州大都市区空间规划 2018 ～ 2035 年)》，郑州国家（区域）中心城市、大都市圈和中原城市群结构基本成型。郑州与周边城市的一体化探索从 2005 年的郑汴一体化开始，到现在的郑许、郑新、郑焦等大都市圈内 5 城市之间的全面一体化，也已经历了 15 年，成就有目共睹，尤其在交通基础设施互联互通方面，郑汴之间已经成为高度融合的整体。但问题也不少，最主要的问题是制度因素仍然是阻碍城市之间要素充分流动和资源优化配置的屏障，所以，深化改革，拆除制度壁垒，探索建立城市之间协同的体制机制，提升郑州大都市圈建设影响力、辐射力、带动力，仍然是推动一体化发展，推进郑州大都市圈建设的重要任务。

在行政区划分隔、利益多元、公共产品创造与供给独立，以及统一功能目标前提下，如何处理好多个独立区域主体之间的关系？如何提升核心城市辐射带动能力，明确功能定位，在资源开发与经济活动收益合理分配基础上实现规划及公共基础设施和公共服务体系供给方面的真正统一和高度融合，从而引导资源合理配置，真正提高整个大都市圈经济活动效率，提升影响力、辐射力、带动力？这些都是一体化和大都市圈建设需要回答和解决的问题，也是体制机制改革创新的方向。

为了更深刻地理解这些问题，并抓住问题的本质，拿出有效的应对方案，让我们先从城市功能解剖、城市演化规律及大都市和大都市圈异同的认知开始。

二、城市功能演化及都市和都市圈

（一）城市功能结构及核心

从功能结构及其相互关系看，交易结算空间是城市核心区。

城市是由交易、结算、运输、生产、居住、医疗、文化（科技、教育、艺术、体育）、休闲、行政等九大功能构成的要素密集聚集空间。其中交易、结算、运输和生产是基本功能，居住、医疗、文化、休闲和行政是派生功能。

交易是城市的核心要素。城市的字面含义就是"城"和"市"的组合，"城"是空间，"市"是功能，也就是商品交易活动。城市的最原始形态和最基本功能是商品交易场所，至于在交易场所周边筑城，把交易场所围起来，逻辑上应该是从交易活动衍生出更多功能尤其是居住功能以后才添加的具有防御功能的形态。当然，交易场所从原始形态一路走到现在已经发生了巨大变化。在整个农耕文明时代，交易对象主要是农产品和少量的手工业品，交易场所最常见的形态是集镇的露天农贸市场。进入工业文明时代以后，交易对象高度复杂化了，从有形的物质产品到无形的金融产品，多到让你无法想象。商场、购物中心和会展中心是有形市场的典型形态。京东、阿里巴巴等网上平台则是巨大的无形市场。证券、期货、银行间拆借、外汇等价值符号类金融产品市场对经济社会生活的影响更是覆盖全球并渗透到社会生活每个角落。

结算是交易活动的一部分。在以物易物的状态下，交易和结算是同时发生的。只是货币加入成为交换媒介以后，结算才从交易过程中分离出来，成为时间上稍有分离的环节。随着交易活动复杂化，结算相对于交易的独立性越来越强，现代经济活动和现代城市中，结算不仅与交易过程时间分离，活动主体和活动空间分离，而且已经发育成以银行、证券、保险形态存在，占据着显耀位置的城市核心产业了。

运输也是与交易须臾不可分割的功能。交易的背后一定是交易对象的运输过程，不管是有形的市场还是无形的市场，也不管交易的对象是物质产品还是非物质的金融产品，都不例外。有形市场如集贸市场或大卖场，交易完成前总有将交易产品运到现场的过程，交易完成后也有将产品运出去的过程。无形市场如远期合约交易或网上交易，也有将成交货物在约定时间从生产商或经销商处运输交货到购入者或消费者处的过程。即使是非物质的金融产品，如股票、债券和期货等，也要在买卖双方及经纪人之间有相应的信息传输通道。运输距离长短、通道数量和质量、通过速度等因素直接决定着市场的规模、功能强弱和辐射能力大小，也影响着交易主体经济活动的成本和效率。所以，无论古今中外，市场都是在交通最便利的空间点发育成长的，城市则是随着市场规模的扩大和功能增强而持续向外拓展的。交通通道的数量、质量对市场规模和城市规模有着绝对的影响，这是现代城市都是在水陆空通道枢纽地区发展起来的原因。原始的或初级阶段的城市市场往往是在运输通道旁边发育的，两者在空间上紧密相联甚至是完全重合。随着城市规模扩张和功能整合，运输功能空间与交易功能及城市其他功能空间也逐步相对分离。现代化大都市的港口码头、火车站、飞机场等各种交通枢纽，在空间上都与交易功能高度集中的城市商业中心及其他城市功能区有一定程度的分离。

生产是交易的源头。没有生产，就没有交易对象，当然不可能有交易活动发生，所以，从这种意义上说，生产是城市更为基本的功能。但是，在自给自足的农耕文明时代，交易对象主要是农产品，生产并不在城市进行，或者在城市进行的生产仅限于少量的手工业产品，生产与交易活动在空间上是分离的。进入工业文明社会以后，不但非农制造业爆发式成长，而且大规模向城市聚集，制造业生产成为城市最主要的功能，工业制成品也成了市场上交易对象的主角。但由于制造与交易性质的差异，两者在空间上分离的格局并没有改变，改变的只是空间格局的形态。农耕文明时期，城市交易与生产的分离表现为城乡分野，工业文明时期，交易与生产的分离表现为同一城市不同功能空间的差异。在现代化大都市中，虽然市场交易及其与之紧密相连的金融结算功能占据了城市中心的位置，重要性也显得更为凸出，服务业在整个经济活动中的占比也不断上升，但制造业生产功能对城市的重要性从未被忽视，以至于像上海这样的国际化大都市，至今仍然是巨大的汽车等传统制造业中心。连新加坡那样地域狭小的城市国家，也还是全球最大的石油炼化产业中心之一。可以说，制造业是一个城市基础稳定性、发展水平、发展潜力和活力的重要标志。

居住功能从经济活动的视角看是衍生的，但从本质上说也是基础的。因为所有经济活动都是由人推动的，主体都是人，人都必须居住下来才能在特定的城市空间从事各种经济社会活动。虽然不管是古代还是现代，城市中居住空间与其他功能空间杂处的现象都较为普遍，但总体上居住空间与其他城市功能空间的分离是常态，工业化高潮时期更是如此。因为传统制造业生产的空间环境与居住空间环境错位较大，所以，在中国的城市中，我们随处可以看到专门聚集产业的各种各样的开发区和工业园区，高层住宅林立的居住小区更是城市最显著的风景线。进入后工业化时代以后，随着高科技产业和服务业比重增大，居住与生产空间融合又成为新的趋势，职住比正成为反映一个城市区域现代化程度的重要指标。

医疗本来纯粹属于城市的衍生功能，但在现代都市中，它们也都在某种程度上具有了产业性质，并且在城市吸引人才、提升品位、增强魅力、促进产业发展等方面扮演越来越重要的角色。医疗功能的衍生源于城市居民对健康的需求，人总有健康问题，因而总有保健和治病的需求，所以有人的地方就有医疗功能诞生，城市是人聚居的地方，对医疗功能的需求规模和强度自然就大。随着城市人口的增加，收入水平及文明程度的提高，对健康需求强度会越来越大，城市医疗体系的规模也越来越大。在现代大都市中，医院数量动辄就是几十家上百家，吸纳就业数万人，年收入数百上千亿元。数千甚至上万张病床、年收入上百亿元规模的医院并不鲜见。所以，医疗已成为现代都市具有标志性的功能。但是，由于医疗直接服务城市居民的性质，医院总是按照居民区的需要布局，所以，医疗功能在空间上倾向于按照居民区的需要而分散布局，少有像金融行业那样多家机构高度聚集在一个特定空间的功能区形态。

文化几乎是所有城市经济社会活动的有机组成部分，又作为它们的衍生功能扮演着塑造城市形象、提升城市品位和引领城市发展方向的角色。当然，这里所说的是广义文化的概念，即把教育、科研、艺术、体育、博物、图书等要素统统包括进来的大文化概念。文化的本意是人类对自己过去创造的记忆和传承，这些记忆以创造物形态遗存就是文物，以文字形态遗存，就是典籍。它们彰显的是城市过去的辉煌，也有唤起居民的自豪感，激励创造未来的辉煌的功能。所以，有一定历史积淀和相应规模的城市都会把博物馆和图书馆建设得富丽堂皇，成为城市不可或缺的构成元素，并放在城市比较显眼的位置。艺术和体育源于居民愉悦身心和强健体魄的需要，随着城市规模的扩大和居民收入水平提升及生活方式现代化的需要，艺术和体育场馆不但成为城市的重要风景线，而且也日益成为吸纳就业并满足居民消费需求的重要经济活动领域。教育不但能提升居民素质，更是人才成长的基本途径。科研的功能是探索增量知识，为经济活动注入效率，满足居民新知渴求，丰富居民精神生活，对城市的重要性不言而喻。所以，从幼儿园到大中小学完善的教育体系、众多高校云集的大学城、众多高端科研院所聚集的科学城等等，都是现代大都市的标配。相应的，教育科研领域庞大的从业人群和以数十万甚至上百万计的大学生和硕士博士研究生，差不多都是现代都市最大的人口群体之一。

休闲是居住功能的再衍生，源于居民休息休闲和体验的需要。休闲娱乐就像生产生活一样，是人生命活动不可或缺的有机组成部分。随着人口聚集规模的增大，以及经济活动效率提高，假日时间增多和寿命延长带来的生命闲暇时间延长，休闲需求强度也是越来越大。以公园绿地和名胜古迹以及博物馆、文化馆、图书馆、体育馆、电影院剧院、酒店餐饮店等为代表的休闲场所和休闲设施规模也越来越大。现代都市都规划建设有大片的绿地空间和各种高档文化体育场馆，还有名吃聚集的餐饮街，时尚华丽的高档酒店群等，来满足规模巨大的休闲消费需求。除了公园绿地和各种文化场馆等非排他性使用的纯公共产品之外，绝大多数设施都具有经营性质，多数属于典型的市场主体。休闲设施和休闲活动在城市中呈现出集中布局的形态，比如大都市都有一个或数个众多市场主体聚集的餐饮街，剧场聚集的演艺中心和体育设施聚集的运动中心等等。

行政中心的基本功能是为城市提供秩序，保障城市经济社会活动高效有序运行，当然也是城市不可或缺的构成部分。

总之，现代城市都是由交易、结算、运输、生产、居住、医

疗、文化、休闲、行政等九大功能构成的有机整体，各功能之间
按照城市形成和发展的逻辑链接，相互支撑，相互依托，共同推
动城市有序运转。交易、结算是一个事物的双面体，运输和生产
保障交易对象源源不断地供给，这四大功能构成实体城市的基本
骨架，这其中的核心当然非交易、结算莫属，因为它们是城市形
成的原点，也是城市发展和运转的源头。在现代城市中，空间上
已经分离的交易和结算功能总是以商业中心和金融中心的名义占
据城市最显耀的空间，并拥有最密集最豪华的建筑群和外在形象，
这两大功能正是城市核心的象征。居住、医疗、文化、休闲、行
政等五个派生功能在现代城市发展和运转中的地位越来越重要，
某些派生功能甚至对现代城市发展具有决定性的引领作用，但他
们的衍生性及其在城市逻辑结构体系中的地位不会因此而改变，
所以，城市核心功能及核心区的地位也不会因此而改变。

（二）从城市到大都市：功能分化与多核结构

城市发展初期各种功能是高度聚合的。如果把曾经分散于自
给自足自然经济环境中，至今仍在广大农村生产生活中发挥重要
作用的集贸市场作为城市的萌芽状态，我们可以看到，在城市发
展的这个阶段，交易、结算和运输等元素，不论在功能上还是在
空间上都是紧紧粘结在一起的。不仅结算只是谈好价钱，交货之
前的支付环节，而且交易场所往往也是十字路口及车站码头等货
物运输站点。农产品之外的交易对象生产也大都采取的是前店后
厂的作坊模式，交易场所也是生产场所。直接衍生的居住功能基
本上都是在店厂的后院或楼上。至于医疗、文化、休闲甚至行政

功能都还没有稳定和显性的存在。所以，在这个阶段，我们可以说交易场所就是整个城市，自然也是城市中心。

功能分化和空间分割源于交易规模的扩大。交易规模增加不仅会使结算变得复杂和专业，而且也会产生大量的现金流，专门从事现金保管存取乃至借贷业务的机构出现了，从钱庄到银行，不仅功能越来越强大，而且空间聚集度越来越高。这是城市功能的初次分化和城市空间的初次分割，并日益演化为现代城市的商业中心和金融中心。交易规模的扩大需要交易场所空间不断拓展，同时会使得仓储和货物运输量激增，作为交易对象的制造业产品生产规模也会扩大，各类从业人员也会越聚越多，有限的交易场所就会变得越来越拥挤，于是，推动功能进一步分化和空间进一步分割。交易结算场所外围逐渐出现了运输、生产、居住等功能聚集区，并且各类功能聚集区的规模也随城市规模拓展而不断增大。从业人员增多和人口聚集规模扩大陆续衍生出了医疗、文化、休闲和行政功能以及各自聚集而形成的相应功能区，与上述基本功能一起构成了完整的城市结构，就如同我们今天所能看到的那样。

多数城市都是单核结构。从萌芽状态的集贸市场到小城镇再到县城和中等城市，城市群体中的绝大多数都是单核结构。即使是功能结构及其相应的空间结构已经充分分化，人口在数十万甚至上百万的现代化中等城市，也往往是以大商场林立的商业街及其毗邻而居的金融机构聚集空间为中心的单核结构。当然，我们也能从正在成长的百万甚至数百万人口城市中，比较容易地识别出曾经的中心和正在形成中的新核心。比如开封的马道街、寺后街和鼓楼街是老的城市核，西区以万达广场及其周边区域是正在形成的新城市核。我们在新乡、安阳、商丘等正在成长中的城市中也能看到这样的结构演化形态。

大都市圈都是多核结构。城市本身就是区域中心的概念，是一定区域半径范围内经济社会活动需要导致要素密集聚集的特定空间，其功能是服务于该区域范围内的经济社会活动，或者说是在该区域范围内实现对城市功能的共享。只是城市规模的增大才导致其基本功能分化并衍生出更多的功能，这些功能相互需要、相互支撑和相互促进，共同推动城市规模进一步增大。更大规模的城市具有更强的服务能力，从而会有更大的服务或共享区域半径，反过来又会支撑城市规模进一步加速膨胀。这就是说，导致城市规模循环膨胀的机制是双重的，一个是城市与其服务或共享的外部区域之间的互相推动，一个是城市内部各功能之间的互相推动。由于各种各样必然的或偶然的原因，在整个国家乃至全球现代化进程中，某些幸运城市会在某个阶段进入持续内外双重互动循环膨胀过程中，并最终成长为人口规模达到数百万甚至上千万的巨型城市，就是这里所说的大都市。根据大都市服务能力、控制力或功能共享半径大小，人们又把大都市分为伦敦、纽约那样的世界城市，东京、北京、上海那样的国际大都市，以及广州、武汉、成都、重庆、郑州那样的国家中心城市，等等。

但不管哪个层级，大都市内部结构都有一个共同的特点，就是功能充分分化，又高度聚集。所有九大功能都各自占据不同的城市空间，分野清晰，每一功能空间同类元素都高密度聚集，而且功能强大。我们看到纽约的华尔街、北京的金融街和上海的陆家嘴，都是高楼林立、银行证券保险机构密布的都市金融中心。上海外滩及南京路、北京王府井、郑州二七商圈等都是典型的都市商业中心。像上海虹桥、浦东机场及洋山港、北京西客站及首都和大兴机场、郑州东站及新郑机场那样的大型交通枢纽，更是大都市关键的功能中心。类似上海张江、郑州经开区和航空港区那样的工业生产中心，每个大都市都有多个。北京中关村、上海杨浦及松江、郑州龙子湖等大学城和高端研究机构聚集空间，也是几乎所有大都市的标配。博物馆、大剧院、科技馆、图书馆、大型体育场馆等文化体育设施也是大都市亮丽的风景线。医疗体系中除了散布于居民区的社区医疗机构之外，大都市也都不缺特大型医院集中布局的医疗中心。巨大的绿地休闲空间也越来越成为大都市时尚的象征，就像欧洲一些城市比如爱尔兰的都柏林和德国慕尼黑城市边缘面积达数十甚至上百平方公里的草地森林那样，中国一些大都市也开始在城市边缘规划建设越来越大的绿地休闲功能区，上海的郊野公园、郑州规划的黄河生态带和郑开之间的城市绿心，就是这样的休闲空间。居住小区虽然满城皆是，谈不上特别显眼的功能中心，但东京、北京那样的大都市由于市内空间的过分拥挤，在外围也都有被戏称为"睡城"那样的居住功能聚集区。

总之，除了居住和医疗之外，九大功能中七大功能都能够因同类功能要素在特定空间高密度聚集而形成大都市的特殊功能中心，从最本源的逻辑结构上说，最核心的功能还是商务和金融中心。从影响力、辐射力、控制力和持久竞争力来说，除了金融中心之外，功能强大的综合交通枢纽、高水平大学和高端研究机构聚集的创新中心和高端制造业聚集的生产创业中心，也可以认为是与商务、金融中心鼎足而立的大都市最重要的核心功能区。换句话说，大都市的多核结构由商务核、金融核、枢纽核、创新核和制造核共同构筑而成。

大都市功能结构特点可以做如下概括：一是功能区域空间分割清晰；二是各种功能都非常强大；三是商务、金融、枢纽、创新、制造等五核成鼎足之势；四是共享程度高，服务半径大，对周边辐射带动和控制能力强。

郑州显然已经具备大都市的所有特征。郑东新区商务中心和金融城、以郑州东站和机场为代表的综合枢纽、以高新区、经开区和航空港区为代表的制造中心、以由科学大道和北环城路串起来的郑大工大信大西高校园区和龙子湖东高校园区组成的创新中心等核心功能，都具有足够强大的辐射和带动能力，有广阔的服务和共享半径。郑州人口突破千万，中心城区人口突破五百万。三环内面积大于上海内环略小于北京三环，四环内面积大于上海中环，与北京四环相当，绕城高速所形成的五环内面积大于北京五环和上海外环。郑州已是典型的大都市。

（三）大都市和大都市圈：多区域主体之间的功能组合

大都市圈和大都市是有内在联系而又性质不同的两个概念。

大都市圈是大都市膨胀扩张超出了自己行政辖区边界，与其他区域城市功能对接交叉形成的城市连绵区。如前所述，城市的形成与拓展，本身就是为满足周边需要而缔造的基本功能核，不断吸附要素聚集，并通过服务与共享带动周边发展的过程，也是不断将周边内化为市区及服务与共享半径持续向外延伸的过程。大都市在其形成和成长的特定阶段，由于多核结构和强大的基本功能，周边内化为市区及服务共享半径向外延伸的过程呈现加速状态。一旦大都市内化拓展超出了其行政辖区的边界，并与周边其他区域城市功能对接和交叉形成城市连绵区，大都市就演化成了大都市圈。大都市内化外拓对接交叉的可能是次一级的城市，也可能是规模与功能大致相当的另外的大都市，这会导致大都市圈内部不同的结构。如果是前者，大都市圈就是单核结构，如武汉、成都、包括郑州等大都市圈，就是典型的单核结构。如果是后者，大都市圈就是双核或多核结构，如日本东京都市圈、京津冀、长三角、珠三角粤港澳大湾区等，就是典型的多核结构。

与大都市相比，大都市圈最突出的特点是多行政区域组合，大都市圈内不是一个而是多个行政主体。除此之外，一是大都市圈城市区域规模更大，如世界著名的日本首都圈大都市圈涵盖了东京都、神奈川县、千叶县、琦玉县等多个独立行政区域，半径达到50—70公里，人口总规模超过4000万，达到日本全国人口的三分之一。我国的京津冀、长三角和珠三角粤港澳大湾区等都市圈，规模甚至大于日本东京都市圈。二是功能中心更多，除了都市圈核心大都市拥有的全部九大功能中心之外，周边次级城市也都至少有一个较强的功能中心，如果构成大都市圈的还有另外的大都市，功能中心更是会成倍翻番。这就意味着，在大都市圈中，不少同类功能会有多个功能中心，尤其是作为城市或大都市圈支撑主体的生产制造功能，多中心格局会更为突出。三是基本功能或某些主要衍生功能更加强大，服务和共享半径更大，辐射力、带动力和控制力更强。比如美国纽约华尔街证券交易所股价波动会引起全世界投资者关注，陆家嘴上海证券交易所也是全国投资主体关注的焦点，北京中关村的创新核输出的成果往往会成为长三角甚至珠三角高技术产业发展的源头。所以，大都市圈的影响力非常巨大，一般会远远超出构成大都市圈各城市所覆盖行政辖区的范围，很多大都市圈的影响范围是覆盖全国甚至超出国界影响到世界的。

有一种在许多人群中甚至在一些学者群体中流行的观点，即认为大都市在其发展的特定阶段总是存在对周边区域发展带来不利影响的虹吸效应。我认为这是一种对大都市与周边区域发展关系的错误认识。前面我们多次说过，城市本身就是为满足周边发展需要而形成的。城市发展当然是一个吸附聚集周边要素的过程，但这一过程对周边区域的发展并不是负面的，因为周边要素向城市的聚集缔造了效率更高的区域增长中心，周边区域也会因此受益。劳动人口和资本的聚集分享了更高效率以工资和资本利得的形式带来了更多的增量收益，城市化可以给土地所有者带来更高的地租收益。同时，劳动人口向城市聚集稀释了留在原地的劳动力，这会增加劳均土地资源占有量，从而也会提高被吸纳区域的劳动生产率。此外，城市功能也会通过服务和共享提升周边经济活动效率，辐射带动周边区域，大都市圈尤其如此。所以，城市形成和发展过程实际上是在它吸附聚集和服务共享范围内实现资源优化配置，是提升区域整体经济活动效率和促进经济发展的过程，城市对周边要素的虹吸是正效应而非负效应。大都市周边能够接受服务和共享其功能的一定半径范围内发展水平都远高于受其影响之外或影响较弱的区域，就是对虹吸效应负效应的最有力反证，大都市圈的形成更是城市对周边辐射带动效应的更有力证明。

（四）郑州大都市圈建设的路径和目标

虽然构成大都市圈的各个城市都同时具有九大功能，但不同层级城市同类功能在大都市圈中的地位、作用、存在形态和影响力是不同的，同一城市不同功能的重要性也是不同的。一般来说，核心城市所有九大功能都对都市圈乃至更大的区域空间有强大的影响力，且都有高度聚集的空间形态，次级城市只有少数功能具有全局影响力，某些功能甚至不具有独立空间聚集形态。就郑州大都市圈来说，以机场和米字形高铁为代表的枢纽功能、以郑东CBD为代表的商务中心交易功能和金融中心结算功能、以东西大学城为代表的（文化）创新功能，以及以航空港区、经开区和高新区等为代表的生产功能，既是核心城市的核心功能，又具有服务辐射影响整个都市圈、全省乃至中西部更广大区域的能力，这五大功能不论从哪个层面看都是最重要的。居住在各自城市空间都是全覆盖的，医疗和休闲也具有围绕居民分散布局的特点，郑州虽有聚集优势，但重要性并不像前五大功能，行政中心更是各自独立服务本地的。各次级城市也都有影响全局的重要功能，开封的文化核功能，许昌、新乡及焦作的制造业生产功能，新乡和焦作南太行休闲旅游康养功能等，都对整个大都市圈构成强有力的支撑。

郑州大都市圈建设的路径和目标，就是通过深化改革，破除城市间壁垒，促进要素无障碍流动，让市场引导资源配置的机制充分发挥作用，让各城市具有比较优势的功能更强大，形成功能互补、相互支撑、相互促进的良好发展态势，实现资源优化配置，提高区域经济活动效率，提升大都市圈影响力、辐射力、带动力，引领带动全省乃至中西部地区经济高质量发展。

三、深化行政体制改革，提升郑州城市能级

提升郑州大都市圈影响力辐射力带动力，最重要的是提升核心城市郑州的城市能级。

（一）推动将郑州升格为副省级城市

为了加快建设郑州国家中心城市，建议省委省政府高度重视郑州市城市升级问题，积极争取中央支持，将郑州升格为副省级城市，赋予郑州市副省级城市的经济社会管理权限，将省级在项目审批、规划、土地、环评等方面的部分权限下放或委托郑州市行使；支持郑州在体制机制方面先行先试，支持郑州与其他国家中心城市享有同样的政策权限。在我国特殊的行政等级化的资源分配体制中，城市行政级别代表着政治资本的多寡，能够左右资

源再分配的流向，城市行政级别越高，在财税汲取能力、经济发展权限、控制资源数量及基础设施等方面就更有优势，从而能够对吸引外商直接投资产生积极作用。郑州争取副省级城市之前可能因为自身的实力和条件不充分，但就目前而言，不论是经济实力、发展潜力，还是郑州在国家经济发展中的战略位置等等，已经具备副省级城市的条件，建设国家中心城市急需郑州升格为副省级城市。

1. 国家经济中心的战略转移需要提升郑州的城市层级

在城市经济发展中，行政资源配置至关重要，体现形式也有多种，有直辖市、副省级市、地级市等。副省级市是行政地位上仅次于直辖市的重点城市。设立副省级城市的目的就是通过提高经济发达省会的行政级别促进当地经济的快速发展。副省级市的前身是计划单列市，正式施行于1994年2月25日。1993年7月，中央明确除深圳、重庆、大连、青岛、宁波、厦门这6个非省会城市仍保留计划单列市外，其余省会城市不再实行计划单列。1994年，原14个计划单列市和济南市、杭州市共16个市的政府机关行政级别被定为副省级，但仍为省辖市。重庆则于1997年成为直辖市，副省级市减少为15个。目前现有的15个副省级城市，包括了深圳、厦门、宁波、青岛、大连这5个计划单列市，以及广州、杭州、南京、济南、沈阳、长春、哈尔滨、武汉、成都、西安10个省会城市。

随着改革开放的持续推进，由沿海到内陆、由南方到北方逐渐展开，国家发展中心加速转移，空间布局向内陆推进，经济中心的转移必然催生新的增长极。从一系列国家战略相继落户河南，到郑州、武汉、西安被批复支持建设国家中心城市，未来中西部这些经济重心和增长极将迅速崛起。郑州作为中原城市群的唯一核心，区位优势明显，腹地市场广阔，人力资源丰富，在畅通内循环，以及由东西差距转化为南北差距的新发展格局中，以郑州为核心的中原城市群的崛起在国家未来的发展战略中占据着越来越重要的位置，对内陆地区尤其是北部中国经济起着能量传递和支撑作用。郑州的行政级别较低，在一定程度上限制了郑州的发展和中原城市群的崛起。从区域分布上看，东部沿海地区以 8 个副省级城市遥遥领先；东北地区则有 4 个，分别是东北三省的省会以及大连；而中西部地区只有 3 个，即武汉、成都和西安；所以将郑州升格为副省级城市，赋予副省级城市的经济社会管理权限，不仅关乎河南的发展、中原城市群的崛起，更关乎着国家未来战略目标的实现。

2. 经济总量的对比应给予河南一个副省级城市

河南作为中部第一经济大省，2019 年地区生产总值达到 54259.20 亿元，在与 15 个副省级城市所在省份的经济实力对比中处于第五位，经济增速居第四位，发展潜力巨大，却没有一个副省级城市。从表 1 中可以看出，2019 年浙江省的地区生产总值达到 62352 亿元，在全国排第四位，仅高河南一位，但浙江有两个副省级城市杭州和宁波。2019 年辽宁省的地区生产总值为 24909.5 亿元，是河南的 45.91%，但辽宁也有两个副省级城市沈阳和大连，就连地区生产总值是河南三分之一的吉林省也有一个副省级城市。所以从河南的经济总量以及对全国做出的贡献来看，应该赋予河南一个副省级城市，尽快为郑州升格。

表1　2019年河南与副省级城市所在省份经济实力对比

省份	GDP（亿元）	增速（%）	副省级城市数（个）	副省级城市
广东省	107671.07	6.2	2	广州、深圳
江苏省	99631.50	6.1	1	南京
山东省	71067.50	5.5	2	济南、青岛
浙江省	62352.00	6.8	2	杭州、宁波
河南省	54259.2	7.0	0	——
四川省	46615.8	7.5	1	成都
湖北省	45828.31	7.5	1	武汉
福建省	42395.00	7.6	1	厦门
陕西省	25793.17	6.0	1	西安
辽宁省	24909.5	5.5	2	沈阳、大连
黑龙江省	13612.7	4.2	1	哈尔滨
吉林省	11726.82	3.0	1	长春

数据来源：相应省份2019年统计公报。

3. 国家中心城市的定位应该赋予郑州副省级城市地位

在已获批复的9个国家中心城市中，北京、天津、上海、重庆为直辖市，武汉、西安、成都、广州为副省级城市，城市级别均高于郑州，郑州是目前唯一一个不是副省级的城市。郑州建设国家中心城市，需要郑州承担更多的责任和使命，因此应该把郑州升格为副省级城市。目前郑州市层级低，而郑州升格为副省级城市的条件已经具备，进一步发展的需求也十分强烈。2019年郑州市地区生产总值达到 11589.7 亿元，在与 15 个副省级城市对比中处于第九位，分别是济南的 1.23 倍、西安的 1.24 倍、大连的 1.66 倍、沈阳的 1.79 倍、厦门的 1.93 倍、长春的 1.96 倍、哈尔滨的 2.21 倍。（见图 1）因此，从经济实力来看，郑州完全可以处在副省级城市的行列，同时为了在国家中心城市建设中拥有平等的待遇，应该赋予郑州副省级城市的地位。

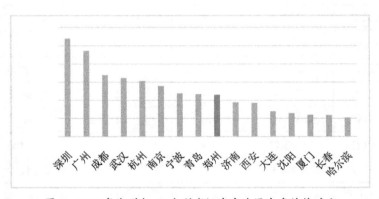

图 1　2019 年郑州与 15 个副省级城市地区生产总值对比

如果郑州能成为副省级城市，赋予郑州副省级城市经济社会管理权限，将有利于更大范围内调度人力、物力等资源，集中全部力量建设国家中心城市；有利于提高郑州在中部城市中的地位，强化郑州在中原城市群建设中的"领头羊"作用；有利于郑州国家中心城市建设，促进河南发展、中部崛起。

（二）加快郑州撤县设区、区划调整的步伐

1. 撤县设区、合并区划

2016 年 2 月郑州市第十四届人民代表大会第三次会议审议通

过的《郑州建设国际商都发展战略规划纲要（草案）》明确指出：加快建立以郑州中心城区为核心区、邻接圈层、外围圈层共同组合构成的中心城市地域空间结构，力争郑州全部县、市改区。因此，郑州应加快撤县（市）设区、合并区划的步伐，撤中牟县、新郑市设中牟区、新郑区，合并上街区、荥阳市设荥阳区；合并二七区、中原区，设立新的中原区；合并经开区、管城区，设立新的经开区；合并高新区、惠济区，设立新的惠济区；郑东新区、航空港区改为郑州市辖区，设立郑东新区、航空港区。郑州在撤县（市）设区的同时，撤并规模较小的市辖区，优化市辖区结构，有利于区域统筹协调发展，有助于做大做强中心增长极，增强对全省发展的辐射带动能力。

经过扩区和提质后，郑州辖9区（中牟区、新郑区、荥阳区、中原区、经开区、金水区、惠济区、郑东新区、航空港区）3市（登封市、巩义市、新密市）。

2. 撤县设区、合并区划的紧迫性

近年来，中国大城市县（市）改区步伐进展很快，通过梳理9个国家中心城市和6个主要的区域中心城市可以发现，郑州市市辖区数量最少，除重庆和成都外郑州所辖县级行政单位数量最多，市辖区数量少和县级行政单位多成为制约郑州长远发展的一个客观因素。郑州市辖区数量为6个，在15个中心城市中位于倒数第一位，三个直辖市北京、上海、天津所辖市辖区都是16个，成都11个市辖区，武汉13个市辖区，西安11个市辖区，与其相比分别相差10个、5个、7个、5个市辖区，郑州市辖区数量少是其增长极不够强的一个重要原因。另外，与其他 14 个中心城市相比，郑州市辖 6 个县级行政单位，除了重庆和成都外排名第一位，县级行政单位多，也不利于城市化水平的提高和内部结构的优化。

通过梳理 2000 年以来 15 个中心城市区划调整的历程，可以看出，9 个国家中心城市除了武汉上世纪 90 年代已经无县可划外，几乎都进行了至少三次以上的区划调整，唯有郑州的区划还是保持在 90 年代的样子，几乎将近三十年未做过任何调整。2014 年以来，上海、北京、广州、重庆、天津、成都、西安分别进行了一到三次的区划调整，区划调整频繁，而郑州近几年来虽然政策优势叠加，经济发展迅速，但却没有进行过一次区划调整。另外，北京、上海、广州、深圳均已全部实现县改区。其中，北京到 2015 年下属的县均已改区，上海最后一个县崇明也在 2016 年改区。中部唯一的副省级省会城市武汉在 20 世纪 90 年代末就实现了"无县化"。2013 年 2 月，南京行政区划调整方案获批，溧水县、高淳县撤县设区，南京由原 11 区 2 县精简为 11 区。成都于 2015 年、2016 年，先后实现郫县和双流撤县设区，并代管简阳。2016 年西安撤户县设鄠邑区，2017 年代管西咸新区。苏州行政区划调整撤销 3 区 1 县级市，设姑苏、吴江区。这些中心城市也无一例外地通过行政区划的调整和撤县（市）设区，使城区范围不断扩大，从而增强经济实力，实现经济社会的快速发展。所以，郑州撤县设区、区划调整已经成为目前经济发展的关键，有利于优化内部空间结构，做强中心城市。

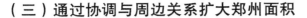

（三）通过协调与周边关系扩大郑州面积

近年来，北京、上海、天津、广州、苏州等城市都进行了区划调整。实践证明，适应经济社会发展阶段性需要，适时进行区划调整，是推进发展、改善社会管理的有效手段。伴随着郑州经济社会的快速发展，郑州城市空间的扩展受到行政区划的限制，经济要素在区域间的流动受到一定程度的阻碍，城市之间的协调发展问题变得日益突出。同时主城区面积的不断扩大，原来的区划也已不能适应郑州快速发展的需要，郑州市应该加快行政区划调整的步伐。

应通过区划调整扩大郑州区域面积，理顺与周边其他省辖市的关系。可以考虑首先把新乡市的原阳县和平原新区，焦作市的武陟县划归郑州市管理，以此实现跨河发展。待时机成熟时，也可以考虑把许昌的长葛市、开封市的尉氏县也并入郑州，扩大郑州行政区面积。

如果上述两步区划调整完成，郑州在区划调整后体量和实力都会上升一个层级，行政区域土地面积从7446平方公里扩大到11526平方公里，超越武汉的8569平方公里。人口从1035.2万人增加到1342.2万人，超越武汉的1121.2万人。地区生产总值从由原来的11589.7亿元增加到13430.06亿元亿，比调整前增加1840.36亿。区划调整后，郑州在与其他8个国家中心城市对比中，行政区域土地面积位居第五位，高于武汉、西安，地区生产总值仍位居倒数第二位，但差距进一步缩小，常住人口超过武汉和西安。

国内扩区案例比比皆是。比如西安代管西咸新区，沣西新城部分区域由咸阳管辖。安徽巢湖市一分为三，区划调整后合肥市辖4区1市4县。等等。

（四）调地——逐步调减郑州市的基本农田

国家规划建设永久性基本农田，目的在于确保国家粮食安全，把饭碗牢牢端在自己手中，这是完全正确的、必要的。同时，必须明确，保障国家粮食安全，落实藏粮于地、藏粮于技战略，需要提高粮食综合生产能力，不能仅仅依靠耕地面积这一个因素，还要考虑水利、肥料、农药、农机、农技、良种、农产品加工等诸多因素，这些方面水平的提高有赖于工业化城镇化整体水平的提高。从一个小的局部和短期看，一块地建了工厂、学校就不能种粮食，工业化城镇化与粮食安全好像是矛盾的，但从全局和长期看，工业化城镇化水平提高了，化肥、农机、农药、抗灾等方面的能力增强了，粮食安全的保障能力是提高了而不是下降了，从这个角度看推进工业化城镇化有利于而不是有害于粮食安全。以粮食安全为由阻碍工业化、城镇化，是一种形而上学的思维方法在作怪，也不排除部门既得利益掺杂其中。改革开放以来，在耕地面积持续减少的情况下我国粮食持续增产，主要得益于工业化城镇化水平的持续提高。如果国家通过南水北调水利工程建设在大西部规划建设永久性基本农田，在中东部加大设施农业建设力度，加强农业科技研发推广，我国的粮食安全是有保证的。到目前为止，全世界还没有哪一个工业化、城镇化水平高的国家出现粮食安全问题，相反，出现粮食安全问题的都是那些工业化、城镇化水平低的国家和地区。把郑州建设成为国家中心城市，是全省工业化城镇化转型升级的重点工程，是中原崛起的龙头项目，决不能以粮食安全为由阻碍国家中心城市建设进程。在郑州周边规划永久性基本农田，束缚郑州做大做强，不仅有害于中原崛起，也不利于从根本上保障粮食安全。中央文件中"已经划定的城市周边永久基本农田绝不能随便占用"中的"不能随便占用"，不是不能占用，履行必要的程序、满足必要条件是可以占用的，程序就是要经过批准，条件就是全省耕地面积不减少、粮食生产能力不降低。为了实现经济发展与耕地保护双赢，有必要在保证全省耕地面积不减少、粮食生产能力有提高的前提下，逐步把郑州市及其周边的永久性基本农田置换到其他地方特别是平原农区，为都市圈建设提供空间，郑州市主要保留都市农业、生态建设用地。这样做不仅有必要，而且有可能。《中共中央国务院关于加强耕地保护和改进占补平衡的意见》明确："规范省域内补充耕地指标调剂管理。县（市、区）政府无法在本行政辖区内实现耕地占补平衡的，可在市域内相邻的县（市、区）调剂补充，仍无法实现耕地占补平衡的，可在省域内资源条件相似的地区调剂补充。"据了解，国家也正在研究并尝试推动省际之间占补平衡指标交易问题，未来有望通过省际平衡解决都市圈耕地占用补偿问题。《郑州市土地利用总体规划（2010—2020）调整方案》确定全市的永久基本农田保护目标40244公顷（60.3660万亩），不到全省基本农田保有量目标10206万亩的0.6%，其中城市周边223.34公顷（3350亩），仅占全省保有量目标的万分之三。据省自然资源厅公开的资料,"十二五"以来,河南全省通过开展高标准农田整治新增耕地54万亩,接近郑州市的永久基本农田保护目标60万亩,说明通过土地整治、村庄撤并、移民搬迁等措施能够有效增加耕地,在逐步调减郑州周边的永久性基本农田的同时能够保证全省耕地面积不减少,粮食生产能力不下降。建议省财政加大对平原农区土地复耕、提质的支持力度,支持把复耕土地规划建设成为基本农田,充分调动平原农区土地复耕和增加基本农田的积极性。土地复耕的指标在全省范围内交易,优先满足国家中心城市建设的需要。平原农区增加的基本农田指标主要用于调减郑州的基本农田,根据平原农区增加的基本农田指标按比例增加其在郑州的建设飞地。郑州市加大对其他省辖市人口特别是农村人口的吸纳力度,促进农村人口向郑州市及其周边地区持续稳定转移,为农区土地复耕创造条件。

四、科学设计郑开同城化制度,打造郑汴港核心区

(一)郑州大都市圈需要通过郑开同城化发展,打造郑汴港核心引擎区

习近平总书记指示要推进郑开同城化发展,省委省政府颁布的《郑州大都市圈空间规划》,明确提出要依托郑州和开封主城区及航空港区,建设大都市圈郑汴港核心区,有关部门酝酿后初步规划了涵盖郑汴港核心区,面积超过1800平方公里的郑开同城化发展示范区。我们看到,示范区及郑汴港核心区汇聚了整个郑州

大都市圈各种最顶级的功能，从枢纽到商务会展和金融，从创业创新到文化，无不如此。并且以三角多点的空间布局结构，构筑了涵盖郑州金水、郑东、经开、航空港、开封整个主城区、尉氏县一部分及中牟县全部的巨大潜在发展空间。该空间中枢纽中心、商务中心、金融中心、创新中心、制造中心、文化中心等支撑发展的功能一个都不缺，还有一个巨大的生态绿心。可以说，这里拥有整个大都市圈最好的发展条件和最优的发展空间，这也是《郑州大都市圈空间规划（2018—2035年）》将这里定位为"郑汴港核心引擎区"的基本理由。但是，到底如何使其成为"大都市圈发展的核心动力引擎"，似乎还需要做些更深入的分析，明确方向，找准抓手。

枢纽带动物流吸引制造业乃至人口聚集，再加上功能强大的商务金融服务能力，还有文化及创意产业所带动的旅游等等，当然可以成为重要的驱动因素，但这都难以适应技术依赖、创新引领和高质量转型发展阶段的需要。在该阶段，真正的核心动力引擎是强大的创新能力和持续孵化并不断扩张的高技术新经济形态，包括信息处理技术及互联网、人工智能、生物医药等等，这是郑州及其大都市体系中欠缺的，也是郑汴港核心区未来发展方向和抓手。为此，需要在两个方面从战略上做出谋划和规划，一是高质量创新平台和创新要素高密度聚集区，二是高技术新经济孵化成长空间。

基于上述思路，提出如下建议：

第一，在全球范围内招标聘请国际上最著名的咨询机构组成最优秀的专家团队，征求吸纳包括科学技术、经济社会、区域城市、前沿产业、教育文化等各领域顶尖专家的意见，形成核心区战略谋划方案。

第二，在全球范围内招标聘请国际顶尖城市规划设计机构，依据战略谋划方案，以创新平台和创新要素聚集和新经济孵化成长为聚焦点，拿出整个核心区空间的整体规划设计方案，经法定程序评审论证并核准后，使之成为未来核心区建设及发展过程中的硬约束文本，严格遵循。

（二）科学设计郑开同城化的体制机制

要落实上述谋划和规划，首先要探索深度融合的郑开同城化发展制度设计和制度变革方案。前面我们说过，相对于大都市，大都市圈最突出的特点是一个功能区覆盖两个甚至多个行政区域和行政主体，郑开同城化示范区及郑汴港核心区就覆盖了郑州和开封两个平行的省辖中心城市区域，有两个同级别的行政主体。在这种情况下，要使在战略上作为一个功能区整体谋划和规划设计的建设发展方案，按照硬约束的原则有秩序的落地，就必须在制度和体制机制上有一个可以深度一体化的设计。一是不同区域财力的差异可能导致基础设施建设难以按照规划要求同步到位；二是以各种福利保障为主要内容的基本公共服务供给难以均等化；三是为争取能带来较大潜在利益的优质项目和优质要素落地，可能造成竞争摩擦和整体效率的损失。这些都可能造成要素流动的壁垒，影响战略及相应规划的落地实施。制度和体制机制深度一体化的设计可以扫除要素流动的行政区域壁垒，保证同一个功能区按照统一的整体规划落地实施。

一般来说，涵盖不同行政辖区的统一功能区制度和体制机制深度一体化方案有三种基本模式：

一是兼并内化模式，也就是核心城市把同一都市功能区覆盖的另一行政辖区整体或部分兼并内化，变成一个行政区，使功能区和行政区完全重合。美国、日本等国家在大都市及大都市圈形成过程中都有兼并或合并的案例，中国也有不少这样的案例，比如合肥合并巢湖，济南合并莱芜，成都合并资阳等等。这是通过将外部区域内化实现完全一体化的模式。开封作为具有国际影响力的宋都古城，不可能以合并的方式使其消失掉，况且，失去独立存在的城市，以它为载体的文化核也就不存在了。所以，郑开同城化示范区及郑汴港核心区的深度一体化，不可能通过合并模式的制度及体制机制设计来实现。

二是上海虹桥模式，即上层权威行政主体主持下的统一规划和基层区域行政主体分别开发建设和利益独享模式。上海市政府在市区西部区域以虹桥枢纽（高铁站＋机场）为核心规划了面积达80多平方公里的商务功能区，覆盖闵行、青浦、长宁和嘉定四个行政区的部分区块。上海市政府没有像通常建设开发区的做法那样，把统一功能区中属于不同行政辖区的部分切出来，设置一个与各行政区域并列的新区域，成立管委会负责统一规划和建设运营，而是在不触动原行政辖区的前提下，创造了统一功能区域内分区域建设管理运营的模式。也就是市政府组织一个虹桥商务区管委会，负责功能区战略谋划和空间及建筑规划设计，并负责监督各项规划和功能的建设落地和规范运营。该管委会为市政府派出机构，人员编制和工资待遇全在市里，所有费用支出也由市政府负担，也不收取功能区任何投资运营收益和税收，只提供规划监督和管理服务。功能区覆盖到的四个区各自成立管委会，负责落实功能区规划中涉及自己辖区的部分，筹集建设资金，保证各相关建设项目及时落地，并负责自己辖区的运营管理，并独享自己区域产生的投资及税收收益。这种模式比较适合于郑开同城化示范区及郑汴港核心区的制度及体制机制设计。依此逻辑，省政府应该设立大都市圈管理委员会，负责大都市圈战略谋划和规划，督促监督规划的落地实施，以及各行政区快的管理和运营，所有费用均由省财政支付，不从大都市圈所属各行政区域获取任何收益。各市成立基层管委会或将其管理运营功能赋予市政府内部相关部门，负责自己行政辖区大都市圈覆盖区块的筹资建设和项目引进及运营管理，并获取相应的投资收益和税收。由于大都市圈覆盖区域广，各部分情况不一，一体化发展基础和实施条件差异较大，分区块递次推进应该是大都市圈建设的基本方式。所以，省政府大都市圈管委会可以发布的空间规划为依据，率先对郑开同城化示范区及郑汴港核心区进行战略谋划和城市规划设计，开封可由西区管委会代行郑开同城化示范区及郑汴港核心区管委会之职，负责落实开封涉及辖区的规划建设和运营。郑州管委会则负责涉及郑州辖区的郑开同城化示范区及核心区谋划规划建设和运营。通过这种深度一体化的制度设计率先在郑开同城化示范区及郑汴港核心区实践试验，为整个都市圈的一体化发展提供示范。

三是美国的区域合作模式——以规划、设施建设、土地开发、税收及公共服务供给等的统一为基础，实现深度的区域一体化。

美国城市发展历史上曾经受到大都市圈内部多区域行政主体之间因利益重叠摩擦而造成的困扰，被学者称为大都市圈的"巴尔干化"。为解决这一问题，他们选择了两种解决方案，一种是通过市县合并在大都市圈建立权威的政府机构，也就是大都市圈中的核心城市通过兼并或合并，把存在独立行政主体的周边甚至整个县域纳入到其权威行政主体管辖之下。类似我们前面说的兼并内化模式。另一种是大都市圈范围内的地方政府自愿联合建立，通过政府间协议、松散的大都市圈协会、单一功能的特区或功能区解决大都市圈的共同问题。学者也在理论上支持这种解决方案，斯蒂芬（G. Ross Stephens）与维克斯特罗姆（Nelson Wikstrom）就认为联合是提升大都市圈政府服务的必要步骤，不仅应当设立像污水处理和供水区这样的单一功能地区政府，而且应当设立由税收支持的大都市圈范围的多功能政府来进行区域规划和提供服务。[1]

在治理实践方面，明尼阿波利斯—圣保罗大都市圈的制度安排是这一时期区域主义改革的典型个案。明尼苏达州双子城明尼阿波利斯、圣保罗及附近郊县组成的大都市圈面积为12626平方公里，其人口在2006年约350万。20世纪90年代初，该大都市

---

[1] G. Ross Stephens and Nelson Wikstrom, Metropolitan Government and Governance:Theoretical Perspectives, Empirical Analysis, and the Future. New York, Oxford University Press, 1999.

圈采取了区域主义的改革措施，对大都市圈各个部分的政治与行政进行整合，其改革方案包括三个核心目标，即公平的住房、财产税共享和再投资，主要手段是区域土地规划和增长管理、福利改革、整合基础设施融资和管理。[1]

这大概也是浙江嘉善—上海青浦—江苏吴江正在探索的一体化模式，也可能是未来郑开同城化示范区及郑州大都市圈未来深度一体化发展进程中的一种值得探索的选项。

五、构建空间平台和支点，推进郑许、郑新、郑焦一体化

（一）构建跨市域先进制造业协同发展示范区，推进郑许一体化

郑州定位"南动"，大概包含两层意思，一是突出枢纽与物流功能，二是突出制造业财富创造功能。郑州南部大致涵盖经济技术开发区、航空港区、新郑市全域、新密市东部区域，这里以机场枢纽和高铁南站为中心，是联通全国全球的密集航空航线，京广、郑合、郑万多条高铁，郑港许、港郑开、港郑焦、港登洛多条城际，京港澳、安罗、商登、郑民多条高速公路，等等，多种快速交通通道汇集而成的立体交通枢纽，是郑州市、河南省，乃至北方内陆地区最大的物流中心。这里也是以经开、空港为载体

---

[1] Myron Orfield, Metropolitics:A Regional Agenda for Community and Stability. Washington, D. C. : Brookings Institution Press，1997.

的郑州辖区内体量最大的先进制造业基地。与"南动"区域相邻的许昌主城区及其属下的长葛市，是省内除郑州洛阳两市之外体量最大也最具竞争力的先进制造业中心。东南向邻居尉氏县也是开封市属各区县中最具实力的制造业中心。以航空港区为中心，向北联结郑州东站枢纽及郑东商务、金融和创新中心等高端都市功能区，向南沿三条高铁通道与多条高速公路通道联结许昌及长葛和尉氏县，事实上形成了郑州大都市圈内面积和密度及承载力最大的经济空间。该经济空间以快速立体交通枢纽为骨架，以大流量物流为经济营养输送通道，以先进制造业为基石，可以打造中原地区乃至整个北方最大的先进制造业基地。现在需要做的是通过政策干预促进跨区域协同，办法是以航空港区为龙头，以产业链为牵引，携手长葛及许昌主城区还有尉氏县，构建先进制造业协同发展示范区，并将示范区培育成为郑州都市圈最大、全国具有重大影响力的电子信息、生物医药、纺织服装、现代装备等产业基地。并以示范区和产业基地为支点，以产业链为依托，将郑州、许昌及开封尉氏县连接成一个有机整体，实质性的推进郑许一体化发展。

从体制机制上，一是要由省发改委牵头主持，作出规划，明确区域边界和目标任务；二是要遴选重点支持培育的产业；三是要梳理产业链条，确定龙头企业，明确产业发展方向；四是郑州、许昌、开封及长葛、尉氏等行政主体之间建立联系会议制度和工作机制，在完善产业链，提升价值链上密切合作，同步合力推出相应政策，共同推动产业链良性互动，促进产业健康成长。

以产业链为纽带，推动跨区域合作，是推进区域一体化的最有效方式。

（二）以"两山""两拳"为依托，推进郑焦一体化

郑州辖区内的嵩山与少林拳，焦作辖区内的太行山及陈家沟太极拳，都是历史悠久、举世闻名的文化符号，也是旅游休闲康养的重要载体。以"两山""两拳"为依托，做好规划，整合资源，培育市场主体，建设承载空间，打造都市圈内最大的文化旅游休闲康养基地，使之成为推动郑焦一体化发展的重要支点，也是推进郑焦一体化的便捷切入点。

体制机制构建上，可采取郑许先进制造业示范区模式。

（三）以郑洛新创新创业示范区为依托，构建创新创业合作平台，推进郑新一体化

在都市圈内五城市中，除郑州之外，高等院校等创新平台数量最多，创新要素聚集度最高的当属新乡市，郑新两市在创新创业和科技成果转化、先进制造业培育领域合作的空间最大。所以，郑新两市应该以创新合作平台建设为抓手，实质推动一体化发展。

平台类型和体制机制构建上，可仿照产学研结合的协同创新中心模式。

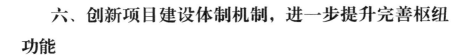

六、创新项目建设体制机制，进一步提升完善枢纽功能

（一）创新体制机制，统筹都市圈内交通基础设施项目建设

交通基础设施建设是都市圈一体化的优先选项，目前一体化过程取得的最大进展就是交通基础设施一体化。但是由于线路建设责任按行政区划分担，也常常有同一线路工期不同步，影响整个线路如期投入使用的案例发生。这也是财力差异和利益相关度不同造成的。建议都市圈内的交通基础设施在统一规划的基础上，加强建设过程统筹协调，可以尝试设立统一的指挥部，统一筹集和使用建设资金，并确定分担方式，保证统一规划的交通基础设施项目建设同步推进。

（二）以新机制规划建设绕城铁路，构筑大都市圈三圈层体系

首先要根据要素集聚的规律，将大都市圈内各不同层级不同类型的城市整体规划为由各种交通通道有序连接的网络体系。建议将大都市圈构筑为三圈层结构，即内、中、外三个圈层，每个圈层用特定交通通道串起若干城市节点，不同圈层之间的各个节点又通过多种交通通道连接，形成完整的网络。具体来说，以郑州目前所属各市区，包括郑东新区、经开区、高新区等功能区为内圈，即核心圈，其中各个区块节点通过各种轨道和城市道路系统链接。以郑州东站为原点，以30—50公里左右为半径画圈，形

成大都市圈的中间圈层，沿各城市节点建设一条绕城铁路将其串联，向内向外与各种交通线路交汇，在这些节点上形成多个次级枢纽，吸引要素聚集，形成多个各具特色的卫星城，分流功能、吸引和承载各种业态的聚集，形成对中心城区的支撑。测算线路全长约276.8公里，按照平均每公里现价投资5.9亿元计算，全程静态投资约1633.12亿元。若以5年为建设周期，分期分段实施，每年投资额大致在350亿元左右。可按照上述新机制同意设立筹资机构和建设机构，统筹管理，建成后统一运营。

以郑州东站为原点，以100公里左右为半径画圈，形成大都市圈的外部圈层，这些节点城市基本上都是制造业聚集中心，可以依托并共享中心城市多层次的优质功能，获得发展的先机，加快制造业的聚集步伐，形成郑州大都市圈外圈多个制造业聚集中心，同时支撑中心城市，形成内外联动、相互促进的发展格局。总体来说，每个圈层都有各个节点的串联，都是通过交通通道连接，形成功能各异、分工有序、互联互动、相互支撑的大都市圈有机整体，与中心城区高度一体化的多节点、多组团现代化都市连绵区或都市圈形态逐渐显现。

（三）加大政策优惠力度，完善提升交通枢纽功能

在以米字型高铁和郑州机场五跑道格局为代表的大架构建设和运营体系有序推进的前提下，省级政策重点应集中于三个方面：

一是继续延续正在实施的以郑欧班列、专货机航运、客运新航线等为代表的补贴政策，省级财政按照现有标准和比例分担相应的补贴额度，至少至"十三五"末。若需继续延续或调整，随

"十四五"规划一起论证并确定。

二是围绕以郑州至卢森堡为端点的中欧空中丝绸之路建设，以郑州航空运输能力和飞机制造与维修能力提升为目标，出台诸如飞机租赁、飞机维修、飞机制造、基地航空公司引进和培育等方面的产业政策。

三是为加快主城区轨道交通体系建设步伐，出台财政补贴政策和社会融资政策。近年来，郑州市内轨道交通系统建设步伐加快，到目前为止，已有三条线路建成通车（1.2 号线和城郊线），运营里程达到 95.4 公里。但与北京、上海等大都市相比差距很大，与武汉、成都等同级别的城市比，也有较大差距。

2017 年末北京地铁运营里程 608 公里，是郑州的 6.37 倍；上海 666 公里，是郑州的 6.98 倍。武汉 237 公里，是郑州的 2.48 倍；成都 196.47 公里，是郑州的 2.06 倍。郑州在 9 个国家中心城市中位居第八名，比末位的西安仅多出 4.05 公里。日均客流量郑州排在末位，差距更大。

目前，郑州地铁轨道交通系统在建线路有 7 条（段）（2 号线二期、3 号线一期、3 号线二期、5 号线、10 号线、11 号线、城郊线二期），在建里程 182.748 公里。规划 2020 年城市轨道交通线网由都市圈快线网和市区普线网两个层次共 9 条线路组成，总里程 301.2 公里。最新的郑州市轨道交通远景线网方案由 21 条线路组成总里程 970.9 公里。

未来郑州市地铁轨道交通建设任务繁重，资金需求量巨大，按照每公里静态投资 6 亿元概算，未来 30 年轨道交通建设总投资要达到 5820 亿元。如此巨额投资（相当于郑州市 2017 年度财政收入的 5 倍多），仅靠郑州市财政显然难以支撑。在城市快速扩张期逐步过去，房地产热度逐渐削减的情况下，靠土地出让金或许也是杯水车薪。所以，为了尽快改变郑州城市轨道交通系统发展滞后的局面，按照时间节点保质保量完成轨道交通建设规划，省级政府应该给予适当的财力支持，每年在省级财政预算中列出专项，用于补贴郑州市轨道交通建设。另外，除了利用现有的 PPP 融资建设机制利用社会资本筹资建设之外，同时应该借鉴日韩等国经验，研究建设运营一体化的全民资注入、全市场化、政府补贴的建设运营模式和政策体系，并尽早实施。

七、创新规划体制机制，合理布局产业发展空间，促进要素自由流动和资源优化配置

都市圈内各同级行政区域之间的制度屏障，本质上源于公共产品创造和供给的制度安排。由于计划经济的遗存和问题的复杂性，我国公共产品创造和供给方式至今没有合理分级，并明确在不同层级政府之间分解责任。大部分与居民生活密切相关的公共产品创造和供给都由省辖中心城市一级政府承担。由于不同城市区域发展水平和财力差异，其公共产品创造能力和供给水平也往往存在较大差异，各自都有争夺要素和项目和设置壁垒阻碍要素流出的动机。一些都市圈破除要素流动壁垒的办法是城市合并，但合并后的都市圈与外部空间仍会存在壁垒。所以，合理的办法

还是研究壁垒的性质，通过改革找到突破口，最大限度地推动要素在城市间自由流动，也为更大区域范围内的要素自由流动探索路径。

根据我们的研究，郑州都市圈破除障碍的改革和完善体制机制可以从如下几个方面入手：

第一，一张蓝图绘到底。首先是规划的开放和统一。五个城市要在规划方面充分协商和协同，做一张规划图而不是做五张规划图。目前各市都在紧锣密鼓地依据"三规合一"原则做空间规划，但多是闭门造车，各自为政。要尽快制止这种做法，加快协调统一，否则，一旦形成合法文本，就会对都市圈一体化造成更大的困难。如果必要，可考虑深化规划体制改革，大都市圈规划主体由五个变成一个，各市让渡规划权，由省政府及其相应职能部门统一行使规划权。

第二，严格规划实施，合理引导产业项目空间布局，避免重复建设，实现相互支撑和功能互补。都市圈统一规划中各市域空间要有明确的功能定位和产业定位，并有相应功能落地空间的控制性规划，且这样的规划应具有约束性。在尊重市场主体自主选择的前提下，高层协调机构进行合理引导，以保证相应符合特定功能的项目进入规划空间，保证功能空间依规形成。

第三，建立强有力的协调机制。所有上述拆除要素流动屏障的举措都涉及权利和利益关系调整，因此都需要通过强有力的协调机制才能落实。建议在省级层面设立领导组，并依托发改委设立办公室及相应工作组。由省主要领导任组长，各市主要领导和省直相关厅局主要负责人任成员，发改委主任兼任办公室主任及工作组组长，各市主管领导及相关部门负责人为工作组成员。制定规则，建立工作机制，重大事项由领导组决策，办公室及工作组组织实施。

八、大都市圈统一实施激励创新和成果转化机制与政策

（一）建立"鼓励创新＋宽容失败"的新机制，降低企业成本比

探索建立"鼓励创新＋宽容失败"新机制，以符合双创特点的市场化评估体系，降低双创的成本和风险。为符合条件的成长型科技企业提供"双创保障性功能载体"，重点聚焦现代设计、科技金融、文化创意、体育健康等智力密集型现代服务业和节能环保、生物医药、新材料、新一代人工智能等战略性新兴产业。建立"鼓励创新＋宽容失败"的新机制，是推进双创向纵深发展的关键一步。在探索过程中，首先应建立符合双创特点的市场化评估体系，在"鼓励与宽容"之间寻找支持双创健康和有效发展的平衡点。凡申请入驻双创保障性功能载体的企业，需经过产业领域认定、企业服务单位初审和产业政策联审会议审议等流程，入驻企业的租金价格按照认定类别享受同片区同档次同类用房市场评估价格的30%—70%，租用合同期限原则上3年，一般不超过5年，以确保保障性功能载体的流转使用，有效降低大量成长型科

技企业的经营成本。借助郑汴"双创走廊"建设，主动有为吸引风险投资，对投资机构投资种子期、初创期科技型企业，最终回收的转让收入与退出前累计投入该企业的投资额之间的差额部分，给予以一定比例的财务补偿。

其次，建立完善多方面创新主体的容错免责机制，保障创新主体合法权利，解决创新改革者的后顾之忧。

与此同时，为解决创新改革与法律法规政策滞后及现行制度障碍问题，可以考虑法无禁止即可行：充分运用现行法律、法规及国家政策资源，落实国家、省授权的各项创新改革举措，积极推进创新改革；法律、法规未明确的事项，在符合法律、法规基本原则的前提下，各级人民政府及其部门可以在职权范围内开展创新改革；法律、法规未禁止的事项，鼓励公民、法人和其他组织大胆开展创新创业。

（二）真正全面落实《关于加快推进郑洛新国家自主创新示范区建设的若干意见》

根据《国务院关于同意郑洛新国家高新区建设国家自主创新示范区的批复》（国函〔2016〕63号）的要求，把示范区打造成为具有国际竞争力的中原创新创业中心和开放创新先导区、技术转移集聚区、转型升级引领区、创新创业生态区，充分发挥示范区引领、辐射和带动全省创新发展的综合载体与核心增长极作用，真正把《关于加快推进郑洛新国家自主创新示范区建设的若干意见》落实到位。《意见》涵盖了考核评价体系、投入机制、股权和分红激励、科技成果转化收益分配等方面，对目前企业所面临的现实问题均做正面回应。具体包括：建立健全以创新为导向的考核评价体系、完善以企业为主体的科技创新投入机制、优化科技创新人才管理体系和制度、鼓励科技创新企业探索股权和分红激励、支持企业建立科技成果转化收益分配制度、允许国有技术类无形资产实施协议转让、推动国有创投企业市场化运作、深化转制科研院所改革创新促进加快发展、营造鼓励创新宽容失败的环境氛围。各项方案明确细致，具有极强的操作性。

（三）积极推动创新成果转化

第一，增强科技成果转移转化主体内生动力。加快形成促进科技成果转移转化的协同机制；高效激发研究开发机构、高等院校科技成果转移转化活力；充分释放企业科技成果转移转化需求。鼓励企业开放式创新，主动承接和转化研发机构、高等院校具有实际应用价值的科技成果，重视原创技术或前沿性技术的储备，构建以企业为创新主体的开放创新网络。具体可以把高校、科研究所作为城市最重要的战略性创新资源，支持各类创新主体联合高校、科研院所和高新技术服务机构，共建产业技术创新联盟、标准联盟、行业协会，提升产业话语权和影响力。同时，引导高新技术服务企业在郑州设立分支机构，加快打造高新技术服务产业集群，支持社会资本兴办高新技术服务企业。

第二，建立开放共享的科技成果信息库。加快建立科技成果信息共享与发布系统，具体应当建立健全科技成果信息和转化服务信息的收集、加工、储存、传播和服务的工作制度。依托国家科技成果信息库进行建设，最大限度地对外开放，向社会服务，为科技成果的传递、扩散、交流提供丰富完备的信息资源支持；健全与国家科技成果信息系统的汇交机制等；积极推动科技成果信息的开发利用，鼓励企业和社会各界对科技成果信息库开放的信息进行加工和利用，盘活科技成果数据资源。鼓励市场化、专业化服务机构开展科技成果信息的评估、筛选、鉴别和分类，挖掘有产业化前景的科技成果，对接能够为企业解决技术难题的科技人才，提供符合用户需求的精准服务。探索建立科技成果转移转化动态的长效跟踪机制。

第三，建设科技成果转移转化服务体系。大力发展技术转移服务机构，加紧制定促进和规范技术转移服务机构发展的政策保障体系，实施"技术转移服务机构培育计划"，挖掘一批服务能力强的技术转移服务机构；稳步提升众创空间的成果转化服务能力，建设一批以成果转移转化为主要功能，专业服务水平高、创新资源配置优、产业辐射带动作用强的专业化众创空间，发展一批国际化众创空间，拓宽海外合作渠道，开展系列培训、论坛、项目路演等国际化交流活动，吸引国外研发机构、高等院校科技成果在郑转移转化，外国人创业者在郑创业；精准培育专业化、国际化技术转移服务人才，建设国家技术转移人才培养基地，探索技术经纪人梯度化培养与市场化选人用人机制。支持技术转移服务机构与研发机构、高等院校或国际知名机构合作，联合培养技术转移服务人才。建立技术转移服务人才激励机制，按照国家和本市有关规定表彰和奖励一批在本市成功转化科技成果，有突出业绩的专业服务机构和个人，鼓励在职或离退休科研人员兼职咨询专家，为企业、技术转移服务机构在成果选择、专业知识等方面提供咨询。

第四，优化科技成果转移转化生态体系。着力建设研发与转化功能型平台，引导和推进各级各类重点实验室、工程技术（研究）中心等研发基地的开放与融合发展，提升研发与转化服务能级；着力构建专业技术交易服务平台，鼓励多元化投资、市场化运作的各类专业化技术交易服务机构有序发展，规范开展转让、许可、作价入股等多种科技成果转移转化形式的挂牌公示、经纪服务；加快构筑成果转移转化金融服务网络，鼓励社会资本、投资机构加大对科技成果转移转化项目早期的投入。争取新设服务科技创新企业的民营银行，探索与科技创新和科技成果转移转化相适应的产品和服务创新。采取投贷联动、科技信贷专营化、政策性担保基金等措施，引导银行业金融机构为科技成果转化拓展融资渠道等；示范打造科技成果转移转化功能集聚区，建立适应区域发展要求的相关考核评价机制，提升区域内和跨区域成果、人才、资本、服务等创新资源整合能力，培育要素聚集、定位明确、功能完备，平台、企业和机构集中的示范基地；积极构建全球权威展示交流网络；积极形成国际国内成果转移转化协作网络；积极搭建成果转移转化传播网络。

（四）加大力度实施引才用才政策

近年来，郑州市委市政府高度重视人才引进，继 2015 年"1125 聚才计划"、2017 年"智汇郑州"人才工程之后，2020 年 9 月 15 日，市委政府又推出《关于实施"黄河人才计划"加快建设人才强市的意见》，这是"3.0版"郑州人才新政，引才引智力度空前。综合这一系列政策组合拳，大致有以下几个突出特点：

一是政策含金量高。2017年版的7项人才计划、30条人才政策、19条保障举措，尤其是最新《意见》中的五类人才专项、四类研发平台，针对性强、含金量足，在奖励、扶持、平台、科研、生活等方面拿出了在全国具有较强竞争力的支持政策。二是人才惠及面广。政策既适应于高层次人才，也惠及各类具有创新创业潜力和活力的群体，尤其对高校毕业生、职业院校毕业生、留学归国人员在落户、住房、创业等诸多方面提供全方位扶持，体现了人才政策的普惠性。三是体制机制灵活。《意见》坚持问题导向，着力破除人才发展的体制机制障碍，充分发挥市场在人才资源配置中的决定性作用，保障和落实用人主体自主权，健全人才评价、流动、激励机制，最大限度激发人才创新创造创业活力。四是服务措施精细。切实提升服务效能，营造宜居宜业环境。

然而，目前全国各省争夺人才的激励政策可谓是不分伯仲，但基本上都是局限于人的"物理式"引进。除此之外，省、市级政府还应在培育、利用和管理人才方面提供政策支撑，以加快创新型人才在郑州聚集的步伐。

第一，应当出台激活存量人才的政策。河南本身的人才呈现严重的短板，除了加大力度引进人才，也需要对存量人才的激励，存量人才往往是本土成长起来的人才，对家乡、对单位有着深厚的、不能割舍的情感，所做出的贡献也是巨大的。当前国内绝大多数高端人才都沉淀在传统高等学校、科研院所、国企等体制内机构，这种情况造成了这类人才的过度集中和低效利用。相反，企业却处于人才缺位状态，许多项目难以开展或持续，一种典型的"发展不平衡、不充分"现象日渐凸显。对于这些未被真正激活的存量人才政府可以率先改革现有体制与机制的弊端，应尝试打通传统高校科研院所与民营企业研究院的人才双向流通渠道，使两端人才能够自由流动，以充分调动、匹配人才资源，释放创新活力。同时政府要整合建立统一的人才管理平台，对存量人才建立科学规范的人才分类体系，根据能力水平和工作业绩，完善工作津贴、项目资助、匹配奖励政策等。

第二，建立与发达地区人才合作机制。不仅有"物理式"引进，而且也要有"化学式"利用。"北上广"与沿海一带仍然是人才首选的栖息地。河南省不妨开创人才"智力"的贸易模式，通过贸易共享"智力成果"，省人才办负责与省外或境外的高端人才团体建立"智力"贸易商约。同时，可以在各地市设立分支点；与发达地区共同搭建开放式、国际性的人才合作平台，鼓励与一流高校、科研机构等签署合作协议，制定人才合作计划，广泛开展跨省人才合作，制定双向交流、任职、培训、定向培养制度。

第三，针对郑州国家中心城市的功能定位，应着重搭建专业化人才聚集平台。目前出台的人才政策，处于散、点状态，不聚焦。一是搭建现代物流业人才聚集发展平台。打造区域生产组织中枢和供应链管理中心，积极发展大交通综合配套服务。二是搭建高端金融业人才聚集发展平台。大力引进国内外金融机构，探索推动新型要素交易平台建设，形成结构合理、功能完备、辐射力强的高端要素市场体系。建设法律、会计等专业服务业中心。三是搭建高端信息服务业人才聚集发展平台。探索建立技术进步、市场培育、产业链协同、标准规范制定、商业模式创新的信息服务产业发展新模式。大力发展电子商务，推进国际商务交易应用服务平台建设。加强与国际大型电子商务平台的对接，推动建设郑州国际电子商务中心。四是搭建高端科技服务和其他专业服务业人才聚集发展平台。大力发展高技术服务，构建技术转移平台和创业投资平台，促进技术转移和创新成果转化。推进文化创意产业平台建设，引进知名的智库、文化科技、新闻信息、创意设计、工业设计、数字出版等机构，集聚一批具有一定影响力的高水平文化创意人才和管理服务人才。

第四，落实优化人才发展的财税和股权激励政策。在国家税制改革框架下探索现代服务业税收体制改革，对符合条件的企业减按 15% 的税率征收企业所得税；对在郑州工作、符合规划产业发展需要的高端人才和紧缺人才，暂由市政府按照内地与境外个人所得税负差额给予补贴，补贴部分免征个人所得税。加强支持人才发展的税收政策研究，适时争取有关政策。支持国有及国有控股企业开展股权激励、分红权奖励、技术入股等中长期激励试点，建立完善充分体现人才价值的薪酬、分配制度和激励机制。

第五，建立统筹协调机制，推动"旋转门"机制。不仅涉及各项政策之间的统筹，而且涉及郑州辖区及周边大都市圈许昌、新乡、开封人才政策的对接。在人才流动方面，部门之间仍存在着隔离墙。应出台政策，积极鼓励至少在省内政府、企业、科研机构之间，自由兼职或挂职，也可以组建团队，把握好知识产权认定。各级各部门要提高认识，强化责任分工，且统一思想，加强密切配合和工作协作，形成工作合力。要充分利用媒体、驻外机构以及海外驻华机构等各种有效资源和平台，向海内外广泛宣传河南、宣传郑州、宣传人才，营造优质的人才创新创业氛围。

九、携手洛阳和西安，打造北方内陆地区最大的都市连绵带

（一）携手洛阳都市圈，共同撑起河南发展的脊梁

放眼全球，从都市圈之间相互依存关系的角度来选择对标都市圈，郑州和洛阳更像日本东京和横滨，横滨距离东京只有25公里，但并没有影响其成为日本的第三大城市，与东京形成强有力的共享和互补互相支撑关系。

长期以来人们总有一种偏见，对于相近或相似的事物，关注更多的是两者之间的竞争和挤压，较少关注两者之间的合作共生和相互支撑、相互驱动。对于洛阳和郑州两大都市圈之间的关系也是这样，大家总是站在竞争和挤压的关系上看两者之间的关系，认为洛阳发展受挫是因为距离郑州太近，要素受到了郑州的吸纳和挤压，发展空间遇到了屏障（这种观点在开封发展问题上也很流行）。客观地说，在特定发展阶段，体量更大、地位更优、活力更强的区域核心城市对其相邻的区域和城市发展确有吸纳作用，但并不绝对，起相互关系到底是吸纳还是辐射支撑，既取决于核

心城市，也取决于周边城市，或者说取决于区域发展模式和机制。周边城市与核心城市各自发挥比较优势，错位发展，就能形成相互支撑和相互驱动的关系。前述都市圈发展案例说明，距离近未必一定会相互挤压，也会相互共享和相互支撑，共同繁荣发展。

洛阳都市圈与郑州都市圈也是这样的共生关系。洛阳都市圈规划应该充分考虑与郑州的共享及协作支撑关系。郑州的崛起是现代化进程中的必然，其根本的依赖是交通区位，区域政治中心有赖于此，新世纪以后迅速膨胀和在全国地位迅速攀升也赖于此，事实上对河南发展起到了擎天柱的作用，对中原崛起及河南在全国地位提升的价值无论如何估计都不过分，对洛阳都市圈也是重大利好和支撑。至少可以有很多东西，比如枢纽、市场等诸多元素可以为包括洛阳都市圈在内的周边城市共享。但郑州也有很多弱项和短板需要洛阳都市圈及周边城市来弥补和支撑，比如制造业、创新能力、文化生态等等。所以，洛阳和郑州两大都市圈共享共生、错位发展、长短互补、诚心合作、良性竞争、相互驱动、共同繁荣，应该是发展的正确方向。

洛阳都市圈的价值和意义在于构筑省域内另一个核心，形成省域经济的双核结构，既从外部对郑州都市圈形成竞争压力，激发郑州都市圈的内部动力，又对郑州都市圈形成支撑，还能够使得郑州所承载的各种优质资源有更大的共享空间，与郑州都市圈共同成为支撑起河南经济庞大身躯的脊梁。

郑州和洛阳都市圈应该在各自规划的基础上，从构造中原城市群核心区与形成河南经济发展脊梁的角度，在更大制度上作出规划，明确相互之间互补和协同关系，并在省级层面构建相应的体制机制，促成两大都市圈良性互动发展。

（二）携手西安，构筑郑洛西都市连绵带

放眼全国乃至全球，协同和聚集是空间演化的基本趋势，城市群、都市圈甚至都市连绵带是现代化区域的典型空间形态。国内京津冀、长三角和珠三角三大都市圈中各城市之间携同成长的良好状态自不必说，中西部地区长江经济带东西两端的武汉—长沙—南昌—合肥，以及成都—重庆两大都市密集区也已具雏形，形成在成长为强大的区域增长极，在国家经济发展中发挥越来越大的影响力。河南虽然经济总量位居第五，又有郑州洛阳两大都市圈，但放在全国格局中，还不足以形成能够与上述五大都市圈相抗衡的实力。所以，要在国家层面发挥更大的影响力和要素吸附能力，还必须推动跨省域联合，形成涵盖面更广，容纳城市更多的都市密集区。沿丝绸之路经济带西向对接西安，应该是形成北方地区最大都市连绵带的最好途径。豫陕两省地域相连，文化相通，郑州、洛阳、西安三大都市圈空间距离相近，经济发展基本在同一水平，且西安的科技创新能力、洛阳的工业基础和郑州的枢纽商业物流优势互补性很强，三大都市圈携手构筑北方最大的都市连绵带有非常好的基础，同时也能得到黄河流域生态保护和高质量发展重大国家战略的支持，反过来，也对该国家战略形成强大的支撑。

下一步需要做的是豫陕两省和郑洛西三大都市圈携手推动国家层面作出规划，并构建三方合作的体制机制。

十、保障方案落地的措施

一是省政府设立大都市圈建设领导小组，并在领导小组下设管委会，负责大都市圈空间规划基础上的战略谋划和控制性详规，并监督规划范围内各市政府严格按照规划落地实施。

二是在统一空间规划和战略谋划基础上，控制性详规分步实施，并以郑开同城示范区及郑汴港核心区为率先启动和示范区域，取得经验后递次推开。

三是学习长珠三角地区经验，在领导小组和管委会下设都市圈内各城市之间多层次协调平台，包括书记市长联席会，常务副市长联席会，发改、自然资源及规划、交通等主要部门之间的联席会，龙头企业牵头的行业或产业链联席会等。定期召开会议，就不同层面的问题进行沟通协调，做出决策或解决各项一体化措施推进过程中遇到的问题。

（作者单位：河南中原经济发展研究院／河南大学中原发展研究院）

图书在版编目（CIP）数据

两宋与都市化 / 王国平总主编 . -- 杭州：浙江大学出版社，2022.12
ISBN 978-7-308-23191-6

Ⅰ.①两… Ⅱ.①王… Ⅲ.①杭州－地方史－宋代－文集 Ⅳ.① K295.51-53

中国版本图书馆 CIP 数据核字（2022）第 196690 号

两宋与都市化

王国平 总主编
杭州国际城市学研究中心（杭州研究院）/ 杭州南宋文化研究院 编

责任编辑	宋旭华
责任校对	蔡 帆
封面设计	浙信文化
出版发行	浙江大学出版社
	（杭州市天目山路 148 号　邮政编码 310007）
	（网址：http://www.zjupress.com）
排　　版	杭州浙信文化传播有限公司
印　　刷	广东虎彩云印刷有限公司绍兴分公司
开　　本	710mm×1000mm　1/16
印　　张	23.25
字　　数	234 千
版 印 次	2022 年 12 月第 1 版　2022 年 12 月第 1 次印刷
书　　号	ISBN 978-7-308-23191-6
定　　价	98.00 元

浙江大学出版社市场运营中心电话（0571）88925591；http://zjdxcbs.tmall.com

杭 | 州 | 全 | 书